머리말

　　이 책은 프랑스어 어휘 내지는 단어를 좀 더 체계적으로 익혀보고자 하는 사람들을 위해 만들었다. 단어만 체계적으로 알면 프랑스어를 좀더 잘 할 수 있을 것이라고 이야기하는 학생들을 많이 만났다. 그리고 그들을 위해 흥미를 잃지 않으면서도, 기본적인 기능을 익히게 하는 것을 이 책의 목적으로 했다. 프랑스어 실력이 이미 상당한 수준에 올라있는 사람들에게는 작문이나 회화를 위한 상황별 참조가 가능하리라 생각된다. 말하자면 소사전(Lexique) 기능도 염두에 두었다.

　　처음 생각했던 것 보다는 두꺼워진 감이 없지 않다. 그래서 더 많은 양의 예문을 싣지 못한 것이 아쉬움으로 남는다. 수록된 어휘들중에서 가장 큰 비중을 차지하고 있는 것은 역시 명사다. 그래서 n. 표시도 없앨까 했는데 다른 품사들과의 형평을 고려해 그냥 살려두었다. 가능하면 품사나 기능 분류 표시는 최소화하려고 했었는데 꼭 밝혀두어야겠다고 생각되는 것에는 표시를 했다. 예컨대「지불하다」란 뜻을 가진 payer나「신고하다」라는 의미의 prévenir는 타동사다. 말하자면「…에게 알리다」라기 보다는「…를 신고의 대상으로 하다」라고 하는 편이 더 정확하게 옮기는 것인지도 모르겠다. 이런 경우에는 v.t.로 표시했고 그외의 경우는 불가피한 경우를 제외하고는 생략했다.

　　이 책이 나오기 까지 자료를 제공해주고 격려도 아끼지 않은 오랜 친구인 빠리 CNRS 책임연구원 Redouane, 역시 빠리에서 정치학을 전공하고 있는 朴性潤, 밀라노 음악원의 鄭元球, 그리고 표제어에서 부터 어휘설명, 발음기호에 이르기까지 난삽한 내용을 보기좋게 편집하느라 수고한 姜賢正씨를 비롯, 오름기획과 三志社의 모든 분들에게 감사의 뜻을 표하고 싶다.

김　진　수

차 례

사람에 관한 표현

1. 개인에 관한 표현 / 9
   개인정보 / 직업 / 국가와 국적

2. 성격과 외모 / 19
   일반적인 표현 / 좋은 성격 / 나쁜 성격 / 외모

3. 행동 / 28
   이동 / 동작 / 신체반응과 감각

4. 일 / 35
   작업 / 변화 시키기 / 이동 시키기 / 물건의 사용

5. 기분 / 42
   좋은 기분 / 나쁜 기분

6. 생각 / 47
   사고와 상상 / 요청과 대응

7. 대화 / 56
   일상적인 대화 / 판단 / 토론 / 칭찬과 비판

8. 평가 / 66
   좋은 감정 / 나쁜 감정 / 평가하기 / 다양한 평가 / 긍정적인 평가 /
   부정적인 평가 / 놀라움을 나타내기

9. 관용적인 표현 / 77
   만나고 헤어질 때의 인사 / 기원의 말 / 충고 / 유감의 표명,위로 /
   난처함,고통 / 칭찬,동의 / 거절,의심 / 애정 / 평가 / 부가될 수 있는 말

10. 대화 형태 / 86
    확인 / 대화의 단계 / 주관적 판단 / 판단

생활에 필요한 것들

11. 물건의 구입 / 97
    상점 / 쇼핑 / 요리 / 상 차리기 / 레스토랑 / 식단 / 전채,생선,요리 /
    야채,샐러드 / 치즈,과일, 디저트 / 음료 / 음식의 맛 / 흡연
12. 의복 / 114
    구입 / 옷과 신발 / 옷에 관한 표현 / 악세사리 / 작업,손질
13. 주거공간 / 125
    집 / 집의 시설물 / 거주인 / 가구 / 가정용품 / 집안일
14. 건강 / 138
    신체 / 질병 / 환자의 상태 / 치료 / 몸단장
15. 취미와 스포츠 / 152
    일반 어휘 / 취미 / 스포츠 / 운동경기
16. 여행 / 162
    여행준비 / 여행 / 관광 / 숙박시설
17. 교육 / 173
    학교 / 교과목 / 교육내용 / 교실 / 문구 / 문법 / 대학
18. 예술 / 188
    일반 어휘 / 문학 / 음악 / 미술 / 연극,영화
19. 문화 / 200
    철학 / 종교 / 역사

사회생활

20. 사생활 / 211
    가족 / 가정생활 / 인간관계 / 좋은 경험 / 나쁜 경험 / 생활 환경
21. 친교 / 226
    일반어휘 / 좋은 행동 / 나쁜 행동
22. 일 / 232
    일터 / 일의 분야 / 작업 / 노동 문제
23. 교통 / 240
    승용차 / 도로와 신호 / 정비소,주유소 / 운전 / 대중교통

24. 우편, 은행 / 252
    우편 / 은행

정치·경제

25. 정치 / 261
    의회 / 행정 / 정치 / 국제정치 / 위기
26. 매스미디어 / 274
    언론 / 라디오,TV / 전쟁 / 사법 / 정치 / 재난 / 사회문제

환경

27. 기후 / 293
    일반어휘 / 좋은 날씨 / 궂은 날씨
28. 자연 / 298
    동물 / 식물 / 자연환경 / 땅 / 지리 / 물 / 하늘 / 경치
29. 도시환경 / 312
    도시 / 빌딩 / 도로 / 도시문제 / 유럽의 도시 / 독일,영국의 지역

주제에 따른 분류

30. 색과 형태 / 325
    색 / 모양
31. 재료, 재질 / 329
    일반어휘 / 원자재 / 광물,화학재료
32. 수 / 334
    기수 / 수량의 표현 / 측정 / 양의 개념
33. 공간 / 343
    명사 / 형용사 / 전치사 / 부사
34. 시간 / 351
    년 / 월 / 주 / 날짜 / 시간 / 빈도 / 시간대 / 시점 / 완급의 표현

사람에 관한 표현

1. 개인에 관한 표현
2. 성격과 외모
3. 행동
4. 일
5. 기분
6. 생각
7. 대화
8. 평가
9. 관용적인 표현
10. 대화 형태

I. 개인에 관한 표현

— 개인정보 —

- l'**adresse** *f* [adrɛs] n. 주소.
- l'**adulte** *mf* [adylt] n. 성인, 어른. 미성년자는 **mineur**.
- l'**âge** *m* [aʒ] n. 나이, 연령.
- **aîné, e** [ene] adj. 나이를 더 먹은, 연장자인.
  C'est mon frère *aîné*. 그는 내 형님이다.
- l'**an** *m* [ã] n. 연(年), 해, 살.
  J'ai 19 *ans*. 나는 열아홉 살이다.
- **appeler (s')** [saple] 이름이 ~ 이다.
  Je m'*appelle* Jasmine. 내 이름은 쟈스민이다.
- l'**avenue** *f* [avny] n. 대로, 큰 길 (가로수가 있는).
  J'habite 3, *avenue* Foch.
  나는 포슈로(路) 3번지에 살고 있다.
- le **boulevard** [bulvar] n. 도시의 큰 거리.
- **catholique** [katɔlik] adj. 카톨릭교의 n. 카톨릭 교도.
- **chrétien, ne** [kretjɛ̃, ɛn] adj. 기독교의 n. 기독교 신자.
- le **département** [departəmã] n. 도(道), 프랑스의 행정구역으로 본토에 96개, 해외 영토 4개가 있음.
  Nancy se trouve dans le *département* de la Moselle. 낭시는 모젤 도(道)안에 있다.
- l'**enfant** *mf* [ãfã] n. 어린이, 아동, 자식.
- **étranger, -ère** [etrãʒe, ɛr] adj. 외국의 n. 외국인.
- l'**habitant** *m* [abitã] n. 주민, 거주민.
- **habiter** [abite] v. 살다, 거주하다.
- l'**identité** *f* [idãtite] n. 신분, 신원.
  J'ai perdu ma carte d'*identité*.
  나는 내 신분증을 분실했다.
- l'**individu** *m* [ɛ̃dividy] n. 개인.
- **madame** [madam] n. Mrs. 기혼 부인에 대한 경칭. 복수는 **Mesdames**.

- **mademoiselle** [madmwazɛl]   n. Miss. 미혼 여성에 대한 경칭. 복수는 Mesdemoiselles
- **majeur, e** [maʒœr]   adj. 성년의 n. 성년자.
  Je suis *majeur*, j'ai 18 ans.
  나는 성년이다. 나는 18세 이다.
- **marié, e** [marje]   adj. 결혼을 한 n. 기혼자.
- le **métier** [metje]   n. 직업.
  Quel est votre *métier*?
  당신의 직업이 무엇입니까?
- **monsieur** [məsjø]   n. Mr. 남성에 대한 존칭.
- **naître** [nɛtr]   v. 태어나다, 출생하다.
  Je suis *né* le 12 mars 1973.
  나는 1973년 3월 12일에 태어났다.
- la **nationalité** [nasijɔnalite]   n. 국적.
  Quelle est votre *nationalité*?
  당신의 국적은 무엇입니까?
- le **nom** [nɔ̃]   n. 이름, 성명, 성.
  Quel est votre *nom*?
  당신의 이름이 무엇입니까?
- le **nom de famille** [nɔ̃dəfamij]   n. 성(姓).
- le **passeport** [paspɔr]   n. 여권.
- le **pays** [pei]   n. 나라, 지방.
- la **pièce d'identité** [pjɛsdidɑ̃tite]   n. 신분증.
- la **place** [plas]   n. 자리, 장소 (lieu, endroit, emplacement).
- le **prénom** [prenɔ̃]   n. 이름, 세례명.
- la **profession** [prɔfɛsjɔ̃]   n. 직업.
- **protestant, e** [prɔtɛstɑ̃, t]   adj. 개신교의 n. 개신교도.
- la **religion** [rəliʒjɔ̃]   n. 종교.
- la **rue** [ry]   n. 거리, 가(街).
- le **sexe** [sɛks]   n. 성(性). 남성은 sexe masculin, 여성은 sexe féminin.
- la **signature** [siɲatyr]   n. 서명, donner sa signature 서명하다.

- **signer** [siɲe]   v. ~에 서명하다.
- le **titre** [titr]   n. 지위, 직위.

le, la **célibataire** [selibatɛr]	n. 독신자.
la **date de naissance** [datdənɛsɑ̃s]	n. 생년월일.
divorcé, e [divɔrse]	n. 이혼자 adj. 이혼한.
l'**époux, -ouse** [epu, z]	남편, 아내. 부부는 **époux**.
étre d'origine [ɛtrədɔriʒin]	~출신이다. Ben *est d'origine* américaine. 벤은 미국 출신이다.
l'**impasse** *f* [ɛ̃pas]	n. 막다른 골목.
le **lieu de naissance** [ljødnɛsɑ̃s]	n. 출생지.
le **nom de jeune fille** [nɔ̃dʒœnfij]	n. 처녀때의 성(姓).
personnel, le [pɛrsɔnɛl]	adj. 개인적인.
le **signe particulier** [siɲpartikylje]	n. 특징.
le **veuf**, la **veuve** [vœf, vœv]	n. 홀아비, 과부.

―――― 직업 ――――

- l'**acteur, -trice** [aktœr, tris]   배우.
- l'**agent** *m* [aʒɑ̃]   경관, 순경(agent de police), 대리인.
- l'**architecte** *m* [arʃitɛkt]   건축가.
- l'**avocat, e** [avɔka, t]   변호사.
- le **boulanger,** la **boulangère** [bulɑ̃ʒe, ɛr]   빵장수, 빵 만드는 사람.
- le **cadre** [kadr]   중견 간부.

- le **certificat** [sɛrtifika]　증명서, 자격증.
- le **charcutier**,
  la **charcutière** [ʃərkytje, ɛr]　돼지고기 장수, 돼지 가공 식품업자.
- le **chauffeur** [ʃofœr]　운전기사.
- le **chirurgien**,
  la **chirurgienne** [ʃiryrʒjɛ̃, ɛn]　외과 의사.
- le **commerçant**,
  la **commerçante** [ʃiryrʒjɛ̃, ɛn]　장사, 상인.
- le, la **concierge** [kɔ̃sjɛrʒ]　경비원, 건물 관리인.
- le, la **dentiste** [dɑ̃tist]　치과 의사.
- le **diplôme** [diplom]　졸업장, 학위증.
- le **directeur**, la **directrice** [dirɛktœr, tris]　장(長), 지휘자, 사장, 지배인.
- l'**écrivain** *m* [ekrivɛ̃]　작가 (여성형이 없음).
- l'**élève** *mf* [ɛlɛv]　학생, 생도.
  Paul est *élève* de quatrième au collège.
  뽈은 중학교 3학년 학생이다. (6ᵉ = 중1, 5ᵉ = 중2, 4ᵉ = 중3, 3ᵉ = 중학교 4학년)
- l'**employé** [ɑ̃plwaje]　사무원, 피고용인.
- l'**étudiant, e** [etydjɑ̃,t]　학생 (일반적으로 대학생).
- le **facteur** [faktœr]　우체부.
- la **femme de ménage** [famdəmenaʒ]　가정부, 파출부.
- le, la **fonctionnaire** [fɔ̃ksjɔnɛr]　공무원.
- le, la **garagiste** [garaʒist]　차고 관리인, 자동차 정비사.
- le **garçon** [garsɔ̃]　웨이터, 벨보이.
- le **gardien**,
  la **gardienne** [gardjɛ̃, ɛn]　경비원, 관리인.
  Mon oncle est *gardien* dans un musée.
  나의 아저씨는 어떤 박물관의 경비원이다.
- l'**infirmier, -ère** *mf* [ɛ̃firmje, ɛr]　간호사.
- l'**ingénieur** *m* [ɛ̃ʒenjœr]　엔지니어, 기사(여성형은 없음).
- l'**instituteur, -trice** [ɛ̃stitytœr, tris]　초등학교 교사.

- l'**interprète** m, f [ɛ̃tɛrprɛt]   통역사.
- le, la **journaliste** [ʒurnalist]   기자.
- le **juge** [ʒyʒ]   재판관, 판사, 심판.
- le **marchand**,
  la **marchande** [marʃɑ̃, d]   장사, 상인.
- le **marin** [marɛ̃]   선원, 수부, 해상 근무원.
- le **médecin** [mɛdsɛ̃]   의사 (여성형 없음).
- le **ministre** [ministr]   장관.
- le **musicien**,
  la **musicienne** [myzisjɛ̃, ɛn]   음악가, 악사.
- l'**ouvier, -ère** [uvrije, ɛr]   노동자, 일꾼.
- le **paysan**, la **paysanne**   농부.
  [peizɑ̃, an]
- le **peintre** [pɛ̃tr]   화가 (여성형 없음).
- le **pompier** [pɔ̃pje]   소방대원, 구조대원.
- le **professeur** [prɔfɛsœr]   교수, 교사 (여성형 없음).
- la **retraite** [rətrɛt]   은퇴, 퇴직.
  Mon grand-père est en *retraite*.
  나의 할아버지는 은퇴하셨다.
- le, la **secrétaire** [səkretɛr]   비서, 비서관.
- le **soldat** [sɔlda]   군인, 사병. 「장교」는 officier.
- le **vendeur**, la **vendeuse**   점원, 판매원.
  [vɑ̃dœr, øz]

---

l'**agriculteur** m [agrikyltœr]   농부, 여성형은 **agricultrice**.
l'**apprenti, e** [aprɑ̃ti]   연수생, 수습생.
l'**artiste** mf [artist]   예술가.
le **bijoutier**, la **bijoutière**   보석상, 보석 세공인.
  [biʒutje, ɛr]
le **cadre moyen** [kadrəmwajɛ̃]   중급 간부.
le **cadre supérieur**   고급 간부.
  [kadrəsyperjœr]

le **chef d'entreprise** [ʃɛfdɑ̃trəpriz]	기업 대표.
le, la **comptable** [kɔ̃tabl]	회계, 재무담당 직원.
le **contre-maître** [kɔ̃trəmɛtr]	직공장, 감독, 십장.
le **contrôleur**, la **contrôleuse** [kɔ̃trolœr, øz]	검사관, 감독관.
le **cuisinier**, la **cuisinière** [kɥizinje, ɛr]	요리사.
l'**électricien** *m* [elɛktrisjɛ̃]	전기기사.
l'**électronicien, ne** [elɛktrɔnisjɛ̃, ɛn]	전자공학자.
l'**enseignant, e** [ɑ̃sɛɲɑ̃, t]	교원, 교육자.
l'**entrepreneur, -euse** [ɑ̃trəprənœr, øz]	기업가, 청부인.
la **femme au foyer** [famofwaje]	주부.
la **garde** [gard]	경호원.
l'**hôtelier, -ère** [ɔtəlje, ɛr]	호텔 주인, 호텔 경영자.
l'**hôtesse de l'air** *f* [ɔtɛsdəlɛr]	스튜어디스.
l'**industriel** *m* [ɛ̃dystrijɛl]	실업가, 상공업자.
le **jardinier**, la **jardinière** [ʒardinje, ɛr]	정원사, 원예가.
le **juge d'instruction** [ʒyʒdɛ̃stryksjɔ̃]	예심 판사.
le **lycéen**, la **lycéenne** [liseɛ̃, ɛn]	고등학교 학생.
le **maçon** [masɔ̃]	석공, 벽돌공, 미장이.
le **maire** [mɛr]	시장, 구청장, 동장.
l'**O.S.** *m* [oɛs]	비숙련공, 양성공(養成工), **ouvrier spécialisé** 의 약어.
l'**ouvrier agricole** *m* [uvrijeagrikɔl]	농업 노동자, 농사꾼.
l'**ouvrier qualifié** *m* [uvrijekalifje]	숙련공.

le **pâtissier**, la **pâtissière** [patisje, ɛr]	제과업자, 과자 만드는 사람.
le **P.D.G** [pedeʒe]	회장 (**Président Directeur Général** 의 약자).
le **pêcheur**, la **pêcheuse** [pɛʃœr, øz]	어부, 낚시꾼.
le **pharmacien**, la **pharmacienne** [farmasjɛ̃, ɛn]	약사.
le, la **photographe** [fɔtɔgraf]	사진사, 사진 작가.
le **plombier** [plɔ̃bje]	연관공, 파이프 수리공.
le **proviseur** [prɔvizœr]	고등학교 교장.
le **rédacteur**, la **rédactrice** [redaktœr, tris]	편집자.
le **rédacteur en chef** [redaktœrɑ̃ʃɛf]	주필, 편집 책임자.
le **reporter** [rəpɔrtɛr]	리포터.
le **retraité**, la **retraitée** [rətrete]	퇴직자, 연금 생활자.
sans profession [sɑ̃prɔfɛsjɔ̃]	무직자, 실업자.
la **sténodactylo** [stenɔdaktilo]	속기 타이피스트.
le **technicien**, la **technicienne** [tɛknisjɛ̃, ɛn]	기술자.

──── 국가와 국적 ────

❏ l'**Allemagne** *f* [almaɲ]	독일.
❏ **allemand, e** [almɑ̃, d]	독일 사람. 독일어 (m.). Il est *allemand*. 그는 독일사람이다.
❏ **américain, e** [amerikɛ̃, ɛn]	미국인.
❏ **anglais, e** [ɑ̃glɛ, z]	adj. 영국의 n. 영국인, 영어 (m.). Je parle aussi *anglais*. 나는 영어도 말할줄 안다.

- l'**Angleterre** f [ɑ̃glətɛːr] 영국.
- l'**Autriche** f [otriʃ] 오스트리아.
- **autrichien, ne** [otriʃjɛ̃, ɛn] 오스트리아 사람.
- **belge** [bɛlʒ] 벨기에 사람.
- la **Belgique** [bɛlʒik] 벨기에.
- le **Danemark** [danmark] 덴마크.
- **danois, e** [danwa, z] 덴마크인.
- l'**Espagne** f [ɛspaɲ] 스페인.
- **espagnol, e** [ɛspaɲɔl] 스페인 사람.
- les **Etats-Unis** mpl [etazyni] 미국.
- **français, e** [frɑ̃sɛ, z] 프랑스인, 프랑스어 (m.).
- la **France** [frɑ̃s] 프랑스.
- **hollandais, e** [ˈɔlɑ̃dɛ, z] 네덜란드인 néerlandais, e 라고도 함.
- la **Hollande** [ˈɔlɑ̃d] 네덜란드 , 화란 (les Pays-bas).
- l'**Italie** f [itali] 이탈리아.
- **italian, ne** [italjɛ̃, ɛn] 이탈리아인, 이탈리아어 (m.).
- le **Japon** [ʒapɔ̃] 일본.
- **japonais, e** [ʒapɔnɛ, z] 일본인, 일본어 (m.).
- **portugais, e** [pɔrtygɛ, z] 포르투갈인, 포르투갈어 (m.).
- le **Portugal** [pɔrtygal] 포르투갈.

l'**Algérie** f [alʒeri]	알제리.
algérien, ne [almerj]	알제리인.
britannique [britanik]	영국인.
la **Corée** [kɔre]	한국, 대한민국은 **la République de Corée.**
coréen, coréenne	한국인, 한국어 (m.).
la **Grande-Bretagne** [grɑ̃dbrətaɲ]	영국, **le Royaume -Uni** 라고도 함.
grec, grecque [grɛk]	그리스인, 그리스어 (m.).
la **Grèce** [grɛs]	그리스.
le **Luxembourg** [lyksɑ̃bur]	룩셈부르크.

luxembourgeois, e [lyksɑ̃burʒwa, z] 룩셈부르크인.

le **Maroc** [marɔk] 모로코.

marocain, e [marɔkɛ̃, ɛn] 모로코인.

néerlandais, e [neɛrlɑ̃dɛ, z] 네덜란드인.

les **Pays-Bas** *mpl* [peiba] 네덜란드, 화란.

la **Suisse** [sɥis] 스위스.

suisse [sɥis] adj. 스위스의. C'est un passeport *suisse*. 이것은 스위스의 여권이다.

le **Suisse**, la **Suissesse** [sɥis, sɥisɛs] 스위스인.

la **Russie** [rysi] 러시아, 구 소련은 **U.R.S.S. (Union des Républiques Socialistes Soviétiques)**.

1%

프랑스인 중 1%는 해마다 개에게 물린다.

1%의 프랑스인은 자신의 애인을 광고나 중매장이를 통해서 만난다.

1%의 프랑스인은 목욕을 하면서 책을 읽는다.

프랑스인 중 1%는 자신이 소유하고 있는 돈은 모두 현금으로 집에 보관한다.

1%의 프랑스인은 자신이 유대교도라고 말하고 있다. 그리고 다른 1%는 자신이 개신교도라고 말하고 있다.

1%의 프랑스인은 식당을 선택하는 데 있어 안내 책자를 맹목적으로 믿는다.

1%의 프랑스인만이 장관이 되기를 꿈꾸고 있다.

프랑스인 1%는 20세기 여성의 일상생활을 가장 많이 바꾸어 놓은 문명의 이기로 진공청소기를 꼽는다.

1%의 프랑스인은 자신이 가장 사랑하는 사람이 부정을 저질렀다는 것을 알면서도 별로 신경을 쓰지 않는다.

프랑스인 중 1%만이 국내를 여행하는 데 비행기를 이용하고 있다.

프랑스인 중 1%는 25세에서 30세 사이에 처음으로 성행위를 경험한다.

프랑스인 1%는 프랑스에 가장 적합한 정치제도는 군주제라고 확신하고 있다.

「100% 프랑스인」 (제롬 뒤마엘 편저) 중에서

2. 성격과 외모

—— 일반적인 표현 ——

- **le caractère** [karaktɛr]　　n. 성격(nature, qualité), 개성(personnalité).
　　　　　　　　　　　　　　　Paul a bon *caractère*. 뽈은 성격이 좋다.
- **caractéristique** [karakteristik]　adj. 독특한, 특유의　n. f. 특징, 특색.
- **l'état d'esprit** [etadɛspri]　　기분, 정신상태.
- **la façon** [fasɔ̃]　　n. 방법, 방법론.
　　　　　　　　　　　Pierre a une drôle de *façon* de voir les choses.
　　　　　　　　　　　삐에르는 상황을 보는 이상한 방법을 갖고 있다.
- **féminin, e** [feminɛ̃, in]　adj. 여성의, 여성적인.
- **la femme** [fam]　　n. 여인, 아내.
- **la figure** [figyr]　　n. 얼굴, 모습(visage, mine), 형상, 인물.
- **l'homme** *m* [ɔm]　　n. 사람, 남자.
- **masculin, e** [maskylɛ̃, in]　adj. 남자의, 남성적인(mâle).
- **passer pour** [pasepur]　～라고 여겨지다, 간주되다.
　　　　　　　　　　　　　Marie a 40 ans, mais elle *passe pour* une jeune femme.
　　　　　　　　　　　　　마리는 마흔 살이지만 젊은 여인으로 여겨진다.
- **le physique** [fizik]　　n. 체격, 용모.
　　　　　　　　　　　　Je n'aime pas son *physique*.
　　　　　　　　　　　　나는 그의 체격을 좋아하지 않는다.
- **le trait** [trɛ]　　n. 특징, 특색.
　　　　　　　　　　Le charme est son *trait* caractéristique.
　　　　　　　　　　매력은 그의 특징이다.
- **le type** [tip]　　n. 별난 사람, 녀석.
　　　　　　　　　　Quel sale *type*!　정말 나쁜 놈이로구나!

la **maturité** [matyrite]	n. 원숙함, 성숙, 노숙.
la **mentalité** [mɑ̃talite]	n. 정신상태, 심리상태. Paul a la *mentalité* d'un garçon de 12 ans. 뽈은 12세 소년의 정신 상태를 갖고 있다.
la **personnalité** [pɛrsɔnalite]	n. 개성, 인격.

── 좋은 성격 ──

- **agréable** [agreabl]   adj. 기분좋은 (plaisant), 마음에 드는 (↔ désagréable).
- **aimable** [ɛmabl]   adj. 다정한, 상냥한, 사랑스러운.
- **avoir de l'esprit** [avwardəlɛspri]   재치가 있는, 기지가 있는.
- **avoir de l'humour** [avwardəlymur]   유머가 있는.
- **avoir de l'imagination** [avwardəlimaʒinɑsjɔ̃]   상상력이 있는.
- **avoir de la volonté** [avwardlavɔlɔ̃te]   의지가 있는.
- **avoir du cœur** [avwardykœr]   인정이 있는, 용기가 있는.
- **avoir un faible pour** [avwarœ̃fɛblpur]   ~에 약한.
- le **bon sens** [bɔ̃sɑ̃s]   양식(良識), 지각.
- **brillant, e** [brijɑ̃, t]   adj. 똑똑한, 훌륭한, 빼어난.
- **calme** [kalm]   adj. 조용한, 차분한.
- **capable** [kapabl]   adj. 가능한, ~ 할 수 있는.
- **charmant, e** [ʃarmɑ̃, t]   adj. 매력있는, 매혹적인.
- le **charme** [ʃarm]   n. 매력.
- **comique** [kɔmik]   adj. 우스운, 희극적인.

- **commode** [kɔmɔd]　　　adj. 편안한(agréable), 안락한.
- **content, e** [kɔ̃tɑ̃, t]　　adj. 만족해 하는.
　　　　　　　　　　　　Je suis *content* de ton succès.
　　　　　　　　　　　　나는 너의 성공에 만족해 한다.
- le **courage** [kuraʒ]　　　n. 용기.
　　　　　　　　　　　　Montre du *courage*!　용기를 보여다오!
- la **dame** [dam]　　　　n. 부인.
　　　　　　　　　　　　La mère de Marie est une vraie *dame*.
　　　　　　　　　　　　마리의 어머니는 정말 귀부인 답다.
- **décontracté, e**　　　　adj. 걱정없는, 태평스런, 이완된.
　[dekɔ̃trakte]
- **dynamique** [dinamik]　adj. 역동적인.
- **efficace** [efikas]　　　　adj. 유능한, 효력있는.
- l'**énergie** *f* [enɛrʒi]　　에너지, 활력, 정력.
　　　　　　　　　　　　Ton *énergie* me dépasse complètement.
　　　　　　　　　　　　너의 정력은 나를 압도한다.
- **énergique** [enɛrʒik]　　adj. 정력적인, 활기있는.
- **être bien vu, e**　　　　잘 보인, 호감을 갖게 하는.
　[ɛtrəbjɛ̃vy]
- **être de bonne volonté**　자발적인.
　[ɛtrədbɔnvɔlɔ̃te]
- **fidèle** [fidɛl]　　　　　adj. 성실한, 충실한(loyal, dévoué), 약속을 지키는.
- **fier, fière** [fjɛr]　　　　adj. 자부심이 강한,
　　　　　　　　　　　　~을 자랑스럽게 생각하는 (être fier de).
- **franc, franche** [frɑ̃, frɑ̃ʃ]　adj. 솔직한, 거리낌 없는.
- **gai, e** [gɛ]　　　　　　adj. 명랑한, 쾌활한.
- **généreux, -euse**　　　adj. 너그러운, 아량있는.
　[ʒenerø, z]
- **gentil, le** [ʒɑ̃ti, j]　　　adj. 사람 좋은, 친절한, 상냥한.
- **habile** [abil]　　　　　adj. 솜씨 좋은, 능란한.
- **honnête** [ɔnɛt]　　　　adj. 정직한, 성실한(↔ malhonnête), 청렴한.
- **humain, e** [ymɛ̃, ɛn]　　adj. 인간적인.
- **innocent, e** [inɔsɑ̃, t]　　adj. 무죄의, 순결한, 악의 없는.
- **intelligent, e** [ɛ̃teliʒɑ̃, t]　adj. 지적인, 똑똑한.

- **juste** [ʒyst]   adj. 올바른, 정의로운(↔ injuste).
- **malin, maligne**   adj. 약은, 교활한 (astucieux, futé).
  [malɛ̃, iɲ]   Tu es plus *malin* que moi.
  네가 나보다 더 약다.
- **mignon, ne**   adj. 귀여운, 예쁜 (charmant, joli).
  [miɲɔ̃, ɔn]   Nicolas a 3 ans, il est très *mignon*.
  니꼴은 세살인데, 정말 귀엽다.
- **naturel, le** [natyrɛl]   adj. 자연스러운, 꾸밈없는.
- **original, e, -aux**   adj. 독창적인, 참신한.
  [ɔriʒinal, o]
- **poli, e** [pɔli]   adj. 세련된(distingué), 예의바른(courtois), 정중한.
- **prudent, e** [prydɑ̃, t]   adj. 조심성 있는, 신중한(↔ imprudent).
- **raisonnable** [rɛzɔnabl]   adj. 이성적인, 합리적인, 타당한.
- **sage** [saʒ]   adj. 현명한, 슬기로운.
- **sensible** [sɑ̃sibl]   adj. 감수성이 예민한, 다정다감한(émotif).
- **sérieux, -euse** [serjø, z]   adj. 진지한, 착실한.
- **sincère** [sɛ̃sɛr]   adj. 성실한, 솔직한(franc), 충심의(vrai).
- **sympa(thique)**   adj. 호감을 주는, 마음에 드는.
  [sɛ̃patik]
- **tendre** [tɑ̃dr]   adj. 부드러운, 정다운.
- **tranquille** [trɑ̃kil]   adj. 조용한, 얌전한.
- **vif, vive** [vif, viv]   adj. 활발한, 힘찬, 발랄한.
  Mon fils est très *vif* pour son âge.
  내 아들은 나이에 비해 활발하다.

---

l'**ambition** *f* [ɑ̃bisjɔ̃]   n. 야망, 대망.

brave [brav]   adj. 용감한 (↔ **lâche**),
명사 앞에서는 성실한, 선량한.

la **compétence** [kɔ̃petɑ̃s]   n. 권한, 자격 (**qualité**),
능력 (**capacité**).

consciencieux, -euse [kɔ̃sjɑ̃sjø, z]   adj. 양심적인, 정직한.

l'**optimiste** *mf* [ɔptimist]   n. 낙관주의자.

| la **sensibilité** [sɑ̃sibilite] | n. 감수성, 다정다감함 (↔ **insensibilité**). |
| la **tendresse** [tɑ̃drɛs] | n. 부드러움, 자애. |

── 나쁜 성격 ──

- **bavard, e** [bavar, d] adj. 수다스러운(loquace), 말이 많은.
- **bête** [bɛt] adj. 어리석은(idiot), 바보 같은(imbécile).
  Martine est *bête*, elle ne comprend rien.
  마르띤은 바보다. 전혀 이해를 하지 못한다.
- **bizarre** [bizar] adj. 이상한(étrange), 기이한.
- **brutal, e, -aux** [brytal, o] adj. 난폭한, 거친, 격렬한 (rude).
- la **colère** [kɔlɛr] n. 분노, 노여움.
  Ne te mets pas en *colère*.
  화 내지 마라.
- **compliqué, e** [kɔ̃plike] adj. 복잡한, 까다로운.
- **curieux, -euse** [kyrjø, z] adj. 호기심 많은, 캐기 좋아하는 (↔ **indifférent**).
- **désagréable** [dezagreabl] adj. 불쾌한, 언짢은(déplaisant).
- **difficile** [difisil] adj. 성격이 까다로운(exigeant).
  Paul est *difficile*, il ne mange pas de poisson.
  뽈은 까다로운 성격으로 생선을 먹지 않는다.
- **égoïste** [egɔist] adj. 이기적인.
- **être mal vu, e** [ɛtrəmalvy] 좋은 인상을 주지 않는.
- **exigeant, e** [ɛgziʒɑ̃, t] adj. 성격이 까다로운, 쉽게 만족하지 못하는.
- **faible** [fɛbl] adj. 약한(↔ **fort**), 나약한.
- **fatigant, e** [fatigɑ̃, t] adj. 피곤하게 하는, 힘들게 하는.
- **fou, fol, folle** [fu, fɔl] adj. 미친.
  Raymond est *fou* d'elle.
  레이몽은 그 여자에 정신을 잃었다.

- **gâté, e** [gɑte]   adj. 응석받이의, 너무 귀염받은.
- **gourmand, e** [gurmɑ̃, d]   adj. 식탐하는, 식도락의.
- **grossier, -ère** [grosje, ɛr]   adj. 거친, 되는대로의, 무례한.
  Quel enfant *grossier* !
  정말 버릇없는 아이로구나!
- **hypocrite** [ipɔkrit]   adj. 위선적인, 거짓의.
- **idiot, e** [idjo, ɔt]   adj. 멍청한, 바보인.
- **impatient, e** [ɛ̃pasjɑ̃, t]   adj. 참을성 없는, 성급한 (être impatient de).
- **incapable** [ɛ̃kapabl]   adj. 무능한, 불능의.
  Tu es *incapable* de faire quoi que ce soit.
  너는 아무 일도 해낼 수 없다.
  Tu es un *incapable*. 너는 무능한 인간이다.
- **indifférent, e** [ɛ̃diferɑ̃, t]   adj. 무관심한, 냉담한.
  Paul est *indifférent* à ses enfants.
  뽈은 자기 자식들에 무관심하다.
- **indiscret, -ète** [ɛ̃diskrɛ, t]   adj. 조심성 없는, 무례한.
  Tais-toi, tu es *indiscret*.
  조용히 해, 너는 입이 싸다.
- **lent, e** [lɑ̃, t]   adj. 느린, 완만한.
  Lucie est *lente* à se décider.
  루씨는 결심하는데 오래 걸린다.
- **méchant, e** [meʃɑ̃, t]   adj. 심술궂은, 고약한(malveillant).
- **mou, molle** [mu, mɔl]   adj. 무른, 부드러운(↔ rigide), 무기력한.
  Qu'il est *mou*, ce garçon!
  이 아이는 참 나약하구나!
- **nerveux, -euse** [nɛrvø, z]   adj. 신경질적인.
- **ordinaire** [ɔrdinɛr]   adj. 보통의(↔ extraordinaire), 평범한.
- **orgueilleux, -euse** [ɔrgœjø, z]   adj. 거만한, 자존심이 강한.
- **paresseux, -euse** [parɛsø, z]   adj. 게으른, 나태한(↔ travailleur).
- **sévère** [sevɛr]   adj. 엄격한, 준엄한.
- **têtu, e** [tety]   adj. 고집이 센, 완고한 (entêté).
- **timide** [timid]   adj. 소심한(timoré), 수줍어하는(↔ audacieux).

affolé, e [afɔle]	adj. 미친, 이성을 잃은.
l'audace f [odas]	n. 대담성 (**hardiesse**), 뻔뻔스러움 (**insolence**).
la **brute** [bryt]	n. 난폭한 사람, 교양 없는 사람.
l'indifférence f [ɛ̃diferɑ̃s]	n. 무관심.
ironique [irɔnik]	adj. 빈정거리는, 풍자적인.
passif, -ive [pasif, iv]	adj. 수동적인, 소극적인.
rude [ryd]	adj. 거친, 뻣뻣한, 야만스러운.
sentimental, e, -aux [sɑ̃timɑ̃tal, o]	adj. 감정적인.
snob [snɔb]	adj. (불변화어) 유행을 따르는 n. 유행을 따르는 사람. Un préjugé courant: Ils sont *snob*, les gens du seizième. 일반적인 편견에 따르면 16세기 사람들은 유행을 따르는 속물들이었다.
vulgaire [vylgɛr]	adj. 천박한, 저속한.

── 외모 ──

- **affreux, -euse** [afrø, z] adj. 보기 흉한(horrible, épouvantable), 끔찍한. Tu es *affreux* dans ce manteau. 너는 이 외투를 입으면 보기에 끔찍하다.
- **âgé, e** [aʒe] adj. 나이를 먹은, ~ 살의.
- la **barbe** [barb] n. 수염.
- **beau, bel, belle** [bo, bɛl] adj. 멋진, 잘생긴. Il est vraiment *beau* garçon. 그는 정말 잘생긴 소년이다.
- **blond, e** [blɔ̃, d] adj. 금발의 n. 금발머리의 사람.
- **bronzé, e** [brɔ̃ze] adj. 청동색의, 구리빛으로 그을린.
- le **cheveu, x** [ʃəvø] n. 머리카락.
- **clair, e** [klɛr] adj. 맑은, 밝은, 명확한.

- ❏ la **force** [fɔrs] n. 힘, 기력.
  Je ne suis pas grand, mais j'ai de la *force*.
  나는 크지는 않지만 기운이 세다.
- ❏ **fort, e** [fɔr, t] adj. 강한, 힘이 센.
- ❏ **grand, e** [grɑ̃, d] adj. 큰.
- ❏ **gras, se** [grɑ, s] adj. 지방질의, 기름기가 많은.
- ❏ **gros, se** [gro, s] adj. 뚱뚱한.
- ❏ **jeune** [ʒœn] adj. 젊은, 명사는 jeunesse (f.).
- ❏ **joli, e** [ʒɔli] adj. 예쁜, 귀여운.
- ❏ **laid, e** [lɛ, d] adj. 못생긴, 추한.
- ❏ les **lunettes** *f pl* [lynɛt] n. 안경(항상 복수형으로 쓰임).
- ❏ **maigre** [mɛgr] adj. 마른, 수척한(↔ gros).
- ❏ **mince** [mɛ̃s] adj. 날씬한(svelte), 호리호리한(élancé).
- ❏ **moche** [mɔʃ] adj. 못생긴(laid), 보기 흉한(affreux).
- ❏ **pâle** [pɑl] dj. 창백한(blafard), 핼쑥한(blême), 생기없는.
- ❏ **petit, e** [pti, t] adj. 작은.
- ❏ **propre** [prɔpr] adj. 깨끗한, 깔끔한, 올바른.
- ❏ **roux, rousse** [ru, rus] adj. 적갈색의, 다갈색의.
- ❏ **sale** [sal] adj. 더러운(↔ propre), 추잡한.
- ❏ **vieux, vieil, vieille** [vjø, vjɛj] adj. 늙은, 명사는 vieillesse.

châtain [ʃatɛ̃]	adj. 밤색의 n. 밤색. Marie a les cheveux *châtains*. 마리는 밤색 머리카락을 갖고 있다.
d'un certain âge [dœ̃sɛrtɛ̃nɑʒ]	상당한 연배의.
élancé, e [elɑ̃se]	adj. 늘씬한.
informe [ɛ̃fɔrm]	adj. 틀이 덜 잡힌, 보기 흉한.
svelte [svɛlt]	adj. 날씬한(**élancé**).

갈레뜨 (gallette)

국민의 70%이상이 카톨릭교도로 세계적인 미식가의 나라인 프랑스는 그에 걸맞게 음식의 대부분이 종교 의식과 함께 한다. 음식은 또한 프랑스 특유의 예술적 감각이 깃든 도기를 비롯한 생활문화를 발달시킨 요인이다. 주현절은 그리스도가 30번째 탄생일에 세례받고 신의 아들로 세상에 나타남을 기념하는 천주교및 감리교의 축제일로 프랑스에서는 1월 첫 일요일이다. 이 날에는 「갈레트 오 르와」라는 둥글고 바삭바삭한 케이크를 먹는 관습이 있다.

갈레트는 크기가 지름 5cm정도부터 있는데 40cm가 넘는 10~12인용이 일반적이다. 특별히 지름이 1m가 넘는 대형 갈레트를 구워 자선행사나 연회에서 쓰기도 한다. 이 케이크 속에는 아몬드 가루를 달착지근하게 만들어 속을 넣는데 지역에 따라 설탕졸임한 과일로 꽃처럼 위를 장식하기도 한다.

갈레트 속 한 곳에 「페브」(강낭콩이란 뜻으로 예수가 보에 싸인 모습을 강낭콩 크기의 도자기로 빚었다고해서 붙인 이름)를 넣어놓고 찾기도 한다. 둥근 갈레트는 우주를 상징하고 페브는 별이 떨어진 장소, 특 아기 예수의 탄생을 의미한다.

갈레트를 나누어 먹을때 자기 몫의 갈레트 안에서 페브가 발견된 사람은 그날의 왕이 된다. 그에게는 시내의 빵집에서 갈레트를 사면 주는 황금빛 찬란한 종이왕관이 씌워지고 그날 하루 하고 싶은 일은 다 허락된다. 이는 중세 교회가 가난한 사람들에게 양식을 나누어 주던 일에서 유래한다. 지금까지 이 풍습이 전해져 해마다 직장·학교·가정에서 이 날을 잊지않고 즐거운 마음으로 갈레트를 나눈다.

속에 든 페브는 원래 도기 장인들의 솜씨 겨루기로 아기보에 싸인 예수·동방박사·양치기 소년·성모 마리아 등의 모습을 고운 도자기로 구워냈던 것이다.

유명한 제과점 「르 노트르」는 『올해는 유명한 패션 디자이너 소니아 리키엘이 특별 디자인한 페브가 들어있으니 기회를 놓치지 말라』고 대대적인 광고를 했다. 퐁피두.지스카르 두 대통령부인이 자주 들른다고 해서 유명해진 식품점 「포숑」은 왕관에 천연 돌까지 장식했고, 어느 해에는 색수정을 넣어 호사가들의 발걸음을 바쁘게 하기도 했다.

크리스마스부터 시작된 이런 일련의 음식과 관련된 종교적 관습은 2월2일 봉헌축일 (예수의 교회 첫 출현과 성모 마리아의 취결례를 기리는 축제일) 크레이프를 먹는 행사후, 3월 광야에서 예수의 단식수행을 기리기 위한 정진기간으로 부활절전 사순절이면 끝난다.

3. 행 동

이동

❑ **aller** [ale]   v. 가다, 되어가다, 건강상태가 ~ 하다.
Je *vais* aux toilettes. 나는 화장실에 간다.
❑ **arrêter (s')** [sarete]   v. 멈추다, 정지하다.
❑ **l'arrivée** *f* [arive]   n. 도착.
❑ **arriver** [arive]   v. 도착하다.
Paul est *arrivé* à la gare. 뽈은 역에 도착했다.
❑ **courir** [kurir]   v. 뛰다, 달리다.
❑ la **course** [kurs]   n. 뛰기, 경주.
❑ **danser** [dɑ̃se]   v. 춤추다.
❑ **dépêcher (se)** [sədepeʃe]   v. 서두르다.
Dépêche-toi! 서둘러라!
❑ **descendre** [desɑ̃dr]   v. 내려가다.
❑ la **descente** [desɑ̃t]   n. 내려감, 내리기, 하차.
❑ **entrer** [ɑ̃tre]   v. 들어가다.
❑ **marcher** [marʃe]   v. 걷다.
Pour aller au Trianom, il faut *marcher*.
트리아농에 가려면 걸어가야 한다.
❑ **monter** [mɔ̃te]   v. 오르다, 올라가다(조동사는 「상태」를 나타낼때 être, 「동작」일 때는 avoir).
J'ai *monté* l'escalier. 나는 계단을 올라갔다.
Je suis *monté*. 나는 올라갔다.
❑ **nager** [naʒe]   v. 수영하다, 헤엄치다.
J'ai *nagé* longtemps. 나는 오랫동안 수영했다.
❑ **partir** [partir]   v. 떠나다.
Je suis *parti* à trois heures. 나는 3시에 떠났다.
❑ le **pas** [pɑ]   n. 발걸음.
❑ la **promenade** [prɔmnad]   n. 산책, 산보.

- **promener (se)** [səprɔmne] v. 산책하다, 소풍하다.
- **rentrer** [rɑ̃tre] v. 돌아오다.
  Je suis *rentrée* très tard.
  나는 아주 늦게 돌아왔다.
- **rester** [rɛste] v. 남아있다, 머물다.
  On est *restés* trop longtemps à Versailles.
  우리는 너무 오랫동안 베르사이유에 있었다.
- **le retour** [rətur] n. 돌아옴, 귀환.
- **retourner** [rəturne] vi. 돌아가다, 다시 가다 vt. 되돌리다, 돌려보내다.
  Je n'y *retournerai* plus.
  나는 다시는 그곳에 돌아가지 않을 것이다.
- **retourner (se)** [sərəturne] v. 몸의 방향을 바꾸다.
- **revenir** [rəvnir] v. 다시 오다.
- **sauter** [sote] v. 뛰어 오르다, 뛰어 넘다.
  J'ai *sauté*. 나는 뛰어 넘었다.
- **sauver (se)** [səsove] v. 달아나다, 도망가다.
  Sauve qui peut! 각자 재주껏 도망쳐라!
- **sortir** [sɔrtir] vi. ~에서 나오다 vt. 꺼내다.
- **suivre** [sɥivr] vt. 뒤따르다, 뒤쫓다.
  On a *suivi* le guide.
  우리는 가이드를 따라갔다.
- **tomber** [tɔ̃be] vi. 떨어지다, 넘어지다 vt. 넘어뜨리다.
- **trouver (se)** [sətruve] v. ~ 에 있다.
- **venir** [vənir] v. 오다.
- **voler** [vɔle] v. 날아가다, 비행하다.
  L'avion a *volé* à grande vitesse.
  비행기는 빠른 속도로 날아갔다.
  J'ai *pris* l'avion.
  나는 비행기를 탔다.

approcher (s') [sapɾɔʃe]	v. ~에 다가가다, 접근하다.
avancer [avɑ̃se]	vt. 앞으로 내밀다, 진척시키다.
la **chute** [ʃyt]	n. 떨어짐, 추락.
le **déplacement** [deplasmɑ̃]	n. 옮기기, 이동, 이전.
déplacer (se) [sədeplase]	v. 이동하다, 몸을 움직이다.
diriger (se) [sədiriʒe]	v. ~로 향하다, ~로 가다.
	La voiture se *dirige* vers église.
	승용차는 교회를 향해 가고 있다.
disparaître [dispaɾɛtr]	v. 사라지다, 없어지다.
	Ma voiture a *disparu*.
	내 차가 없어졌다.
la **disparition** [disparisjɔ̃]	n. 사라짐, 실종, 소멸.
échapper [eʃape]	v. ~에서 도망치다, 모면하다.
	Je l'ai *échappé* belle.
	나는 가까스로 위험을 모면했다.
éloigner (s') [selwaɲe]	v. ~에서 멀어지다.
enfuir (s') [sɑ̃fɥir]	v. 달아나다, 사라지다.
la **fuite** [fɥit]	n. 도망, 도주.
glisser [glise]	v. 미끄러지다.
	J'ai *glissé* sur la neige.
	나는 눈 위에서 미끄러졌다.
précipiter (se) [səpresipite]	v. 서두르다, 돌진하다.
reculer [rəkyle]	vt. 후퇴시키다 vi. 뒤로 물러서다.
	La foule a *reculé*.
	군중들은 뒤로 물러섰다.
se rendre à [sərɑ̃dra]	~에 가다.
réunir (se) [səreynir]	v. 모이다.
traîner [trene]	vt. 끌고 가다 vi. 질질 끌리다.

동작

- **actif, -ive** [aktif, iv]   adj. 활동적인, 활기찬.
- **l'activité** *f* [aktivite]   n. 활동, 활동력.
- **asseoir (s')** [saswar]   v. 앉다.
- **baisser (se)** [səbese]   v. 몸을 굽히다.
- **bouger** [buʒe]   v. 움직이다(remuer), 이동하다(se déplacer).
- **coucher (se)** [sekuʃe]   v. 눕다, 엎드리다.
- **debout** [dəbu]   adv. 일어서서   adj. 일어선(불변화어).
  Je suis *debout*.   나는 일어서 있다.
  Je me mets *debout*.   나는 일어난다.
  Je reste *debout*.   나는 서 있다.
- **exercer (s')** [sɛgzɛrse]   v. 훈련하다, 연습하다.
- **l'exercice** *m* [ɛgzɛrsis]   n. 훈련, 연습.
- **lever (se)** [sələve]   v. 일어서다.
- **mettre (se)** [səmɛtr]   v. 몸을 두다, 자리를 잡다.
  On se *met* là?   우리 저기에 앉을까요?
- **le mouvement** [muvmɑ̃]   n. 움직임, 운동.

---

agir [aʒir]   v. 행동하다, 움직이다.
appuyer (s') [sapɥije]   v. ~에 기대다, 의지하다.
être à genoux [ɛtraʒnu]   무릎을 꿇다.
immobile [imɔbil]   adj. 움직임이 없는, 부동의.
redresser (se) [sərədrese]   v. 다시 일어서다, 몸을 바로 세우다.
remuer [rəmɥe]   v. 움직이다, 휘젓다, 뒤적거리다.
surgir [syrʒir]   v. 나타나다, 솟아오르다.
Le piéton a *surgi* derrière la voiture garée.
주차된 승용차 뒤로 보행자가 나타났다.

신체반응과 감각

- **dormir** [dɔrmir]   v. 잠자다.
- **endormir (s')** [sãdɔrmir]   v. 잠들다.
- **entendre** [ãtãdr]   v. 듣다, 이해하다.
- **exister** [ɛgziste]   v. 존재하다, 있다 (il y a).
- le **geste** [ʒɛst]   n. 몸짓, 제스추어.
- **grandir** [grãdir]   vi. 자라다, 커지다   vt. 키우다.
  Nicolas a beaucoup *grandi*.
  니꼴라는 많이 컸다.
- **gratter (se)** [səgrate]   v. 자기 몸을 긁다.
- **grossir** [grosir]   v. 뚱뚱해지다.
  J'ai encore *grossi*.   나는 계속 살이 쪘다.
- **maigrir** [megrir]   v. 마르다.
  Tu as encore *maigri*.   너는 여전히 말랐다.
- la **mort** [mɔr]   n. 죽음.
- **mourir** [murir]   v. 죽다.
  Elle est *morte* d'un cancer.
  그녀는 암으로 죽었다.
- la **réaction** [reaksjɔ̃]   n. 반응.
- **réagir** [reaʒir]   v. 반응을 보이다, 대처하다.
- **réveiller (se)** [səreveje]   v. 잠을 깨다.
  Je me suis *réveillé* de bonne heure.
  나는 일찍 잠을 깼다.
- **sentir** [sãtir]   v. 느끼다, 감각으로 알다 (percevoir), 냄새 맡다.
- **toucher** [tuʃe]   v. 만지다, 건드리다.
- **transpirer** [trãspire]   v. 땀을 흘리다.
- la **vie** [vi]   n. 생명, 삶.
  La *vie* est dure.   삶이 힘들다.
  C'est la *vie*.   별수 없지 뭐.
- **vivre** [vivr]   v. 살다.
- **voir** [vwar]   v. 보다.
- la **vue** [vy]   n. 시력, 시각.

détendre (se) [sədetɑ̃dr]	v. 느슨해지다, 완화되다. *Détendez*-vous! 긴장을 푸세요.
développer (se) [sədevlɔpe]	v. 펼쳐지다, 발전하다, 퍼져나가다.
évoluer [evɔlɥe]	v. 진보하다 (**progresser**), 진전하다.
l'**évolution** *f* [evɔlysjɔ̃]	n. 진보, 진전 (**progression**), 발전 (**développement**).
l'**existence** *f* [ɛgzistɑ̃s]	n. 존재, 실존.
le **réflexe** [reflɛks]	n. 반사작용, 반사운동.
résister [reziste]	v. 저항하다, 물리치다.
rougir [ruʒir]	vt. 붉게하다, vi. 붉어지다. J'ai *rougi*. 나는 얼굴이 빨개졌다.
le **sommeil** [sɔmɛj]	n. 잠, 졸음.
survivre [syrvivr]	v. 살아남다, ~ 보다 오래 살다. J'ai *survécu* à tous mes parents. 나는 내 부모님보다 오래 살았다.

정보과학

프랑스가 미국방부에 Ada를 제안하고, 제5세대 컴퓨터 언어로 채택된 Prolog를 개발한 일이 결코 우연은 아니다.

프랑스어로 Informatique는, 영어의 Informatics 또는 Information Science와 대응되는 단어로 정보과학 또는 전산과학으로 번역될 수 있다. 대표적인 정보 과학 연구소 INRIA (Institut National de Recherche en Informatique et Automatique)의 이름이 말해 주듯이, 정보과학은 정보처리의 자동화뿐 아니라, 일반적인 자동화 문제도 해결하고자 하는 넓은 의미로 이해되고 있다.

프랑스의 거의 모든 대학 - 기업 - 연구소가 그러하듯이, 정보과학 분야에서도 대학 - 기업 - 연구소가 긴밀한 협조 아래 연구와 교육을 하고 있다. 한 가지 예로, 연구소에 근무하는 연구원이 대학의 겸임 교수로 강의와 학생 논문 지도를 하는 일은 매우 흔한 일로 되어 있다.

대표적인 정보과학분야 연구소로 앞에서 지적한 INRIA (국립 전산 및 자동화 연구소)가 있다. 이 연구소는 빠리 근교(Rocquencourt)에 대규모 연구 시설을 가지고 있으며, 지중해변 니스 근교에도 연구소를 가지고 있다. 빠리 근교의 INRIA는 빠리대학과 밀접한 관계를 갖고 연구, 교육을 하고 있으며, 니스의 INRIA는 니스대학과 공동 연구 및 교육을 하고 있다.

프랑스의 대표적인 종합 연구소인 CNRS(Centre, National de Recherce en Sciences)도 각 지역 별로 정보과학 연구센터를 가지고 있다. 특히, 정보과학 분야에서 Paris, Grenoble, Toulouse, Lyon은 중요한 연구 중심지다.

4. 일

작업

☐ **bricoler** [brikɔle]   v. 수리, 가공등의 자잘한 일을 하다.
　　　　　　　　　　　　Sébastien passe son temps à *bricoler* sa moto.
　　　　　　　　　　　　세바스티앙은 그의 오토바이를 수리하는데 시간을 보낸다.
☐ **coller** [kɔle]   vt. 붙이다, 풀칠하다 vi. 달라붙다.
☐ **construire** [kɔ̃strɥir]   v. 건축하다, 가설하다.
☐ **continuer** [kɔ̃tinɥe]   v. 계속하다.
　　　　　　　　　　　　Pierre *continue* à réparer sa voiture.
　　　　　　　　　　　　삐에르는 계속 자기 차를 수리하고 있다.
☐ **copier** [kɔpje]   v. 베끼다, 복사하다.
☐ **faire** [fɛr]   v. 만들다, 행하다, ~하게 만들다.
☐ **faire marcher** [fɛrmarʃe]   작동시키다, 운행시키다.
☐ **imiter** [imite]   v. 흉내내다, 모방하다.
☐ **peindre** [pɛ̃dr]   v. 색칠하다, 그림 그리다.
☐ **produire** [prɔdɥir]   v. 생산하다, 만들어 내다.
☐ le **produit** [prɔdɥi]   n. 생산물, 제품.
☐ **réaliser** [realize]   v. 실현하다, 실행하다.
☐ la **réparation** [reparasjɔ̃]   n. 수선, 수리.
☐ **réparer** [repare]   v. 수리하다.

---

effectuer [efɛktɥe]	v. 실행하다 (**exécuter**), 실현하다 (**réaliser**), 이행하다.
limer [lime]	v. 줄질하다, 다듬다.
mesurer [məzyre]	vt. 길이, 넓이, 높이를 재다 vi. 길이, 높이, 용량 등이 ~이다.

poncer [pɔ̃se]	v. 속돌로 닦다, 사포로 닦다.
raboter [rabɔte]	v. 대패로 밀다.
la **réalisation** [realizɑsjɔ̃]	n. 실현, 성취.
scier [sije]	v. 톱으로 켜다.

── 변화시키기 ──

❏ **boucher** [buʃe]   v. 틀어막다, 가로막다.
Il faut *boucher* le trou.
구멍을 틀어 막아야 한다.

❏ **casser** [kɑse]   v. 깨다, 부수다(briser), 끊다(rompre).
❏ **couper** [kupe]   v. 자르다, 절단하다, 재단하다.
❏ **couvrir** [kuvrir]   v. 덮다, 가리다.
Le sol est *couvert* d'une moquette.
바닥은 양탄자로 덮였다.

❏ **déchirer** [deʃire]   v. 찢다.
❏ **envelopper** [ɑ̃vlɔpe]   v. 싸다, 포장하다, 덮다.
Christo a *enveloppé* le Pont Neuf.
크리스토는 뽕네프를 천으로 뒤덮었다.

❏ **plier** [plije]   v. 접다, 포개다.
❏ **remplir** [rɑ̃plir]   v. 가득 채우다.
❏ **supprimer** [syprime]   v. 제거하다, 삭제하다, 진압하다.
❏ **vider** [vide]   v. 비우다.

briser [brize]	v. 깨뜨리다 (**casser**), 분쇄하다 (**détruire**).
rompre [rɔ̃pr]	v. 부러뜨리다 (**briser**), 무너뜨리다 (**enfoncer**), 찢다 (**déchirer**).
la **rupture** [ryptyr]	n. 파괴, 절단.

── 이동시키기 ──

- **apporter** [apɔrte] v. 가져오다.
- **appuyer** [apɥije] v. 버티다, ~에 기대다,
  ~에 대고 누르다(presser).
  Appuyez sur le bouton. 단추를 누르시오.
- **arracher** [araʃe] v. 뽑다(déraciner).
- **cacher** [kaʃe] v. 숨기다, 가리다(masquer).
- **chercher** [ʃɛrʃe] v. 찾다, 구하다, 탐구하다.
- **emporter** [ɑ̃pɔrte] v. 가져가다, 데려가다.
- **enfermer** [ɑ̃fɛrme] v. 가두다.
- **jeter** [ʒəte] v. 던지다, 몸의 일부를 내뻗다.
- **lâcher** [lɑʃe] v. 느슨하게 하다(rendre moins serré), 방출하다.
- **laisser** [lese] v. 놓아두다, 내버려두다.
  J'ai *laissé* mes papiers dans la voiture.
  나는 서류를 차안에 두고 왔다.
- **lancer** [lɑ̃se] v. 던지다, 발사하다, 배를 띄우다.
- **lever** [ləve] v. 들다(soulever), 올리다(hausser ↔ baisser).
- **mettre** [mɛtr] v. 놓다.
  Mets les fleurs sur la table.
  꽃들을 탁자 위에 놓아라.
  Mets la nappe sur la table.
  식탁보를 탁자 위에 놓아라.
- **perdre** [pɛrdr] v. 잃다, 분실하다.
- **placer** [plase] v. 놓다, 두다, 자리 잡아주다.
- **porter** [pɔrte] v. 입고 있다, 신고 있다, 짐을 나르다, 운반하다.
- **pousser** [puse] v. 밀다, 떠밀다.
  Poussez. 미시오.
- **ranger** [rɑ̃ʒe] v. 정리하다(↔ déranger), 정렬시키다.
  Range tes affaires. 네 물건들을 정돈해라.
- **recevoir** [rəsvwar] v. 받다, 접수하다.
- **remplacer** [rɑ̃plase] v. 바꾸다, 대체하다.
  J'ai *remplacé* mon vélo par un vélomoteur.
  나는 내 자전거를 모터 사이클로 바꿨다.

- **repousser** [rəpuse] v. 밀어 젖히다, 물리치다, 거절하다.
- **retirer** [rətire] v. 다시 당기다, 끌어내다.
- **retrouver** [rətruve] v. 다시 찾다, 다시 만나다.
- **tirer** [tire] v. 당기다, 끌다.
  Tirez. 당기시오.
- **tourner** [turne] v. 돌리다, 휘젓다, 영화 촬영하다.
- **trouver** [truve] v. 발견하다, 만나다.

---

acquérir [akerir] v. 얻다 (↔ **perdre**), 획득하다.
attribuer [atribɥe] v. 부여하다, 주다 (**octroyer**), 할당하다 (**assigner**).
distribuer [distribye] v. 나눠주다, 분배하다.
éloigner [elwaɲe] v. ~을 멀리하다.
importer [ɛ̃pɔrte] v. 수입하다 (↔ **exporter**), 도입하다 (**introduire**).
installer [ɛ̃stale] v. 자리 잡게하다, 설치하다.
la **perte** [pɛrt] n. 상실, 분실,
renverser [rɑ̃vɛrse] v. 뒤엎다, 방향을 거꾸로 하다.
répartir [repartir] v. 나누어주다, 할당하다.
la **répartition** [repartisjɔ̃] n. 분배, 분할.

── 물건의 사용 ──

- **charger** [ʃarʒe] v. ~에 짐을 싣다, ~을 태우다.
  Il faut *charger* la voiture.
  차에 짐을 실어야 한다.
- **choisir** [ʃwazir] v. 고르다, 선택하다.
- le **choix** [ʃwa] n. 선택.
  Au *choix*. 의향대로, 가격균일.
- **diriger** [diriʒe] v. ~쪽으로 향하게 하다, 인도하다, 지도하다.

- **donner** [dɔne]   v. 주다.
  Qu'est-ce qu'on t'a *donné* pour ton anniversaire?
  사람들은 네 생일에 무엇을 주었니?
- **faire voir** [fɛrvwar]   보여주다.
  Fais voir. 보여다오.
- **fixer** [fikse]   v. 고정시키다, 결정짓다.
- **interrompre** [ɛ̃tɛrɔ̃pr]   v. 중단하다, 중지시키다, 차단하다.
- **monter** [mɔ̃te]   vi. 오르다, vt. 올리다, 조립하다, 설치하다.
  Qui a *monté* la tente? 누가 텐트 설치했지?
- **montrer** [mɔ̃tre]   v. 보여주다(faire voir), 제시하다(présenter).
- **organiser** [ɔrganize]   v. 조직하다.
- **partager** [partaʒe]   v. 나누다, 분할하다.
- **poser** [poze]   v. 놓다, 내려놓다.
  Pose ça par terre. 그것을 땅바닥에 놓아라.
- **présenter** [prezɑ̃te]   v. 제시하다, 내보이다, 소개하다.
- **profiter** [prɔfite]   v. 이익을 보다, 수익을 올리다.
  J'ai *profité* de l'occasion.
  나는 그 기회를 이용했다.
- **ramasser** [ramase]   v. 끌어 모으다, 줍다, 주워 모으다.
  Nous avons *ramassé* des champignons.
  우리는 버섯들을 따서 모았다.
- **régler** [regle]   v. 정리하다, 해결하다, 조정하다.
  Il est temps de *régler* cette affaire.
  이 일을 처리할 시간이다.
  Cette télé doit être *réglée*.
  이 TV는 손을 좀 봐야 한다.
- **rendre** [rɑ̃dr]   v. 돌려주다.
- **salir** [salir]   v. 더럽히다.
- **tendre** [tɑ̃dr]   v. 팽팽하게 하다, 뻗치다, 내밀다.
- **tenir** [tənir]   v. 잡고 있다, 붙잡아 두다.
- **utiliser** [ytilize]   v. 이용하다, 사용하다(employer).
  A *utiliser* avant le 31 mars 1997.
  1997년 3월 31일 이전까지 사용할 것.
- **voler** [vɔle]   v. ① 날다, 비행하다 ② 훔치다, 도둑질 하다.

accumuler [akymyle]	v. 축적하다 (**entasser**).
appliquer [aplike]	v. 갖다대다, 붙이다, 적용하다.
exploiter [ɛksplwate]	v. 활용하다 (**profiter de**), 개발하다.
faciliter [fasilite]	v. 쉽게 만들다.
gâcher [gɑʃe]	v. 반죽하다, 망치다, 썩히다.
l'interruption *f* [ɛ̃tɛrypsjɔ̃]	n. 중단, 차단.
le **mode d'emploi** [mɔddɑ̃plwa]	n. 이용 방법.
négliger [negliʒe]	v. 소홀히 하다, 무시하다.
réclamer [reklame]	v. 청구하다 (**revendiquer**), 요구하다 (**exiger**).
secouer [səkwe]	v. 흔들다.
varier [varje]	v. 여러가지로 바꾸다, ~에 변화를 주다.

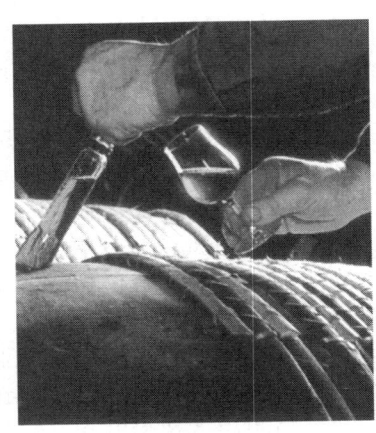

오카방고 작전

「오카방고 작전」. 프랑스 TF1이 최근 신설한 「오카방고 작전」은 한 해에 한 대륙씩 6년간 6대주의 오지를 찾아 아름다운 자연을 소개하는 대하 자연 매거진.

한달에 한번 방영되는 이 프로는 탐험 매거진 프로그램인 「위슈아이아」의 후속으로 니콜라 위로가 탐사대장역을 맡고 있다. 위로는 「위슈아이아」 종영 후 수상비행기와 헬리콥터. 온갖 장비를 갖춘 트럭 2대, 열기구, 낙하산, 스쿠버 장비등 탐험 장비와 기구로 가득한 작업실에서 시간을 보내며 이 프로를 준비했다.

2001년에 마무리될 「오카방고 작전」은 첫 탐험지를 아프리카 대륙으로 정하고 에티오피아의 자연을 취재. 방영했다. 오카방고는 앙골라에 있는 강 이름에서 따온 제목이다.

제작팀 총감독 파스칼 앙시오는 『전 세계를 누비며 가장 외진 곳의 아름다움을 찾아내는 것이 이 프로의 목적』이라면서 『희귀한 것일 수록 가까이 접근하기 어렵기 때문에 제작진의 탐사 장면을 영상으로 소개하고 있다』고 말했다.

「오카방고 작전」은 장기 제작 일정에 걸맞게 제작비도 거액이다. 매회 최소한 TV영화 한 편의 제작비에 해당하는 7백만 프랑(약 10억 8천만원)이 투자된다.

제작 탐사팀에는 고고학자 에르베토마도 포함돼 있다. 위로대장은 첫 회에서 분홍색의 홍학을 보기 위해 낙하산으로 에티오피아 대지에 착륙하는 모습을 보여주었다.

최근 채널 이미지가 실추돼 고심해온 TF1이 재기를 꿈꾸며 내놓은 야심작이란 점에서 「오카방고 작전」이 꾸준히 인기를 끌 수 있을지 관심거리다.

5. 기 분

─── 좋은 기분 ───

- **aimer** [eme]
  v. 좋아하다, 사랑하다.
  J'*aimerais* qu'on aille au cinéma.
  나는 우리가 영화보러 가면 좋겠다.
- **aimer faire** [emefɛr]
  ~ 하기를 좋아하다.
  J'*aimerais* aller en vacances.
  나는 바캉스를 떠나고 싶다.
- **l'amitié** f [amitje]
  n. 우정, 우의(↔ inamitié).
- **amuser (s')** [samyze]
  n. 놀다, 즐기다.
- **la confiance** [kɔ̃fjɑ̃s]
  n. 신뢰, 신임(↔ méfiance), 자신(assurance).
  J'ai *confiance* en ma femme.
  나는 내 아내를 믿는다.
- **entendre (s')** [sɑ̃tɑ̃dr]
  v. 서로 이해하다, 사이가 좋다.
  On s'*entend* bien. 우리는 사이가 좋다.
- **espérer** [ɛspere]
  v. 희망하다, 바라다(souhaiter), 기대하다.
  J'*espère* que tout ira bien.
  모든 일이 잘 되길 바란다.
- **gai, e** [gɛ]
  adj. 명랑한, 쾌활한.
- **plaire** [plɛr]
  v. ~의 마음에 들다.
  Ça me *plaît*. 그것이 마음에 든다.
- **le plaisir** [plezir]
  n. 기쁨, 즐거움.
  Avec *plaisir*. 기꺼이.
- **préférer** [prefere]
  v. ~을 ··· 보다 더 좋아하다,
  ~ 하기 보다 ··· 하고 싶다.
- **réconcilier (se)**
  [sərekɔ̃silje]
  v. 서로 화해하다.
- **le rêve** [rɛv]
  n. 꿈, 공상, 몽상.
- **rêver** [reve]
  v. 꿈꾸다, 공상에 잠기다.
  Je *rêve* de toi toutes les nuits.

❑ **rire** [rir]   나는 매일 밤 너의 꿈을 꾼다.
  v. 웃다, 즐거워 하다.
  Nous avons bien *ri* de ses plaisanteries.
  우리는 그의 농담에 많이 웃었다.
  Il n'y a pas de quoi *rire*.   웃을 일이 아니다.
  J'ai dit ça pour *rire*.   농담으로 한 말이다.
❑ le **sentiment** [sɑ̃timɑ̃]   n. 감정, 감수성, 느낌.
❑ **sourire** [surir]   v. 미소 짓다.
❑ **tomber amoureux,
  -euse** [tɔ̃beamurø, z]   v. 사랑에 빠지다.

aimer mieux [ememjø]	~를 더 좋아하다. J'*aimerais mieux* que tu ailles lui parler. 네가 그에게 말하러 가는 편이 더 낫겠다.
confier [kɔ̃fje]	v. 맡기다, 위탁하다, 의뢰하다.
le **désespoir** [dezɛspwar]	n. 절망, 실망.
éprouver [epruve]	v. 시험해 보다, 체험하다, 느끼다 (**ressentir**).
faire confiance à [fɛrkɔ̃fjɑ̃sa]	~을 신뢰하다.
la **gaieté** [gɛte]	n. 명랑, 쾌활.
la **joie** [ʒwa]	n. 기쁨, 즐거움. *La joie* de vivre. 삶의 기쁨.
la **jouissance** [ʒwisɑ̃s]	n. 향락, 쾌락, 즐거움.
plaire (se) [səplɛr]	v. 흡족해하다. Je *me plais* beaucoup à Paris. 나는 빠리에서 매우 만족해 하고 있다.
réjouir (se) [səreʒwir]	v. ~을 기뻐하다, 즐겁게 놀다.
rigoler [rigɔle]	v. 웃으며 흥겨워하다. Qu'est-ce qu'on a *rigolé*! 우리는 얼마나 즐거웠던가! Tu *rigoles*! 농담마라.
la **satisfaction** [satisfaksjɔ̃]	n. 만족.
sentimental, e, -aux [sɑ̃timɑ̃tal, o]	adj. 감정적인, 애정에 관한.

나쁜 기분

- **avoir honte** [avwarʹɔt]   부끄러워 하다.
- **avoir peur** [avwarpœr]   무서워 하다, 겁내다.
  J'ai peur d'être collé. 나는 낙제 할까봐 겁난다.
  J'ai peur qu'il le sache.
  그 사람이 그 일을 알까봐 걱정이 된다.
- **le chagrin** [ʃagrɛ̃]   n. 슬픔, 비애.
- **détester** [detɛste]   v. 싫어하다, 미워하다 (haïr).
- **l'embarras** *m* [ɑ̃bara]   n. 난처함, 당황, 곤경.
- **être obligé, e** [ɛtrɔbliʒe]   ~해야만 하다.
  Vous n'*êtes* pas *obligé* de prendre le menu.
  꼭 이 집 정식을 드시지 않아도 됩니다.
  C'était obligé.   그래야만 했다.
- **moquer (se)** [səmɔke]   v. ~을 놀리다, 조롱하다.
  Janine *se moque* de tout.
  쟈닌은 모든 일을 우습게 여긴다.
- **la peur** [pœr]   n. 겁, 공포(effroi), 불안(crainte).
- **la pitié** [pitje]   n. 측은하게 여기는 마음, 동정, 연민.
  Tu me fais *pitié*.
  너는 내게 불쌍한 생각이 들게 한다.
- **pleurer** [plœre]   v. 울다.
- **regretter** [rəgrete]   v. 후회하다, 유감으로 생각하다.
  Je *regrette*.   나는 후회한다.
- **se faire des illusions** [səfɛrdezilyzjɔ̃]   환상을 품다, 착각하다.
- **se faire du souci** [səfɛrdysusi]   걱정하다, 애태우다.
- **souffrir** [sufrir]   v. 고통받다, 괴로움을 견디다.
  Mémé *souffre* des dents.
  할머니는 치통으로 고생한다.
- **toucher** [tuʃe]   v. 감동시키다, 애처로운 생각이 들게 하다.
- **trembler** [trɑ̃ble]   v. 떨다(frissonner), 전율하다.
- **triste** [trist]   adj. 슬픈(↔ joyeux), 우울한(mélancolique).

craindre [krɛ̃dr]	v. 두려워 하다, 겁내다 (**redouter**), 염려하다. C'est une plante qui *craint* le froid. 이것은 추위를 싫어하는 식물이다.
la **crainte** [krɛ̃t]	n. 두려움, 염려.
désespérer [dezɛspere]	v. 절망 시키다 (**décourager**), ~하는 것을 단념하다.
le **deuil** [dœj]	n. 초상, 애도, 상복. Elle est en *deuil* de son mari. 그녀는 자기 남편의 상을 당했다.
effondrer (s') [sefɔ̃dre]	v. 무너지다, 털썩 주저앉다, 쓰러지다.
la **haine** [ˈɛn]	n. 증오, 혐오.
inquiéter (s') [sɛ̃kjete]	v. 불안해하다, 걱정하다. Je *m'inquiète* de sa santé. 나는 그의 건강을 걱정한다.
l'**inquiétude** *f* [ɛ̃kjetyd]	n. 근심, 걱정, 염려.
la **jalousie** [ʒaluzi]	n. 질투, 시기.
la **méfiance** [mefjɑ̃s]	n. 불신, 의심, 경계.
méfier (se) [səmefje]	v. ~을 의심하다, 경계하다. Marc *se méfie* de tout le monde. 마크는 모든 사람을 경계한다.
le **mépris** [mepri]	n. 경멸 (**dédain**), 무시.
mépriser [meprize]	v. 멸시하다 (**dédaigner**), 무시하다.
pleurnicher [plœrniʃe]	v. 우는체 하다, 거짓으로 눈물 짓다.
s'en prendre à qqn [sɑ̃prɑ̃drakɛlkœ̃]	~을 탓하다, ~에게 책임을 돌리다.
sangloter [sɑ̃glɔte]	v. 흐느껴 울다.
la **souffrance** [sufrɑ̃s]	n. 괴로움, 고통, 번민.
subir [sybir]	v. ~를 당하다, 참고 견디다. Caroline a *subi* un choc. 까롤린은 쇼크를 당했다.
la **tristesse** [tristɛs]	n. 슬픔.
troubler [truble]	v. 어지럽게 하다, 혼란에 빠트리다.
verser des larmes [vɛrsedelarm]	눈물을 흘리다.

고등사범학교 (E.N.S)

Les Ecoles Normales Supérieures (ENS)
Paris, Fontenay-St Cloud, Lyon 및 Cachan 등 4곳에 있다. ENS의 목적은 학생들을 응용 또는 기초과학 분야의 연구원이나, 고등학교, 그랑제꼴 준비반 또는 대학의 교사, 교수가 되도록 교육하는 것이다. 학생들은 내·외국인을 막론하고 공개 경쟁시험을 거쳐야 입학할 수 있다. 내국인의 경우 bac+2년의 지원자격이 필수적이며 10년간 국내(해외영토 포함)에 거주한 자라야만 한다.

재학 기간 동안에 학생들은 스승(Magistères)이 되기 위한 교육을 받으며 처음 3년에 학사학위(Licence), 그리고 석사학위(Maîtrise) 및 고급연구 수료증(DEA)을 취득함으로써 연구원이 되기 위한 준비도 하게된다. 많은 학생들이 이 기간 중 교사 자격시험(Concours D'agrégation)을 거쳐 고교교사 자격증을 취득하게 된다. 재학 년한은 4년이며 재학중 장학금을 지급받고 1회이상의 해외연수(최장2년)도 허가될 수 있다. 외국인이 이 학교에 입학하려면 정식시험에 합격하든가(장학금 지급은 없음) 서류 심사를 거쳐 청강생이 될 수 있다. 4ENS의 특성과 전공개설 부문은 다음과 같다.

-**ENS(Paris)** : 문학, 인문과학, 자연과학의 기본이론을 교육함.

-**ENS(Fontenay-St Cloud)** : 2급 교사 및 고등교육기관의 교수겸 연구원 양성이 목표로서 문학, 인문과학, 사회과학, 경제학, 정치학 분야 개설.

-**ENS(Lyon)** : 수학, 정보과학, 자연과학, 생명과학, 보건학, 재료 및 우주과학 분야.

-**ENS(Cachan)** : 기술학교 교사, 2급교사 및 고등교육기관의 교수 겸 연구원 양성이 목적으로 자연과학, 경제, 경영 및 응용미술 분야가 있음.

6. 생각

—— 사고와 상상 ——

- l'**avis** *m* [avi]
  n. 의견(opinion), 견해.
  Quel est ton *avis*? 너의 생각은 무엇이냐?
  A mon *avis*. 내 생각에는.
- **comparer** [kɔ̃pare]
  v. ~을 …와 비교하다, …을 ~에 비유하다.
- **comprendre** [kɔ̃prɑ̃dr]
  v. 깨닫다, 이해하다, 포함하다(comporter).
  Je *comprends* que tu sois triste.
  나는 네가 슬픈 것을 이해한다.
- la **connaissance** [kɔnɛsɑ̃s]
  n. 알고 있기, 지식.
- **connaître** [kɔnɛtr]
  v. 알다, 경험하다, ~와 친분이 있다.
- **croire** [krwar]
  v. 믿다, ~가 사실이라고 생각하다.
  Je le *crois*. 나는 그것을 믿는다.
  Je ne *crois* pas au diable.
  나는 악마가 있다고 생각하지 않는다.
  Je n'en *crois* rien.
  나는 그것을 전혀 그렇게 생각하지 않는다.
  Je *crois* que c'est assez.
  나는 충분하다고 생각한다.
- **deviner** [dəvine]
  v. 예언하다, 알아맞히다.
  Tu *devines*? 알아 맞춰 볼래?
- **distinguer** [distɛ̃ge] v. 구분하다.
- **imaginer (s')** [simaʒine] v. 상상하다.
- l'**impression** *f* [ɛ̃prɛsjɔ̃] n. 인상, 감명, 소감.
- l'**intelligence** *f* [ɛ̃teliʒɑ̃s] n. 지성, 지능.
- **inventer** [ɛ̃vɑ̃te] v. 발명하다, 고안하다.
- l'**invention** *f* [ɛ̃vɑ̃sjɔ̃] n. 발명, 발견, 고안.
- l'**opinion** *f* [ɔpinjɔ̃] n. 의견.
- **oublier** [ublije] v. 잊다.

❏ la **pensée** [pɑ̃se]
❏ **penser** [pɑ̃se]

❏ le **point de vue** [pwɛ̃dvy]

❏ **prévoir** [prevwar]
❏ la **raison** [rɛzɔ̃]
❏ **rappeler (se)** [səraple]

❏ **réfléchir** [refleʃir]

❏ **retenir** [rətnir]
❏ **savoir** [savwar]

❏ **se rendre compte de** [sərɑ̃drəkɔ̃tdə]

❏ **souvenir (se)** [səsuvnir]

❏ **tromper (se)** [sətrɔ̃pe]

망각하다(↔ se rappeler, se souvenir de).
n. 생각, 사고.
v. 생각하다.
Je *pense* que tu as tort.
나는 네가 틀렸다고 생각한다.
n. 관점.
Je partage ton *point de vue*.
나는 너와 관점을 같이 한다.
v. 예측하다, ~에 대비하다.
n. 이성, 지각, 분별력.
v. 회상하다, 기억해내다.
Je *me rappelle* ta jolie figure.
나는 너의 예쁜 얼굴을 기억하고 있다.
v. 심사숙고하다, 곰곰히 생각하다.
Tu as bien *réfléchi*? 잘 생각해 보았니?
v. 기억해두다, 고려하다.
v. 알다.
Je *sais* que tu as raison, mais…
네가 옳다는 것은 안다, 하지만….
~을 깨닫다.
Je *m*'en suis *rendu compte*.
나는 그것을 알아차렸다.
v. ~을 기억하다, 회상하다.
L'accusé ne *se souvient* de rien.
피고는 아무것도 기억하지 못하고 있다.
v. 틀리다, 실수하다.

apercevoir [apɛrsəvwar]	v. 보다, 알아차리다, 알게 되다 (**découvrir**).
concevoir [kɔ̃səvwar]	v. 생각해내다, 구상하다, 이해하다 (**comprendre**).
confondre [kɔ̃fɔ̃dr]	v. 혼동하다.
le **doute** [dut]	n. 의심, 의혹.

douter [dute]
v. 의심하다, 믿지 않다.
Je *doute* de ta sincérité.
나는 너의 성실성을 믿지 못하겠다.

douter (se) [sədute]
v. ~라고 짐작하다, 알아차리다.
Il ne se *doute* de rien.
그는 꿈에도 생각지 않고 있다.

l'imagination *f* [imaʒinɑsjɔ̃]
n. 상상, 상상력.

intellectuel, le [ɛ̃telɛktɥɛl]
adj. 지적인, 지능의.

la mémoire [memwar]
n. 기억, 기억력.
Tu as bonne *mémoire*.
너는 기억력이 참 좋다.

le raisonnement [rɛzɔnmɑ̃]
n. 추리, 추론.

raisonner [rɛzɔne]
v. 추리하다, 이치를 따지다.

reconnaître [rəkɔnɛtr]
n. 알아보다, 확인하다, 분간하다.

la réflexion [reflɛksjɔ̃]
n. 심사숙고.
Réflexion faite...
곰곰이 생각한 끝에.

résoudre [rezudr]
v. 문제를 해결하다.

se faire une idée [səfɛrynide]
공상에 잠기다, 생각하다.
Tu ne *te fais aucune idée* des difficultés. 너는 어려움은 전혀 생각하지도 않는구나.

supposer [sypoze]
v. 가정하다, 추측하다.

tenir compte de [tənirkɔ̃tdə]
~을 참작하다, 고려에 넣다.

voir clair [vwarklɛr]
제대로 보다.
Je n'y *vois* pas *clair*.
나는 그것을 제대로 알지 못하겠다.

요청과 대응

- **accepter** [aksɛpte]   v. 수락하다, 승인하다.
- **arranger** [arɑ̃ʒe]   v. 정돈하다, 마련하다.
- **arriver à faire** [ariveafɛr]   ~ 하기에 이르다.
  Je n'y *arrive* pas.   나는 그 일을 못하겠다.
- **créer** [kree]   v. 만들어내다, 창안하다.
- **débrouiller (se)** [sədebruje]   v. 어려운 일을 해결하다.
  Débrouillez-vous!   알아서 처리하시오!
- **décider** [deside]   v. 결심하다, 결정하다.
  Le juge *décidera* du sort de l'accusé. 판사는 피고의 운명을 결정할 것이다.
  Le P.D.G. a *décidé* la poursuite des recherches. 회장은 연구를 계속하기로 결정했다.
- **décider (se)** [sədeside]   v. 결심하다, 결단을 내리다.
  Je me suis enfin *décidée* à acheter cette robe-là. 나는 저 원피스를 사기로 마침내 결정했다.
- **la décision** [desizjɔ̃]   n. 결정.
  Nous sommes obligés de prendre une *décision*. 우리는 결정을 내려야만 한다.
- **écouter** [ekute]   v. 듣다, 남의 의견을 받아 들이다.
  J'*écoute* les informations. 나는 뉴스를 듣고 있다.
- **écrire** [ekrir]   v. 쓰다.
- **l'effort** *m* [efɔr]   n. 노력, 수고.
- **engager (s')** [sɑ̃gaʒe]   ~을 약속하다, ~할 결심을 하다.
- **entendre** [ɑ̃tɑ̃dr]   v. 듣다.
  Je n'*entends* rien, il y a trop de bruit. 너무 시끄러워서 전혀 안들린다.
- **espérer** [ɛspere]   v. 희망하다, 바라다 (souhaiter).
  J'*espère* qu'il n'a pas tout raconté. 나는 그가 모든 것을 얘기하지는 않았기를 바란다.
- **essayer** [eseje]   v. 시도해 보다, 입어보다, 먹어보다.

- **étudier** [etydje]   v. 연구하다, 검토하다, 공부하다.
- **faire attention** [fɛratɑ̃sjɔ̃]   주의하다.
- **faire exprès** [fɛrɛksprɛ]   일부러 ~하다, 고의로 ~하다.
  Je ne l'ai pas *fait exprès*.
  일부러 그런 것이 아닙니다.
- **habituer (s')** [sabitɥe]   v. 적응하다.
  On s'y *habitue* vite.
  우리는 그것에 빨리 적응하고 있다.
- **l'intention** *f* [ɛ̃tɑ̃sjɔ̃]   n. 의향, 의도.
- **intéresser (s')** [sɛ̃terese]   ~에 흥미를 갖다, ~에 관심을 갖다.
  Je *m'intéresse* au cinéma.
  나는 영화에 관심을 갖고 있다.
- **l'intérêt** *m* [ɛ̃terɛ]   n. 관심, 흥미, 이해관계.
  L'*intérêt* de la chose...   ~에 대한 관심.
- **lire** [lir]   v. 읽다.
- **observer** [ɔpsɛrve]   v. 관찰하다, 감시하다.
- **opposer (s')** [sɔpoze]   v. ~에 반대하다.
- **préférer** [prefere]   v. ~을 더 좋아하다, ~을 선호하다.
  Je *préfère* qu'on aille au restaurant.
  나는 우리들이 식당에 갔으면 좋겠다.
- **prouver** [pruve]   v. 증명하다, 입증하다.
  Qu'est-ce que ça *prouve*?
  그것이 무엇을 입증합니까?
- **refuser** [rəfyze]   v. 거절하다, 거부하다.
  On ne peut rien lui *refuser*.
  그에게는 아무 것도 거절할 수 없다.
- **regarder** [rəgarde]   v. 들여다보다, 주시하다.
- **remarquer** [rəmarke]   v. 주목하다, 알아보다 (distinguer).
- **renoncer** [rənɔ̃se]   v. ~을 단념하다.
  Je ne *renonce* pas à mes droits.
  나는 내 권리를 포기하지 않는다.
- **réussir** [reysir]   v. 성공하다.
  Il a *réussi* dans toutes ses entreprises.
  그는 모든 그의 사업에서 성공했다.

	Je n'ai pas *réussi* à faire fortune. 나는 재산을 모으는데 성공하지 못했다.
❏ **risquer** [riske]	v. 위험을 무릅쓰다, ~의 가능성이 있다. Les gendarmes ont *risqué* leur vie. 헌병들은 그들의 목숨을 걸고 일했다. Ça *risque* de ne pas marcher. 작동이 안될 수도 있다. Tu ne *risques* pas d'avoir froid avec cette fourrure. 이 모피를 입으면 너는 감기에 걸릴 염려가 없다.
❏ **se donner du mal** [sədɔnedymal]	애쓰다, 고생하다.
❏ **se donner la peine** [sədɔnelapɛn]	~하는 수고를 하다, 애쓰다.
❏ **sentir** [sɑ̃tir]	v. 감각으로 느끼다, 예감하다. Je *sens* que ça tourne mal. 나는 그것이 악화 되리란 예감을 받는다.
❏ **signer** [siɲe]	v. ~에 서명하다.
❏ **souhaiter** [swete]	v. 바라다, 기원하다. Je *souhaite* que tu viennes avec moi. 나는 네가 나와 같이 가기를 바란다.
❏ **venger (se)** [səvɑ̃ʒe]	v. ~에게 복수하다. Je vais *me venger* de ce que tu m'as fait. 네가 나에게 한 것을 앙갚음 해주겠다. Je vais *me venger* de Jean-Marc. 나는 장 마크에게 복수 하겠다.
❏ **vérifier** [verifje]	v. 검사하다, 확인하다.
❏ **vouloir** [vulwar]	v. 바라다, 원하다. Je ne *veux* pas que tu sortes. 나는 네가 외출하기를 바라지 않는다.
❏ **vouloir bien** [vulwarbjɛ̃]	동의하다.
❏ **la vue** [vy]	n. 전망, 외관. Tu as des drôles de *vues*. 너는 웃기는 꼴을 하고 있다.

accomplir [akɔ̃plir]	v. 끝마치다, 완료하다, 다하다 (**remplir**).
accorder [akɔrde]	v. 일치시키다, 조정하다, 인정하다.
céder (à) [sede a]	v. 양보하다.
charger (se) [səʃarʒe]	v. ~을 떠맡다, 책임지다.
comporter (se) [səkɔ̃pɔrte]	v. 행동하다, 처신하다.
destiner [dɛstine]	v. ~로 예정하다, 운명 짓다.
échouer [eʃwe]	v. 좌절하다, 실패하다 (↔ **réussir**). J'ai *échoué*. 나는 실패했다.
élaborer [elabɔre]	v. 오래 고심하여 제작하다.
empêcher [ɑ̃peʃe]	v. 방해하다, 못하게 하다. Il faut *empêcher* Paul de faire une bêtise. 뽈이 허튼 짓을 못하게 해야 한다.
l'essai *m* [esɛ]	n. 시험, 시도.
éviter [evite]	v. 피하다(**fuir**), 모면하다(**échapper à**).
faire de son mieux [fɛrdəsɔ̃mjø]	최선을 다하다.
faire du tort à qqn [fɛrdytɔrakɛlkœ̃]	~에게 피해를 주다.
faire semblant [fɛrsɑ̃blɑ̃]	~인 척하다. Les enfants *font semblant* de dormir. 아이들은 자는 척 하고 있다.
faire un essai [fɛrœ̃nesɛ]	시도해 보다.
forcer (se) [səfɔrse]	v. 무리하다, 억지로 ~ 하다.
garder (se) [səgarde]	v. 지키다, 피하다, ~ 않도록 조심하다.
hésiter [ezite]	v. 주저하다. N'*hésitez* pas à me consulter. 내게 물어보는 것을 주저하지 마세요.
la lecture [lɛktyr]	n. 독서.
l'objectif *m* [ɔbʒɛktif]	n. 목적, 목표.
oser [oze]	v. 감히 ~ 하다, 당치않게 ~ 하다. Tu *oses* m'interrompre. 너는 함부로 내 말을 가로 막는다.

poursuivre [pursɥivr]	v. 뒤쫓다, 추구하다.
se tirer d'affaire [sətiredafɛr]	v. 곤경을 벗어나다, 어려운 일을 용케 해내다.
la **tâche** [tɑʃ]	n. 임무, 과업.
tenir à ce que [təniraskə]	주장하다. Je *tiens à ce que* tout le monde comprenne. 나는 모든 사람이 이해한다고 주장한다.

변함없는 비판정신
「현대」 (Le temps Moderne)

1945년 10월 1일 월간지로 창간된 〈현대〉는, "인간의 사회적 조건과 자신에 대한 개념을 동시에 변화시키기를 바라는 사람들의 편에 서겠다"는 창간사가 쓰인 지 50년이 지나고 그 창간사의 집필자인 장 폴 사르트르가 죽은지 오래 지난 지금까지도 잡지 편집진에 의해 여전히 견지되고 있다.

작가는 자신이 바라든 바라지 않든 자신의 시대에 앙가주망. 돼 있다고 사르트르는 말했다. 인간의 현실과 갈등에 대해 침묵하는 것조차도 앙가주망의 한 방식이기 때문이라고 그는 설명했다. 창간호에 번역해 실은 리처드 라이트의 〈톰 아저씨의 아이들〉은 창간 편집자들이 생각한 참여문학의 한 전범이었다.

파스칼이 '탑승'이라고 명명한 개념의 20세기적 표현이라고 할 수 있는 참여는, 50여년의 세월이 지난 뒤에도 전혀 낡지 않은 채. 르완다와 보스니아. 팔레스타인과 북아일랜드를 비롯해 세계 도처에서 위협받고 있는 인간의 존엄에 대해 발언하고 행동하는 지식인의 표어가 되고 있다. 그 참여적 지식인의 최전위에 서 있는 것이 〈현대〉다. 창간 50주년에 맞춰 나온 9~10월호(584호)가 보스니아 문제를 다루고 있고, 그 전호인 7~8월호(583호)는 르완다 문제를 특집으로 삼기도 했다.

〈현대〉는 1909년 앙드레 지드에 의해 창간돼 프랑스 지성을 대표하던 〈신프랑스잡지〉(NRF)가 독일 점령기의 친독적 논조로 해방 후에 발간이 금지되자 그 대안으로 창간됐다.

자본주의 사회에서 개인이 겪는 소외를 그린 채플린의 유명한 영화를 제호로 삼은 이 잡지는 프랑스의 인도차이나 전쟁에 반대한 첫 언론이었고, 알제리 독립의 가장 강력한 옹호자였다. 인도차이나 전쟁을 미국이 이어받은 60년대에 〈현대〉는 그 정치적 영향력의 절정에 있었다.

현상학자 모리스 메를로 퐁티가 편집을 책임지고, 사회학자 레몽 아롱이 정치 논설을 쓰던 초창기의 〈현대〉는 파시즘에 반대하는 좌우익의 일급 지식인들을 편집진에 망라하고 있었다. 장 주네, 나탈리 사로트, 장 폴랑. 보리스 비앙, 사뮈엘 베케트, 레몽 크노, 마르그리트 뒤라스, 모리스 블랑쇼. 앙리 피세트 같은 이름들이 창간 뒤 첫 두 해 동안 이 잡지에 올랐다. 알베르 카뮈도 그 후원자였다.

7. 대 화

— 일상적인 대화 —

- **s'adresser à** [sadresea] ~에게 말을 걸다, 문의하다.
  Adressez-vous à la concierge.
  관리인에게 물어보세요.
- **adresser la parole à** ~에게 말을 걸다.
  [adreselaparɔla]
- **ajouter** [aʒute] v. 덧붙여 말하다.
- **annoncer** [anɔ̃se] v. 알리다, 통고하다.
- **appeler** [aple] v. ~를 부르다, ~에게 전화하다.
- **bavarder** [bavarde] v. 수다를 떨다.
  J'ai *bavardé* avec la voisine.
  나는 이웃집 여인과 수다를 떨었다.
- **la conversation** n. 대화, 회화.
  [kɔ̃vɛrsasjɔ̃]
- **le coup de téléphone** n. 전화 걸기.
  [kudtelefɔn]
  Passe-moi un c*oup de téléphone.*
  내게 전화해 다오.
- **le cri** [kri] n. 고함 소리.
- **crier** [krije] v. 소리지르다.
- **décrire** [dekrir] v. 묘사하다(dépeindre), 표현하다.
- **dire** [dir] v. 말하다, 이야기하다(raconter).
  Je le *dirai* à ton père.
  나는 그것을 네 아버지께 말씀 드리겠다.
- **le discours** [diskur] n. 담화, 이야기.
- **l'expression** n. 표현.
  [ɛksprɛsjɔ̃]
  C'est une *expression* toute faite.
  그것은 고정된 표현이다.
- **exprimer (s')** v. 자기 생각을 표현하다.
  [sɛksprime]

- **faire une remarque** ~에게 주의를 주다, ~에게 지적하다.
  [fɛrynrəmark] Il me *fait* tout le temps *des remarques*.
  그는 내게 늘 주의를 준다.
- **indiquer** [ɛ̃dike] v. 지시하다, 가리키다, 가르쳐주다.
  Pourriez-vous m'*indiquer* votre adresse?
  주소 좀 가르쳐 주시겠습니까?
  Qui t'a indiqué ce restaurant excellent?
  누가 너에게 이 멋진 레스토랑을 일러 주었니?
- **insister sur qqc** ~에 대해 주장하다.
  [insistesyr] J'*insiste* pour que vous veniez ce soir.
  당신이 오늘 저녁 오셔야 한다고 나는 주장합니다.
- **le mot** [mo] n. 단어.
- **parler** [parle] v. 말하다.
  J'en ai *parlé* au patron.
  나는 그것을 사장님께 말했습니다.
  J'ai *parlé* avec la voisine jusqu'à midi.
  나는 정오까지 이웃집 여자와 이야기했다.
  J'ai *parlé* de mon voyage au Maroc.
  나는 나의 모로코 여행에 대해 이야기했다.
- **la parole** [parɔl] n. 말, 발언.
  J'aime bien les *paroles* de cette chanson.
  나는 이 노래의 가사를 참 좋아한다.
  Je donne la *parole* à notre président.
  나는 우리의 의장께 발언권을 드립니다.
- **la phrase** [fraz] n. 문장.
- **préciser** [presize] v. 구체적으로 말하다, 분명하게 하다.
- **prétendre** [pretɑ̃dr] v. 요구하다, 청구하다 (demander).
- **prononcer** [prɔnɔ̃se] v. 발음하다, 말을 하다.
  Président a *prononcé* un discours.
  대통령은 연설을 했다.
  Richard *prononce* mal, il zézaye.
  리샤르는 발음이 나쁘다. 그는 "즈즈" 거린다.
- **raconter** [rakɔ̃te] v. 이야기 하다.
  Ne me *raconte* pas ta vie.

- ❏ **rappeler** [raple]
  너의 생활을 내게 이야기 하지 마라.
  v. 회상 시키다, 생각나게 하다.
  Ça me rappelle ma jeunesse.
  그것은 내 젊은 시절을 생각나게 한다.
- ❏ la **remarque** [rəmark]   n. 주목, 주의, 지적.
- ❏ **remarquer** [rəmarke]   v. 주목하다, 알아보다 (distinguer).
- ❏ **répéter** [repete]   v. 되풀이하다, 남의 말을 옮기다.
- ❏ **taire (se)** [sətɛr]   v. 잠자코 있다, 침묵을 지키다.
  Tais-toi!   조용히 해.
- ❏ **téléphoner** [telefɔne]   v. 전화하다.

l'**appel** *m* [apɛl]	n. 부르기, 전화걸기.
chuchoter [ʃyʃɔte]	v. 속삭이다, 소곤거리다.
constater [kɔ̃state]	v. 확인하다, 인정하다 (**reconnaître**).
la **description** [dɛskripsjɔ̃]	n. 묘사, 서술.
le **dialogue** [djalɔg]	n. 대화, 회화.
évoquer [evɔke]	v. 불러내다, 상기 시키다. *M. Chirac a évoqué les troubles de mai '68.* 시락은 68년 사태를 환기 시켰다.
proclamer [prɔklame]	v. 선언하다, 주장하다.

—— 판단 ——

- ❏ l'**accent** [aksɑ̃]   n. 말투.
  Il parle français avec accent du Midi.
  그는 남불지방의 말투로 프랑스어를 말한다.
- ❏ l'**avis** *m* [avi]   n. 의견(opinion), 견해.
- ❏ la **blague** [blag]   n. 거짓말, 허풍(craque), 농담(plaisanterie).
  Quelle bonne blague!
  그런 농담이 어디 있어.

- **disputer (se)** [sədispyte] v. 언쟁하다, 싸우다, 다투다.
- l'**excuse** *f* [ɛkskyz] n. 변명, 핑계.
- **excuser (s')** [sɛkskyze] v. 변명하다, 용서를 바라다.
- le **gros mot** [gromo] n. 상스런 말, 욕.
- **jurer** [ʒyre] v. 맹세하다, 서약하다, 욕설을 퍼붓다.
  Je *jure* de ma bonne foi.
  명예를 걸고 맹세한다.
  Paul a *juré* entre ses dents.
  뽈은 욕설을 퍼부었다.
- **mentir** [mɑ̃tir] v. 거짓말하다.
  Tu as *menti* à ton copain.
  너는 네 친구에게 거짓말했다.
- **plaindre (se)** [plɛ̃dr] v. 불평하다, 원통하게 여기다, 하소연하다.
  Je vais *me plaindre* au chef de rayon.
  나는 부서 책임자에게 불평하겠다.
- **plaisanter** [plɛzɑ̃te] v. 농담하다, 희롱하다.
- la **plaisanterie** [plɛzɑ̃tri] n. 농담, 희롱, 야유.
- le **prétexte** [pretɛkst] n. 핑계, 구실.
- **protester** [prɔtɛste] v. 항의하다, 반대하다.

la **dispute** [dispyt]	n. 언쟁, 논쟁.
le **juron** [ʒyrɔ̃]	n. 모욕적인 언사, 욕설.
le **malentendu** [malɑ̃tɑ̃dy]	n. 오해.
le **mensonge** [mɑ̃sɔ̃ʒ]	n. 거짓말, 허위.
la **plainte** [plɛ̃t]	n. 한탄, 탄식, 불평.

토론

- **autoriser** [ɔtɔrize] v. ~에게 권한을 주다, ~에게 허락하다.
- **le conseil** [kɔ̃sɛj] n. 조언, 권고, 충고.
- **conseiller** [kɔ̃seje] v. 권하다, 충고하다.
- **consoler** [kɔ̃sɔle] v. 위로하다, 달래주다 (apaiser).
  Comment la *consoler* de son chagrin d'amour? 어떻게 그녀를 사랑의 아픔으로부터 위로할 수 있을까?
- **la contradiction** [kɔ̃tradiksjɔ̃] n. 반대, 반박(↔ approbation), 모순, 자가당착.
- **convaincre** [kɔ̃vɛ̃kr] v. 납득시키다, 설득하다(persuader).
- **la déclaration** [deklarasjɔ̃] n. 의사 표시, 선언.
- **déclarer** [deklare] v. 언명하다(assurer), 선언하다(proclamer).
- **défendre** [defɑ̃dr] v. 방어하다(protéger), 막다, 금지하다(interdire).
  Il est *défendu* de fumer. 금연.
- **demander** [dəmɑ̃de] v. 물어보다, 요구하다.
  Je te *demande* si tu es libre.
  네가 시간이 있는지 묻는다.
  Demande-lui de venir! 그에게 오라고 해라.
  On la *demande* au téléphone.
  그녀에게 전화가 왔다.
- **la discussion** [diskysjɔ̃] n. 토의, 토론.
- **discuter** [diskyte] v. 토의하다, 논박하다.
  On *discute* de tout et de rien.
  우리는 모든 것에 대해, 그리고 아무 것도 아닌 것에 대해 토의한다.
  Discutons politique. 정치에 대해 토의하자.
- **l'explication** *f* [ɛksplikɑsjɔ̃] n. 설명, 해명.
- **expliquer** [ɛksplike] v. 설명하다, 해명하다 (justifier).
- **informer** [ɛ̃fɔrme] vt. ~에게 알리다, 통지하다.

On a *informé* de son avancement.
그는 승진했음을 통보 받았다.

- **interdire** [ɛ̃tɛrdir] v. 금지시키다.
- **interroger** [ɛ̃tɛrɔʒe] vt. ~에게 묻다, 질문하다.
- **interrompre** [ɛ̃tɛrɔ̃pr] v. 중지시키다.
- **menacer** [mənase] v. 위협하다, 협박하다.
- **l'ordre** *m* [ɔrdr] n. 명령, 지시.
- **permettre** [pɛrmɛtr] v. 허락하다, 허가하다 (autoriser).

Je ne *permets* pas que tu sortes.
나는 네가 외출하는 것을 허락하지 않는다.

- **la permission** [pɛrmisjɔ̃] n. 허락, 허가, 찬동.
- **persuader** [pɛrsɥade] v. 설득하다, 납득시키다.
- **présenter** [prezɑ̃te] v. 진술하다, 내보이다.

Jean Marc nous a *présenté* ses idées politiques.
장 마크는 우리에게 자신의 정치적 견해를 피력했다.

- **prévenir** [prevnir] vt. ~에게 알리다 (informer), 통지하다 (aviser).
- **prier** [prije] v. ~에게 청하다, 원하다.

Je vous *prie* de vouloir me suivre.
나를 따라 오시기를 부탁 드립니다.

- **la promesse** [prɔmɛs] n. 약속, 언약.
- **promettre** [prɔmɛtr] v. 약속하다, 보장하다 (assurer, affirmer).
- **proposer** [prɔpose] v. 제의하다.

Je *propose* qu'on aille au cinéma.
우리가 영화 보러 가기를 제안한다.

- **rassurer** [rasyre] v. 안심시키다.
- **le renseignement** [rɑ̃sɛɲəmɑ̃] n. 정보 (information).
- **renseigner qqn** [rɑ̃seɲe] v. ~에게 알려주다, 설명하다.
- **répondre** [repɔ̃dr] v. ~에게 대답하다.

J'ai *répondu* à sa lettre.
나는 그의 편지에 답을 했다.

- la **réponse** [repɔ̃s] n. 대답, 회답.
- **signaler** [siɲale] v. 신호를 알리다, 기별하다.
  Rien à *signaler*. 통보할 것이 전혀 없다.

l'**autorisation** *f* [autorizasjɔ̃]	n. 허가, 인가.
avertir [avɛrtir]	vt. ~에게 알리다 (**informer**), 예고하다 (**prévenir**).
contredire [kɔ̃trədir]	v. ~을 반박하다 (**démentir**), 반대하다 (**réfuter**). Il faut toujours que tu *contredises* ton père. 너는 늘 네 아버지 말을 반박하는구나.
la **conviction** [kɔ̃viksjɔ̃]	n. 확신(↔ **doute**).
le **défi** [defi]	n. 도전, 도발.
démontrer [demɔ̃tre]	v. 증명하다, 입증하다.
l'**interrogatoire** *m* [ɛ̃tɛrɔgatwar]	n. 질문, 신문.
l'**interruption** *f* [ɛ̃tɛrypsjɔ̃]	n. 중지, 중단. Cette dame m'énerve, elle parle sans *interruption*. 이 부인은 나를 신경질나게 한다. 그녀는 끊임없이 이야기한다.
la **menace** [mənas]	n. 위협, 협박.
la **proposition** [prɔpozisjɔ̃]	n. 제의, 제안.

—— 칭찬과 비판 ——

- **accuser** [akyze] v. 비난하다, 고소하다.
  J'*accuse*. 나는 규탄한다.
  On m'*accuse* injustement de vol.
  나는 부당하게 절도죄로 기소 되었다.
- **affirmer** [afirme] v. 단언하다(**assurer**), 주장하다(**soutenir**).

	Le témoin *affirme* avoir vu le vol.
	증인은 절도 장면을 보았다고 주장한다.
❏ **approuver** [apruve]	v. ~에 동의하다, 시인하다, 칭찬하다.
	J'*approuve* ton choix.
	나는 너의 선택에 동의한다.
❏ **assurer** [asyre]	v. 안정시키다, 확실하게 하다.
❏ **condamner** [kɔ̃dane]	v. 비난하다(désapprouver), 유죄 판결을 내리다.
❏ la **critique** [kritik]	n. 비평, 비난.
❏ **critiquer** [kritike]	v. 비판하다, 비난하다.
❏ **décourager** [dekuraʒe]	v. 낙담시키다(↔ encourager), 실망시키다.
❏ **dire du mal de qqn** [dirdymaldəkɛlkœ̃]	~를 나쁘게 말하다.
❏ **donner raison à qqn** [dɔnerɛzɔ̃akɛlkœ̃]	~가 옳다고 인정하다.
❏ **donner tort à qqn** [dɔnetɔrakɛlkœ̃]	~를 비난하다.
❏ **encourager** [ɑ̃kuraʒe]	v. ~의 용기를 돋구어 주다, 격려하다.
❏ **excuser** [ɛkskyze]	v. 변명하다, 용서하다 (pardonner à), 면제하다 (dispenser).
❏ **féliciter** [felisite]	v. 축하하다, 치하하다.
	Je te *félicite* de ton permis.
	너의 운전면허 취득을 축하한다.
❏ **insulter** [ɛ̃sylte]	v. 모욕하다, ~에게 욕설을 퍼붓다.
❏ **pardonner à qqn** [pardɔneakɛlkœ̃]	v. ~를 용서하다.
	Je ne lui *pardonne* rien.
	나는 전혀 그를 용서 할 수 없다.
❏ **remercier qqn** [rəmɛrsje]	vt. ~에게 감사하다.
❏ le **reproche** [rəprɔʃ]	n. 비난, 힐책.
❏ **reprocher** [rəprɔʃe]	v. 비난하다, 나무라다.

injurier [ɛ̃ʒyrje]	v. 모욕하다, ~에게 욕하다.
l'**insulte** *f* [ɛ̃sylt]	n. 모욕, 무시, 경멸 (**affront**).
recommander [rəkɔmɑ̃de]	v. 추천하다, 권고하다.
vanter (se) [səvɑ̃te]	v. ~을 자랑하다. 자만하다.

빠리통역대학원 E.S.I.T

빠리대학은 국립대학으로 제1대학부터 제13대학까지 있으며 각 대학마다 특기 학과가 있다. 예를 들어 빠리 제1대학은 정치학으로 유명하고 제2대학은 법학, 제3대학은 어문학으로 그 명성이 알려져 있다. 흔히 소르본느대학이라고 불리우는 대학이 바로 빠리 4대학이다. 더 엄밀히 말하자면 응용언어학 또는 현대 문학으로 유명한 제3대학은 新 소르본느이고, 순수 어문학으로 각광을 받는 제4대학이 17세기부터 내려오는 전통의 소르본느인 것이다. 그 당시만 해도 다른 대학은 없었고 이 소르본느에서만 문학, 신학, 철학을 가르쳤었으므로 학문의 산실이 되었던 것이다.

소르본느는 우리가 생각하는 미국식 캠퍼스는 없고 고색 창연한 석조 건물로, 강의실과 강당, 배출된 유명 석학들의 기념 동상이 있을 뿐이다.

빠리 제3대학의 다른 학과와 행정부서는 도심에 위치해 있으나 통역번역대학원(E.S.I.T.)은 빠리 서북단 불로뉴 숲에 인접한 옛 NATO(북대서양조약기구) 본부 건물에 위치하고 있다. 통역 기자재와 회의실이 수업에 절대 필수이므로 기존 설비가 있는 이 현대식 건물 2층에 학교가 설립되었다. 제3대학에 속하는 동양어대학(Langues Orientales)도 바로 이 건물 1층에 위치하고 있다.

옛 NATO 건물 3,4,5층은 전산학으로 유명한 빠리 제9대학(도핀대학)이 활용하고 있다.

빠리 제4대학과 마찬가지로 캠퍼스는 없고 기능 위주의 현대식 시설로 갖추어진 통역번역대학원의 분위기는 타대학에 비해 실로 국제적이다. 여러 언어를 하는 곳이므로 세계 각국의 학생들이 모여 수업을 하는 만큼 인종 전시장에 흡사할 정도로 다국적 학생들과 교수들로 북적이고 있다. 얼핏 보기에는 자유방임으로 보이나 모두들 학업에 매진하고 있다. 많은 사람이 알고 있듯이 프랑스 대학들은 거의 대부분 바카로레아라는 대학입학자격시험 합격자는 누구나 들어갈 수 있으나 졸업은 엄정하기 때문에 대학생활 기간 내내 중간고사, 기말고사, 진급시험으로 홍역을 치루어야 한다.

더욱이 통역번역대학원의 경우는 치열한 입학시험을 거쳐 입학한다 하더라도 진급시험에서 50~70퍼센트가 낙방하고 졸업시험에서 겨우 입학당시 학생수의 10퍼센트 남짓한 학생이 졸업장을 쥐게 되니 실로 끊임없는 노력을 요구하게 된다.

전체적인 학교 분위기도 사제간의 관계가 격의없어 보이지만 어디까지나 자유로운 표현 방식에 기인한 것이지 실제 학문 탐구에 있어서 그들의 관계는 엄격하며 존경과 신뢰, 책임을 바탕으로 하고 있다.

8. 평가

─ 좋은 감정 ─

- **admirable** [admirabl] adj. 훌륭한, 감탄할 만한.
- **admirer** [admire] v. 경탄하다, 놀랍게 여기다.
- **adorer** [adɔre] v. 매우 좋아한다, 열애하다.
- **aimable** [ɛmabl] adj. 사랑스러운, 상냥한, 친절한.
- **amusant, e** [amyzɑ̃, t] adj. 재미있는.
  Je trouve *amusant* ce que tu dis là.
  나는 네가 그때 한 말을 재미있다고 생각한다.
- **brillant, e** [brijɑ̃, t] adj. 훌륭한, 빼어난, 빛나는.
- **briller** [brije] v. 빛나다 (resplendir), 뛰어나다 (se distinguer).
- **charmant, e** [ʃarmɑ̃, t] adj. 매혹적인, 호감이 가는.
- **être de bon goût** [ɛtrədəbɔ̃gu] 취미가 고상한, 품위있는.
- **excellent, e** [ɛksɛlɑ̃, t] adj. 뛰어난, 훌륭한.
  C'est une idée *excellente* de sortir ensemble.
  같이 외출하자는 것은 훌륭한 생각이다.
- **exceptionnel, le** [ɛksɛpsjɔnɛl] adj. 예외적인, 특별한.
- **extraordinaire** [ɛkstraɔrdinɛr] adj. 비상한, 비범한, 괴상한.
- **facile** [fasil] adj. 쉬운, 용이한(↔ difficile).
  C'est *facile* à comprendre.
  이해하기 쉬운 일이다.
  C'est *facile* de critiquer. 비판하는 것은 쉽다.
- **fameux, -euse** [famø, z] adj. 유명한(célèbre), 명성이 있는(renommé).
- **favorable** [favɔrabl] adj. 유리한(avantageux), 알맞은, 호의적인.
- **formidable** [fɔrmidabl] adj. 멋진, 기막힌(épatant), 엄청난(extraordinaire).

- **idéal, e, -aux** [ideal, o]   adj. 이상적인, 완벽한.
  C'est *formidable* que tu sois là.
  네가 여기 있다니 놀랍다.
- **immense** [imɑ̃s]   adj. 무한한(illimité), 거대한, 막대한.
- **impressionnant, e** [ɛ̃prɛsjɔnɑ̃, t]   adj. 인상적인, 감명을 주는.
- **magnifique** [maɲifik]   adj. 훌륭한, 휘황찬란한(splendide), 장엄한(superbe).
- **mignon, ne** [miɲɔ̃, ɔn]   adj. 귀여운(joli), 예쁜(charmant).
- **parfait, e** [parfɛ, t]   adj. 완벽한(impeccable), 완전무결한(complet).
- **passionnant, e** [pasjɔnɑ̃, t]   adj. 아주 재미있는, 흥미진진한.
- **remarquable** [rəmarkabl]   adj. 주목할만한, 놀라운, 뛰어난.
  C'est un fait *remarquable* qu'il ait réussi si vite.
  그가 그렇게 빨리 성공했다니 놀라운 일이다.
- **le succès** [syksɛ]   n. 성공(réussite), 좋은 결과(↔ échec).

capital, e -aux [kapital, o]	adj. 중요한 (**essentiel**), 주요한 (**principal**).
indiscutable [ɛ̃diskytabl]	adj. 이의없는, 명백한.
unique [ynik]	adj. 유일한, 하나밖에 없는.

── 나쁜 감정 ──

- **affreux, -euse** [afrø, z]   adj. 무시무시한(horrible), 끔찍한(épouvantable).
- **bête** [bɛt]   adj. 어리석은(idiot), 바보같은(imbécile).
  Qu'il est *bête*, cet homme.
  이 사람은 참 어리석다.
- **la bêtise** [betiz]   n. 어리석음(sottise), 우둔함.

- la **catastrophe** [katastrɔf]　n. 큰 불행, 재앙, 사고.
- **dangereux, -euse** [dɑ̃ʒrø, z]　adj. 위험한.
- **désagréable** [dezagreabl]　adj. 불쾌한, 언짢은 (déplaisant).
- **détester** [detɛste]　v. 몹시 싫어하다, 미워하다.
- **épouvantable** [epuvɑ̃tabl]　adj. 무시무시한, 몹시 나쁜, 지긋지긋한.
- la **honte** [ˈɔ̃t]　n. 수치, 부끄러움.
- **honteux, -euse** [ˈɔ̃tø, z]　adj. 부끄러운, 수치스러운.
- **insupportable** [ɛ̃sypɔrtabl]　adj. 참을 수 없는.
- **laid, e** [lɛ, d]　adj. 못생긴, 추한.
- **moche** [mɔʃ]　adj. 보기 흉한, 못생긴.
- **nul, le** [nyl]　adj. 형편없는, 아무 능력이 없는.
  Pierre est *nul* en maths.
  뻘은 수학을 못한다.
- **pénible** [penibl]　adj. 괴로운, 고통스러운, 성격이 고약한.
  Il y a vraiment des gens *pénibles*.
  정말 고약한 사람들이 있다.
- **ridicule** [ridikyl]　adj. 우스운, 우스꽝스러운 (absurde).
- **scandaleux, -euse** [skɑ̃dalø, z]　adj. 터무니 없는, 추문을 일으키는.
- **stupide** [stypid]　adj. 어리석은, 바보 같은.
- **terrible** [tɛribl]　adj. 무시무시한, 놀라운, 지독한.
- **triste** [trist]　adj. 슬픈, 우울한.

---

horrible [ɔribl]　adj. 소름끼치는, 끔찍한, 보기 흉한.
inadmissible [inadmisibl]　adj. 받아들일 수 없는.
misérable [mizerabl]　adj. 불쌍한, 비참한.

평가하기

- la **comparaison** [kɔ̃parɛzɔ̃]　　　n. 비교, 비유.
- la **conclusion** [kɔ̃klyzjɔ̃]　　n. 결말, 결론.
- **considérer** [kɔ̃sidere]　　v. ~로 보다, 간주하다, 고려하다.
- **convenir** [kɔ̃vnir]　　v. ~에 알맞다, 적당하다.
  Cette heure vous *convient*?
  이 시간이 괜찮으시겠습니까?
- **dépendre de** [depɑ̃drdə]　　~에 달려있다.
  Ça *dépend*.　　경우에 따라 다르다.
- **estimer** [ɛstime]　　v. 평가하다 (évaluer), 존중하다 (apprécier).
- **juger** [ʒyʒe]　　v. ~에 대한 판단을 내리다, 평가하다.
  Jugez-en vous-même.
  그것에 대한 판단은 스스로 하시오.
- **relatif, -ive** [rəlatif, iv]　　adj. 상대적인, ~에 관한.
- **ressembler** [rəsɑ̃ble]　　v. ~와 닮다, 유사하다.
- **tragique** [traʒik]　　adj. 비극적인.

다양한 평가

- **assez** [ase]　　adv. 충분하게 (suffisamment), 꽤, 제법.
  François est *assez* grand.
  프랑스와는 상당히 크다.
- **cher, chère** [ʃɛr]　　adj. 친애하는, 소중한, 값비싼.
- **clair, e** [klɛr]　　adj. 밝은, 명료한, 분명한.
  C'est *clair* qu'il a raison.
  그가 옳다는 것은 분명하다.
- **connu, e** [kɔny]　　adj. 알려진, 확실한, 유명한.
- **courant, e** [kurɑ̃, t]　　adj. 통용되고 있는 (usuel), 일반적인 (commun), 보통의.

❏ **définitif, -ive** [definitif, iv]	adj. 결정적인(↔ provisoire), 궁극적인(final).
❏ **général, e, -aux** [ʒeneral, o]	adj. 일반적인.
❏ **nécessaire** [nesesɛr]	adj. 필요한, 불가결의(indispensable).
❏ **normal, e -aux** [nɔrmal, o]	adj. 정상적인(↔ abnormal), 보통의(ordinaire).
❏ **original, e -aux** [ɔriʒinal, o]	adj. 독창적인, 본래의.
❏ **possible** [pɔsibl]	adj. 가능한.
❏ **rare** [rar]	adj. 희귀한, 진귀한.
❏ **sérieux, -euse** [serjø, z]	adj. 진지한, 성실한, 점잖은.
❏ **simple** [sɛ̃pl]	adj. 단순한.
❏ **sûr, e** [syr]	adj. 틀림없는, 확실한. Tu es *sûr* que c'est le bon train? 이 열차가 분명히 맞지?

mystérieux, -euse [misterjø, z]	adj. 신비로운, 이상한.
la **nécessité** [nesesite]	n. 필요, 필요한 일.
sentimental, e -aux [sɑ̃timɑ̃tal, o]	adj. 감상적인, 감정적인.

—— 긍정적인 평가 ——

❏ **accepter** [aksɛpte]	v. 받아들이다, 수락하다. Paul a esprit large, il *accepte* tout. 뽈은 마음이 넓다. 그는 모든 것을 받아들인다.
❏ **agréable** [agreabl]	adj. 마음에 드는, 유쾌한, 기분좋은.
❏ **approuver** [apruve]	adj. ~에 동의하다, 승인하다. J'*approuve* ta décision. 나는 너의 결정에 동의한다.

- l'**avantage** *m* [avɑ̃taʒ] n. 이익 (intérêt), 이점, 유리한 입장 (supériorité).
- **avoir raison** [avwarrɛzɔ̃] 옳다, 맞다.
- **bien** [bjɛ̃] adv. 올바르게, 잘 adj. 좋은, 양호한.
- **certain, e** [sɛrtɛ̃, ɛn] adj. 확실한, 정해진.
  C'est une affaire sûre et *certaine*.
  이것은 확실하고도 분명한 사업이다.
  C'est *certain* que tu n'as pas le temps?
  너는 시간 없는 것이 확실하니?
- la **chance** [ʃɑ̃s] n. 행운, 운, 요행(bonne fortune).
- **commode** [kɔmɔd] adj. 편리한 (pratique), 안락한 (agréable), 쉬운 (facile).
- **correct, e** [kɔrɛkt] adj. 정확한 (exact), 옳은.
- **élémentaire** [elemɑ̃tɛr] adj. 기본적인, 기초의.
- **essentiel, le** [esɑ̃sjɛl] adj. 본질적인 (fondamental), 근본적인.
- **évident, e** [evidɑ̃, t] adj. 명백한, 자명한.
  C'est *évident* qu'il a fait une gaffe.
  그가 실수했음이 분명하다.
- **exact, e** [ɛgzakt] adj. 정확한 (précis), 옳은 (juste), 엄밀한 (rigoureux).
  C'est *exact* qu'il a dit ça.
  그가 말한것은 옳다.
- l'**importance** *f* [ɛ̃pɔrtɑ̃s] n. 중요함, 긴요함.
- **important, e** [ɛ̃pɔrtɑ̃, t] adj. 중요한, 막대한, 대규모의.
- **incroyable** [ɛ̃krwajabl] adj. 믿어지지 않는, 터무니 없는.
- **indispensable** [ɛ̃dispɑ̃sabl] adj. 불가결한, 필수적인.
  Il est *indispensable* que tu viennes.
  너는 반드시 와야 한다.
- **intéressant, e** [ɛ̃terɛsɑ̃, t] adj. 재미있는, 흥미있는.
- **juste** [ʒyst] adj. 올바른, 정의로운(↔ injuste), 정당한.
- **logique** [lɔʒik] adj. 논리적인.
- **louer** [lwe] v. 칭찬하다, 찬양하다.
- **meilleur, e** [mɛjœr] adj. 더 좋은, 더 나은(bon의 비교급).

- **mieux** [mjø]
C'est mon *meilleur* ami.
나의 가장 좋은 친구다.
adv. 더 잘, 더 많이(bien의 비교급).
Jean travaille *mieux* que Philippe.
쟝이 필립보다 일을 잘한다.
C'est *mieux*. 그게 더 낫다.

- **naturel, le** [natyrɛl] — adv. 자연스러운.
- **obligatoire** [ɔbligatwar] — adj. 의무적인, 강제적인.
- **porter bonheur** [pɔrtebɔnœr] — 행운을 가져오다.
- **positif, -ive** [pozitif, iv] — adj. 긍정적인, 실제적인.
- **pratique** [pratik] — adj. 실질적인, 편리한(commode), 실용적인.
- **préférable** [preferabl] — adj. 더 나은(meilleur), 바람직한.
- **principal, e, -aux** [prɛ̃sipal, o] — adj. 주요한.
- **probable** [prɔbabl] — adj. 있음직한, 그럴듯한.
- **raisonnable** [rɛzɔnabl] — adj. 이성적인, 분별있는, 합리적인.
- **sympa(thique)** [sɛ̃patik] — adj. 호감을 주는, 사람좋은.
- **utile** [ytil] — adj. 유익한, 유용한.
- **valable** [valabl] — adj. 유효한.
- **la vérité** [verite] — n. 진실, 진상.
- **vrai, e** [vrɛ] — adj. 맞는, 진실한, 사실의.
C'est *vrai* qu'il a dit ça?
그가 정말 그렇게 말했니?

부정적인 평가

- **avoir tort** [avwartɔr] — 틀리다, 잘못 생각하다.
- **banal, e** [banal] — adj. 평범한, 진부한(↔ original).
C'est une question *banale*.
그것은 진부한 질문이다.

- **condamner** [kɔ̃dane]　v. ~을 옳지 않다고 하다 (désapprouver), 비난하다 (blâmer).
- **confus, e** [kɔ̃fy, z]　adj. 혼란한, 어수선한, 어렴풋한.
- **critique** [kritik]　adj. 비판적인, 위험한.
- le **défaut** [defo]　n. 결여, 부족(manque), 결점.
- **difficile** [difisil]　adj. 어려운, 성격이 까다로운.
- **dur, e** [dyr]　adj. 굳은, 단단한, 둔한.
- l'**échec** m [eʃɛk]　n. 실패(↔ succès).
  C'est un *échec* complet.
  완전한 실패다.
- **ennuyeux, -euse** [ɑ̃nɥijø, z]　adj. 권태를 느끼게 하는, 지루한.
- l'**erreur** f [ɛrœr]　n. 실수, 과오, 틀림.
- **exagérer** [ɛgzaʒere]　v. 과장하다 (amplifier), 강조하다.
  5000 euros pour une robe, tu *exagères*.
  원피스 한벌에 5천 유로라고. 과장이 심하구나.
- **fatigant, e** [fatigɑ̃, t]　adj. 피곤하게 하는.
- **faux, fausse** [fo, fos]　adj. 거짓의, 잘못된, 틀린.
- la **folie** [fɔli]　n. 미친짓(extravagance), 철없는 짓(sottise).
  C'est de la *folie* de dépenser tant pour une robe. 옷 한 벌에 그렇게 많은 돈을 쓰는 것은 미친 짓이다.
- **fou, fol, folle** [fu, fɔl]　adj. 미친, 정신 나간.
- **gênant, e** [ʒɛnɑ̃, t]　adj. 거북한, 거추장스러운, 난처한.
- **grave** [grav]　adj. 중대한, 심각한.
- **impossible** [ɛ̃pɔsibl]　adj. 불가능한.
- **indiscret, -ète** [ɛ̃diskrɛ, t]　adj. 조심성 없는, 무례한.
- **injuste** [ɛ̃ʒyst]　adj. 부당한, 불공평한.
- l'**injustice** f [ɛ̃ʒystis]　n. 부정, 불공평.
- **inutile** [inytil]　adj. 무용한, 무익한.
- **mauvais, e** [mɔvɛ, z]　adj. 나쁜(↔ bon), 잘못된.
  J'ai une *mauvaise* habitude, je fume.
  나는 나쁜 습관을 갖고 있다. 나는 담배를 피운다.

- **pire** [pir]   adj. 더 나쁜(mauvais 의 비교급).
  Henri va de pire en *pire*.
  앙리는 상태가 점점 더 나빠진다.
  C'est encore *pire*. 이것은 더 나쁘다.
- **porter malheur** [pɔrtemalœr]   불행을 가져오다.
- le **préjugé** [preʒyʒe]   n. 선입견, 편견.
- le **problème** [prɔblɛm]   n. 문제, 난점(difficulté).
- **secondaire** [səgɔ̃dɛr]   adj. 둘째의, 2차적인.
- **vague** [vag]   adj. 막연한, 어렴풋한.

---

l'**inconvénient** *m* [ɛ̃kɔ̃venjɑ̃]	n. 불편, 불리, 손실.
inévitable [inevitabl]	adj. 피할 수 없는, 불가피한.
insuffisant, e [ɛ̃syfizɑ̃, t]	adj. 부족한, 불충분한.
médiocre [medjɔkr]	adj. 보잘것 없는 (**insignifiant**), 하찮은.

―――― 놀라움을 나타내기 ――――

- **bizarre** [bizar]   adj. 이상한 (étrange), 야릇한 (curieux).
- **curieux, -euse** [kyrjø, z]   adj. 호기심 많은, ~을 알고 싶어하는.
- **drôle** [drol]   adj. 우스운, 재미있는, 이상한.
  C'est une *drôle* d'histoire.
  정말 이상한 이야기다.
- **étonnant, e** [etɔnɑ̃, t]   adj. 놀라운 (épatant), 굉장한 (formidable).
- **étonner** [etɔne]   v. 놀라게 하다 (surprendre), 아연하게하다 (stupéfier).
- **étonner (s')** [setɔne]   v. 놀라다.
- **étrange** [etrɑ̃ʒ]   adj. 이상한 (bizarre), 야릇한.
- **frappant, e** [frapɑ̃, t]   adj. 놀라운 (saisissant),

인상적인 (impressionnant).
J'en ai ici la preuve *frappante*.
나는 여기 놀라운 증거를 갖고 있다.
C'est une idée *frappante*.
놀라운 생각이다.

❏ **ne pas en revenir**
[nəpazɑ̃rəvnir]

대경실색하다. 어리둥절해 하다.
Tu ne fumes plus? Je *n'en reviens pas*.
너는 담배 안 피우니? 정말 놀랍구나.

❏ **inexplicable**
[inɛksplikabl]

adj. 설명할 수 없는.

❏ **invraisemblable**
[ɛ̃vresɑ̃blabl]

adj. 사실같지 않은, 거짓말 같은 (incroyable).

장뤽 고다르

1950년대 중반 서구 영화계는 젊은 프랑스 감독들이 등장하면서 새로운 전기를 맞는다.

프랑수아 트뤼포, 장-뤽 고다르, 에리크 로메르, 클로드 샤브롤 등 신인 감독들은 파격적인 영상과 서술 방식, 사르트르의 실존철학, 자본주의체제에 대한 비판정신으로 무장한 작품들을 선보이면서 영화의 정통 드라마적 양식에 일대 변혁을 일으킨다.

이들과 함께 20세기 영화의 중요한 사조 중 하나로 꼽히는「누벨 바그」(새로운 물결)운동이 시작된 것이다.

고다르는 트뤼포(1932~84)와「누벨 바그」의 쌍두마차 노릇을 하며 20세기 영화사의 살아있는 전설이 된 이론가이자 실천가이다.「네 멋대로 해라」(1960)「알파빌」(1965)「미치광이 피에로」(1965)「중국 여인」(1967)등 난해하고 때론 지루하기까지 한 고다르 영화가 30여년동안 꾸준한 사랑을 받아온 이유는 무엇일까.

그의 작품들은 영화가 반드시 기승전결의 법칙에 따라 전개될 필요가 없으며, 오락의 기능에만 머물러선 안된다는 것을 입증하고 있다. 파격적인 구성과 단순한 줄거리 속에 담긴 자본주의 체제와 부르주아 계급의 허상에 대한 신랄한 고발, 나태한 지성을 일깨우는 실험정신과 비판정신이야말로 고다르 영화를 늘「젊은 영화」로 살아 있게 만든 비결이다.

고다르는 1930년 빠리에서 출생. 부모가 스위스인이었기 때문에 유년시절은 취리히에서 보냈다. 50년 빠리 소르본느 대학에서 민속학을 공부하던 그는 자신의 인생을 바꿔놓을 사람들을 만난다. 자크 리베트, 에리크 로메르, 프랑수아 트뤼포 등 훗날 프랑스 영화계를 대표하게 될 감독 지망생들과 친분을 쌓기 시작한 것이다.

그는 이들과 함께「라 가제트 뒤 시네마」란 영화 전문잡지를 창간해 평론을 기고하는 한편 친구 영화에 배우로 출연하기도 했다.

52년 고다르는 당대 최고 평론가인 앙드레 바쟁이 편집자로 있던 월간지「카이에 뒤 시네마」로 자리를 옮겨 트뤼포와 함께 고정 필진으로 활동한다.

그의 첫 작품은 TV다큐멘터리「콘크리트 작전」(1954년).

스위스의 거대한 댐공사장에서 노동자로 직접 일하면서 동료들의 생활을 담은 작품이다. 기록영화와 단편 코믹물 등을 만들던 그는 1960년「네 멋대로 해라」(1983년 리처드 기어 주연「브레드레스」로 리메이크)란 작품으로 프랑스와 서구 영화계에 충격을 던지면서 영화감독으로 데뷔한다.

빠리 거리를 헤매는 건달(장폴 벨몽도扮)과 미국 여성(진 시버그扮)간의 사랑을 그린 이 작품은 법과 질서를 부정하는「앵그리 영맨」세대의 허무주의를 극명하게 보여줘 격찬과 비난을 동시에 받았다. 불과 4주동안의 제작 과정, 저렴한 비용, 촬영감독 라울 쿠다르가 핸드 카메라로 잡은 역동적인 화면, 점프 컷등은 당시 영화계에선 파격적인 것이었다.

9. 관용적인 표현

── 만나고 헤어질때의 인사 ──

- **A bientôt.** [abiɛ̃to] 조만간 다시 만나요.
- **A plus tard.** [aplytar] 나중에 또 만나요.
- **A tout à l'heure.** [atutalœr] 곧 다시 만나자.
- **Allô!** [alo] 여보세요. (전화에서).
- **Au revoir.** [orvwar] 안녕히 가세요. (계세요).
- **Bonjour!** [bɔ̃ʒur] 안녕하세요. (아침, 낮).
- **Bonsoir!** [bɔ̃swar] 안녕하세요. (저녁에).
- **Comment allez-vous?** [kɔmɑ̃talevu] 안녕하세요?
- **Comment ça va?** [kɔmɑ̃sava] 안녕?
- **Eh!** [e] 헤이!
- **Enchanté, e.** [ɑ̃ʃɑ̃te] 반갑습니다.
- **Il y a du monde?** [iliadymɔ̃d] 거기 누구 있습니까?
- **Madame** [madam] 부인.
- **Mademoiselle** [madmwazɛl] 아가씨.
- **Monsieur** [məsjø] 선생님.
- **Salut!** [saly] 안녕! (만날 때와 헤어질 때).

── 기원의 말 ──

- **A tes/vos souhaits!** [ate/vosuɛ] 소원 성취하시길!(재채기한 사람에게).
- **Bon anniversaire!** [bɔnanivɛrsɛr] 생일 축하합니다.
- **Bon appétit!** [bɔ̃napeti] 맛있게 드세요.
- **Bonne année!** [bɔnane] 새해 복 많이 받으세요.
- **Bonne chance!** [bɔnʃɑ̃s] 행운이 있기를!
- **Bonne fête!** [bɔnfɛt] 멋진 축제가 되길!
- **Félicitations!** [felisitɑsjɔ̃] 축하합니다.

- **Joyeux Noël** [ʒwajønɔɛl] 　　메리 크리스마스.
- **Merci!** [mɛrsi] 　　감사합니다.
- **Salutations** [salytɑsjɔ̃] 　　인사 드립니다.
- **Santé!** [sɑ̃te] 　　건배!
- **Vive...!** [viv] 　　··· 만세!

(Tous mes) regrets. [tumerəgrɛ] 　　매우 유감스러운 일입니다.

—— 충고 ——

- **Attention!** [atɑ̃sjɔ̃] 　　주의하시오.
- **Au secours!** [oskur] 　　사람 살려!
- **Chut!** [ʃyt] 　　쉿!
- **Fiche le camp!** [fiʃləkɑ̃] 　　꺼져라, 사라져라.
- **Fous-moi la paix!** [fumwalapɛ] 　　날 좀 가만 내버려둬.
- **La ferme!** [lafɛrm] 　　조용히 해, 닥쳐!
- **La paix!** [lapɛ] 　　나를 가만히 내버려 둬.
- **Ne te gêne pas.** [nətʒɛnpa] 　　신경 쓰지마.
- **Silence!** [silɑ̃s] 　　조용히 해.
- **Ta gueule!** [tagœl] 　　닥쳐.

—— 유감의 표명, 위로 ——

- **C'est dommage.** [sɛdɔmaʒ] 　　유감입니다.
- **Ça ne fait rien.** [sanfɛrjɛ̃] 　　아무것도 아닙니다.
- **Ce n'est pas grave.** [snɛpagrav] 　　중대한 일이 아닙니다.
- **Ce n'est rien.** [sənɛrjɛ̃] 　　아무 일도 아닙니다.
- **Dommage.** [dɔmaʒ] 　　유감입니다.
- **Je n'y peux rien.** [ʒnipørjɛ̃] 　　아무 것도 도와드릴 수 없군요.

- **Je regrette.** [ʒrəgrɛt] 유감입니다.
- **Je suis désolé, e** [ʒsɥidezole] 죄송합니다.
- **Je vous en prie.** [ʒvuzɑ̃pri] 천만의 말씀입니다.
- **malheureusement** [malœrøzmɑ̃] 불행하게도.
- **Ne vous en faites pas.** [nvuzɑ̃fɛtpɑ] 걱정하지 마세요.
- **Pardon.** [pardɔ̃] 죄송합니다.
- **Tant pis.** [tɑ̃pi] 할 수 없지. 딱한 일이다.
- **Tu m'en veux?** [tymɑ̃vø] 내게 화났니?

── 난처함, 고통 ──

- **Aïe!** [aj] 아야.
- **Arrête!** [arɛt] 그만해!
- **C'est du vol!** [sɛdyvɔl] 도둑이야.
- **C'est gênant.** [sɛʒenɑ̃] 난처한 일이다.
- **Ça alors!** [saalɔr] 저런!
- **Ça gratte.** [sagrat] 근질근질하다. 쿡쿡 찌른다.
- **Ça pique.** [sapik] 찌른다. 따갑게 한다.
- **Ça suffit.** [sasyfi] 그것으로 충분해.
- **le con** [kɔ̃] 이런 멍청한 녀석.
  Pauvre con! 바보녀석!
- **la connerie** [kɔnri] 어리석은 짓, 멍청한 짓.
- **espèce de** [ɛspɛsdə] 일종의, ~따위의(경멸적으로).
  Espèce d'idiot!
  이런 바보같은 녀석!
- **Et après?** [eaprɛ] 게다가, 그리고.
- **Faute de mieux** [fotdəmjø] 하는 수 없이, 부득이하게.
- **Franchement** [frɑ̃ʃmɑ̃] 솔직히 말해서.
- **l'imbécile** *m* [ɛ̃besil] 바보, 얼간이.
- **J'en ai assez.** [ʒɑ̃neɑse] 지긋지긋하다.
- **J'en ai marre.** [ʒɑ̃nɛmar] 지긋지긋하다.
- **La vache!** [lavaʃ] 나쁜 놈.

- Merde! [mɛrd] 제기랄.
- Mon Dieu! [mɔ̃djø] 이런, 이를 어쩌나!
- Ne fais pas l'idiot! [nfɛpalidjo] 멍청하게 굴지마!
- Oh putain! [opytɛ̃] 빌어먹을!, 망할 것!
- Oh! [o] 오!
- Penses-tu! [pɑ̃sty] 그럴리가! 설마, 천만의 말씀.
- Salaud! [salo] 더러운 놈!, 치사한 놈!
- Salopard! [salɔpar] 야비한 놈!
- Tu es vache. [tyɛvaʃ] 비열한 놈!
- Tu m'embêtes. [tymɑ̃bɛt] 너는 나를 난처하게 만든다.
- Tu m'énerves. [tymenɛrv] 너는 나를 신경질나게 한다.
- Zut! [zyt] 이런, 빌어먹을.

Ça me révolte. [samrevɔlt] 나는 그것을 혐오한다.
Sacré menteur! [sakremɑ̃tœr] 빌어먹을 거짓말장이.

── 칭찬, 동의 ──

- Ah! [ɑ] 아!
- Bien! [bjɛ̃] 좋았어!
- bien entendu [bjɛ̃nɑ̃tɑ̃dy] 물론.
- bien sûr [bjɛ̃syr] 물론.
- Bravo! [bravo] 브라보!
- C'est le cas. [sɛlka] 바로 그렇다.
- Ça revient au même. [sarəvjɛ̃omɛm] 그것은 결국 똑같은 일이 된다.
- Ça y est. [sajɛ] 바로 그거야. 됐다.
- D'accord! [dakɔr] OK!
- entendu [ɑ̃tɑ̃dy] 알겠다.
- exactement [ɛgzaktəmɑ̃] adv. 정확하게, 엄밀하게.
- justement [ʒystəmɑ̃] adv. 바로, 마침.

Tu n'es pas bête. - *Justement*.
너는 멍청하지 않아. 맞았어.
Justement, te voilà.
마침 네가 왔구나.

- **naturellement** [natyrɛlmɑ̃]   adv. 자연히.
- **parfaitement** [parfɛtmɑ̃]   adv. 완벽하게.
- **Si tu veux.** [sityvø]   네가 원하면.
- **super** [sypɛr]   adj. 멋진, 기막힌(불변화어).
- **volontiers** [vɔlɔ̃tje]   adv. 기꺼이(de bon cœur), 쾌히(de bonne grâce).
- **vraiment** [vrɛmɑ̃]   adv. 정말로, 실제로(réellement).

—— 거절, 의심 ——

- **à aucun prix** [aokœ̃pri]   절대로 ~ 아니다.
- **Ah bon?** [abɔ̃]   정말로? 그래?
- **Ça m'est égal.** [samɛtegal]   내겐 마찬가지다.
- **Ça manque.** [samɑ̃k]   그것이 아쉽다.
- **Ça n'empêche pas.** [sanɑ̃pɛʃpa]   마찬가지다. 역시 ~ 이다.
- **Ce n'est pas malin.** [snɛpamalɛ̃]   쉬운 일이다.
- **pas du tout** [padytu]   전혀.
- **pas grand-chose** [pagɑ̃ʃoz]   별일 아니다.
- **Quelle horreur!** [kɛlɔrœr]   끔찍한 일이로구나!
- **rien à faire** [rjɛ̃nafɛr]   별도리가 없다.
- **sans blague** [sɑ̃blag]   정말, 농담이 아냐.
- **Voyons!** [vwajɔ̃]   자!

Ça ne vaut rien. [sanvorjɛ̃]	그것은 아무런 값어치가 없다.

애정

- **chéri, e** [ʃeri] adj. 애지중지하는 n. 사랑하는 사람.
- **ma bien-aimée** [mabjɛ̃neme] n. 사랑하는 사람(여).
- **ma biquette** [mabikɛt] n. 귀여워하는 사람.
- **mon mignon, ma mignonne** [mɔ̃miɲɔ̃, mamiɲɔn] n. 귀여운, 사랑하는 아이, 사람.
- **mon amour** [mɔnamur] n. 사랑하는 사람.
- **mon bien-aimé** [mɔ̃bjɛ̃neme] n. 사랑하는 사람(남).
- **mon chou** [mɔ̃ʃu] n. 애인.
- **mon trésor** [mɔ̃trezɔr] n. 내가 아끼는 사람.
- **mon vieux, ma vieille** [mɔ̃vjø, mavjɛj] n. 오랜 친구.

평가

- **à part ça** [aparsa] 그것을 제외하고는.
- **au contraire** [okɔ̃trɛr] 반대로.
- **au fait** [ofɛt] 그런데 (à propos), 결국.
- **C'est bon signe.** [sɛbɔ̃siɲ] 좋은 징후다.
- **C'est différent.** [sɛdiferɑ̃] 그것은 다르다.
- **C'est obligé.** [sɛtɔbliʒe] 반드시 그래야 한다.
- **Ça dépend.** [sadepɑ̃] 경우에 따라 다르다.
- **Ça m'a frappé, e.** [samafrape] 나는 그것에 놀랐다.
- **Ça se peut.** [saspø] 그럴 수도 있다.
- **Ça tombe bien.** [satɔ̃bbjɛ̃] 마침 잘 됐다.
- **Ça vaut le coup.** [savolku] 시도 해볼만 하다.
- **chouette** [ʃwɛt] adj. 훌륭한, 멋진.
- **comme ci, comme ça** [kɔmsikɔmsa] 그저 그렇다.
- **comme il faut** [kɔmilfo] 알맞은, 알맞게.
- **comme tout** [kɔmtu] 매우, 극단적으로.

- **d'ailleurs** [dajœr] — 게다가.
- **Dieu merci!** [djømɛrsi] — 다행히도.
- **en effet** [ɑ̃nefɛ] — 그 말 그대로, 사실 ~ 이니까.
- **en principe** [ɑ̃prɛ̃sip] — 원칙적으로.
- **évidemment** [evidamɑ̃] — 분명히.
- **extra** [ekstra] — adj. 최고의 n. 특별한 것(불변화어).
- **il est interdit de** [ilɛtɛ̃tɛrdidə] — ~는 금지 되었다.
- **il n'y a qu'à** [ilnjaka] — ~ 하기만 하면 된다.

  Il n'y a qu'à lire le journal.
  신문을 읽기만 하면 된다.

Il est bête *comme tout*.
그는 정말로 멍청하다.

- **Il n'y a pas de mal.** [ilnjapadmal] — 그다지 심하지 않다.
- **Je n'en peux plus.** [ʒnɑ̃pøply] — 더 이상은 못하겠다.
- **malgré tout** [malgretu] — 어쨌든, 모든 일에도 불구하고.
- **merveilleux, -euse** [mɛrvɛjø, z] — adj. 놀라운 (magnifigue), 훌륭한.
- **par exemple** [parɛgzɑ̃pl] — 예컨대.
- **pas mal** [pɑmal] — 괜찮은, 상당히 좋은.
- **pour ainsi dire** [purɛ̃sidir] — 말하자면.
- **Quel monde!** [kɛlmɔ̃d] — 웬 사람들이 이렇게 많으냐!
- **tant mieux** [tɑ̃mjø] — 참 잘됐다.

Ça varie. [savari] — 여러가지로 바뀐다.
Ça vaut la peine. [savolapɛn] — 그럴만한 가치가 있다.
étant donné que [etɑ̃dɔneka] — ~인 까닭에.
soi-disant [swadizɑ̃] — adj. (불변화어) 자칭, 이른바 (**prétendu**).

부가될수 있는 말

- **à mon avis** [amɔ̃navi]   내 생각으로는.
- **à propos** [apropo]   그런데.
- **dis/dites (donc)** [di/dit dɔ̃k]   이봐, 보세요.
- **disons** [dizɔ̃]   자, …
- **Eh bien!** [ebjɛ̃]   자, 그런데!
- **Hein?** [ɛ̃]   그래? 뭐라구?
- **quoi** [kwa]   pr. 무엇(중성대명사 대신 쓰임), 그것(lequel, laquelle).
- **s'il te plaît** [siltəplɛ]   부탁한다.
- **s'il vous plaît** [silvuplɛ]   부탁합니다.
- **tiens! tiens!** [tjɛ̃tjɛ̃]   자! (놀람 또는 주의를 환기 시키는 말).
- **tiens/tenez** [tjɛ̃/təne]   자! (무언가를 주는 말).
- **tu sais** [tyse]   이봐, ~ 이니까.
- **voilà** [vwala]   자 ~이 있습니다.
- **vous savez** [vusave]   ~ 이니까요.

루이 뷔똥
Louis Vuitton

　유럽 미국의 공항 호텔에서 짐을 날라주는 포터,웨이터들이 가장 좋아하는 가방은 프랑스제 「루이 뷔똥」이다. 루이 뷔똥 가방이나 핸드백을 든 사람은 팁을 두둑이 주기 때문이라는 것.
　두번째로 알아주는 가방 브랜드는 뭘까. 「가짜 루이 뷔똥」이다. 비록 가짜를 들었을 망정 가장 비싸게 거래되고 있다고 한다. 루이 뷔똥은 「최고의 브랜드」라는 명성에 걸맞게 뒷얘기도 많다.
　우선 어떤 제품이건 똑같은 원칙으로 만든다. 모든 제품은 기본 공정을 수제로 하고 몸판 전체를 한장의 가죽으로 만든다. 짙은 갈색 바탕에 엷은 노란색의 LV란 도안 글자와 꽃이 그려져 있다. 이 LV글씨는 박음선이나 재단선에 의해 끊어지지 않는다. 특히 자물쇠가 붙어 있는 가방은 원래의 열쇠가 아니곤 가방을 찢지 않는한 절대 열 수가 없다. 본사에 연락해 새로 열쇠를 받아야 한다. 기본 재료는 식물성 기름을 발라 말린 암소가죽을, 손가방의 프레임으로는 10년이상 말린 포플러나무를 사용한다. 때문에 몇 년을 쓰더라도 모양이 변하거나 파손되지 않는다. 이런 점들은 가짜를 식별할 때의 체크 포인트가 되기도 한다. 93년 매출은 53억8천9백만 프랑스프랑(약 8천억원). 한국에도 호텔안에 내국인이 이용할 수 있는 직매장이 있고 5개 면세점에도 매장이 개설돼 있다. 여행용 트렁크는 1백만원이상, 핸드백은 30만~80만원, 지갑은 15만~25만원선이다.

10. 대화형태

—— 확인 ——

- **ainsi** [ɛsi] adv. 그와 같이, 그처럼.
  C'est *ainsi*. 그렇게 된 일이었습니다.
- **bien** [bjɛ̃] adj. 좋은, 양호한.
  C'est *bien*. 잘된 일이다.
- **certainement** [sɛrtɛnmɑ̃] adv. 확실히, 틀림없이.
- **d'ordinaire** [dɔrdinɛr] 일반적으로, 보통은.
- **de cette manière** [dəsɛtmanjɛr] 이런 식으로.
- **également** [egalmɑ̃] adv. 마찬가지로.
- **en effet** [ɑ̃nefɛ] 그러니까, 그래서.
- **en fait** [ɑ̃fɛt] 사실, 사실상.
- **en tout cas** [ɑ̃tuka] 어쨌든, 하여간.
- **entièrement** [ɑ̃tjɛrmɑ̃] adv. 완전하게, 전부.
- **évidemment** [evidamɑ̃] adv. 분명하게.
- **exactement** [ɛgzaktəmɑ̃] adv. 정확하게.
- **généralement** [ʒeneralmɑ̃] adv. 일반적으로.
- **habituellement** [abitɥɛlmɑ̃] adv. 평소에, 보통.
- **précisément** [presizemɑ̃] adv. 정확하게, 구체적으로 말해서, 바로 (justement).
- **sans aucun doute** [sɑ̃zokœdut] 의심의 여지없이.
- **sans faute** [sɑ̃fot] 틀림없이, 어김없이.
- **sûrement** [syrmɑ̃] adv. 확실히 (certainement).
- **tout à fait** [tutafɛ] 완전하게.
- **vraiment** [vrɛmɑ̃] adv. 정말로, 실제로.

à coup sûr [akusyr]	확실하게.
ça correspond à [sakɔrɛspɔ̃a]	~에 대응된다, ~에 해당된다.
en somme [ɑ̃sɔm]	간단히 말하게.
nettement [nɛtmɑ̃]	뚜렷하게, 분명하게.
pur et simple [pyrɛsɛ̃mpl]	순진한, 무조건의. C'est de la folie *pure et simple*. 이것은 단지 미친 짓일 뿐이다.

── 대화의 단계 ──

❏ **à fond** [fɔ̃]   깊이, 철저하게.
❏ **à tout prix** [atupri]   어떤 값을 치루더라도.
❏ **au fond** [ofɔ̃]   요컨대, 결국.
❏ **autant** [otɑ̃]   adv. 그만큼, 그정도.
　　Je travaille *autant*.　나는 그만큼 일한다.
　　Je travaille *autant* que toi.　나는 너만큼 일한다.

❏ **bref** [brɛf]   adv. 요컨대, 간단히 말해서 adj. 간단한, 간결한.
❏ **complètement** [kɔ̃plɛtmɑ̃]   adv. 완전히.

❏ **d'autant plus** [dotɑ̃ply]   그만큼 더욱, 그만큼 더 많이, … 이므로 더구나.
　　D'autant plus qu'il a raison.
　　게다가 그가 옳기도 했다.
　　Dommage qu'elle ne vienne pas, *d'autant plus* que je comptais sur elle.　내가 그녀를 믿었던 만큼 그녀가 오지 않아서 더욱 유감이었다.

❏ **d'un (seul) coup** [dœ̃ sœl ku]   한번에.

❏ **de plus en plus** [dəplyzɑ̃ply]   더욱 더, 점점 더.

❏ **de trop** [dətro]   여분의.

Je me sens *de trop*.
나는 내가 별 필요없는 존재라고 느껴진다.

❏ **doucement** [dusmɑ̃] adv. 부드럽게, 천천히.
❏ **en moyenne** [ɑ̃mwajɛn] 평균적으로.
❏ **énormément** [enɔrmemɑ̃] adv. 엄청나게.
❏ **ensemble** [ɑ̃sɑ̃bl] adv. 같이, 함께.
❏ **être à bout** [ɛtrabu] 한계에 이르다, 기진맥진하다.
Je *suis à bout* de souffle.
나는 숨을 헐떡이고 있다.
❏ **il suffit de** [ilsyfidə] ~로 충분하다.
Il suffit d'apprendre.
배우기만 하면 된다.
❏ **il suffit que** [ilsyfikə] … 하기만 하면 된다(+접속법).
Il suffit que tu me préviennes et j'arrive.
내게 알려주고 내가 가기만 하면 된다.
❏ **largement** [larʒəmɑ̃] adv. 넓게, 여유있게.
Ça suffit *largement*. 여유있게 충분하다.
❏ **mal** [mal] adv. 나쁘게, 서투르게.
❏ **mieux** [mjø] adv. 더 잘 adj. 더 좋은.
C'est *mieux*. 그것이 더 낫다.
❏ **parfaitement** [parfɛtmɑ̃] adv. 완벽하게.
❏ **pas mal** [pɑmal] 괜찮은, 상당히 좋은.
Elle n'est *pas mal*. 그녀는 꽤 예쁘다.
Il n'est *pas mal*. 그는 상당히 잘 생겼다.
❏ **sans peine** [sɑ̃pɛn] 어려움 없이.
❏ **sans succès** [sɑ̃syksɛ] 성공하지 못하고.
❏ **tellement** [tɛlmɑ̃] adv. 그토록, 그렇게.
C'est *tellement* bon. 그것은 너무나도 좋다.
❏ **terriblement** [tɛribləmɑ̃] adv. 끔찍하게.
❏ **trop** [tro] adv. 너무, 지나치게(excessivement).
C'en est *trop*. 그것은 지나치다.

à la rigueur	[alarigœr]	부득이한 경우에는, 엄밀히 말하자면.
		Ça va *à la rigueur*.
		마침내는 잘 될 것이다.
à quel point	[akɛlpwɛ̃]	어느 정도로.
à toute allure	[atutalyr]	전속력으로.
à voix basse	[avwabɑs]	낮은 목소리로.
à voix haute	[avwaʹot]	큰소리로.
brusquement	[bryskəmɑ̃]	adv. 갑자기, 별안간.
de mieux en mieux	[dəmjøzɑ̃mjø]	점점 더 잘.
de moins en moins	[dəmwɛ̃zɑ̃mwɛ̃]	점점 덜.
		On se voit *de moins en moins*.
		우리는 점점 덜 만나게 된다.
de peu	[dəpø]	약간의 차이로.
		Je l'ai raté *de peu*.
		나는 간발의 차이로 그를 놓쳤다.
décidément	[desidemɑ̃]	adv. 단호하게, 과연.
en entier	[ɑ̃nɑ̃tje]	전부, 온전히.
		Avale la pilule *en entier*.
		알약을 전부 삼켜라.
en masse	[ɑ̃mas]	대량으로.
en vitesse	[ɑ̃vitɛs]	빠르게.
sans effort	[sɑ̃zefɔr]	노력 없이, 애쓰지 않고.

───── **주관적 판단** ─────

❏ avec peine	[avɛkpɛn]	고통스럽게.
❏ comme	[kɔm]	adv. ~처럼, ~와 마찬가지로.
❏ de mon côté	[dəmɔ̃kote]	나로서는, 내 쪽에서는.
		Moi, *de mon côté*, je m'en vais.
		그럼 나는 가버리겠다.

89

- **en fin de compte**
  [ãfɛdkɔ̃t] 결국, 마침내는.
- **en réalité** [ãrealite] 사실상.
- **en vain** [ãvɛ̃] 보람없이, 헛되이.
  adv. 끝으로, 마지막에는.
- **enfin** [ãfɛ̃]
- **être de bonne humeur** 기분이 좋다.
  [ɛtrdəbɔnymœr]
- **exprès** [ɛksprɛ] adv. 일부러, 고의로 (à dessein).
  Tu l'as fait *exprès*. 너는 일부러 그랬다.
- **finalement** [finalmã] adv. 마침내, 끝내.
- **heureusement** adv. 다행히도.
  [ɛrøzmã] *Heureusement* qu'il n'est pas venu.
  다행스럽게도 그가 오지 않았다.
- **horriblement** [ɔribləmã] adv. 무시무시하게, 끔찍하게.
- **il me semble que** 내가 보기에는.
  [ilməsɑ̃bləkə] *Il me semble que* tout va bien.
  내 생각에는 모든 일이 잘 되는 것 같다.
- **il semble que** ~ 같다.
  [ilsɑ̃bləkə] *Il semble que* tu n'aies pas compris.
  네가 이해를 못한 것 같다.
- **il vaut mieux que** ~하는게 더 낫다.
  [ilvomjøkə] *Il vaudrait mieux que* tu viennes.
  네가 오는게 더 나을 것 같구나.
- **malheureusement** adv. 불행하게도.
  [malœrøzmã]
- **normalement** adv. 정상적으로, 보통은.
  [nɔrmalmã]
- **par hasard** [parazar] 우연히.
- **personnellement** adv. 개인적으로.
  [pɛrsɔnɛlmã]
- **sans doute** [sɑ̃dut] 아마 (probablement).
- **sans le vouloir** 그것을 원치 않고.
  [sɑ̃lvulwar]
- **sans raison** [sɑ̃rɛzɔ̃] 까닭 없이.

- **spécialement** [spesjalmɑ̃]　　adv. 특별히.
- **volontiers** [vɔlɔ̃tje]　　adv. 기꺼이(avec plaisir).

au hasard [oˈazar]	무턱대고, 되는대로, 아무렇게나.
avec intérêt [avɛkɛ̃terɛ]	흥미를 갖고, 관심을 갖고. J'ai suivi votre discours *avec intérêt*. 나는 관심을 갖고 당신의 연설을 들었다.
avec succès [avɛksyksɛ]	성공적으로.
la circonstance [sirkɔ̃stɑ̃s]	n. 사정, 상황, 정황.
le coup de chance [kudʃɑ̃s]	행운, 요행.
de bon cœur [dəbɔ̃kœr]	진심으로, 충심으로.
de rêve [dərɛv]	동경하는, 황홀케 하는. Une femme *de rêve*. 꿈꾸어 온 여인.
en colère [ɑ̃kɔlɛr]	화가 난.
en personne [ɑ̃pɛrsɔn]	개인적으로.
en secret [ɑ̃skrɛ]	비밀리에.
forcément [fɔrsemɑ̃]	adv. 강제로, 반드시. J'ai *forcément* raison. 분명히 내가 옳다. Pas *forcément*. 꼭 그런 것은 아니지만.
par malheur [parmalœr]	불행히도.
sans façons [sɑ̃fasɔ̃]	체면을 차리지 않고, 허물 없이.
sur mesure [syrməzyr]	경우에 합당하게, 어울리게.

판단

- **après tout** [aprɛtu]
  결국, 뭐니뭐니 해도.
  Après tout ce que j'ai fait pour toi.
  내가 너를 위해 모든 일을 했지만.
- **au moins** [omwɛ̃]
  적어도.
- **autrement** [otrəmɑ̃]
  adv. 달리.
- **autrement dit** [otrəmɑ̃di]
  달리 말하자면.
- **d'un autre côté** [dœnotrkote]
  또 다른 한편.
- **d'un côté** [dœkote]
  한편.
  D'un côté ... de l'autre côté.
  한편 ⋯ 또 다른 쪽에서는.
- **de toute façon** [dətutfasɔ̃]
  어쨌든.
  Je viens *de toute façon*. 어떤 일이 있어도 오겠다.
- **de toute manière** [dətutmanjɛr]
  어쨌든.
- **du moins** [dymwɛ̃]
  적어도, 그러나, 어쨌든.
- **en dernier** [ɑ̃dɛrnje]
  마지막으로.
  Tu viens toujours *en dernier*.
  너는 늘 마지막에 온다.
- **plutôt** [plyto]
  adv. 오히려, 차라리.
  Il fait *plutôt* froid ici.
  이곳은 날씨가 춥다고 하는 것이 낫겠다.
- **pratiquement** [pratikmɑ̃]
  adv. 실제적으로, 사실상(en fait).
- **simplement** [sɛ̃pləmɑ̃]
  adv. 단순히, 단지.
- **tout de même** [tudmɛm]
  adv. 그렇지만, 그래도.
  Qu'il soit un pauvre type, je veux bien, mais il nous a volés *tout de même*.
  그가 가난한 사람이라는 것에는 동의한다, 하지만 우리에게 도둑질을 했다.
- **uniquement** [ynikmɑ̃]
  adv. 다만, 단지.

le cas échéant [ləkazeʃeã]	만일의 경우에는, 경우에 따라서는.
plus ou moins [plyzumwɛ̃]	다소간에.
provisoirement [prɔvizwarmã]	adv. 임시로.
sans plus [sãplys]	그저 그 뿐. Le maire a répondu aux questions, *sans plus*. 시장은 질문에 대답했을 뿐이다.
sous réserve [surezɛrv]	~을 조건으로 하여, 보류하고.
tout compte fait [tukɔ̃tfɛ]	전부 다하여, 대체로

프랑스 포도주

포도주생산은 1970~71년에는 7천4백만 헥터리터가 생산 되었으나 점차 줄어 1989~1990년에는 6천1백만헥터리터로 감소되는 경향을 보였으나 1990~1991년에 고급 포도주는 계속하여 증가했다. 1989년도의 포도주를 종류별로 살펴보면 최고급 포도주가 1%, 고급 포도주가 35%, 보통 포도주가 19%, 꼬냑용 포도주가 19%, 기타 포도주가 26%를 차지하고 있다. 포도주의 수출은 1980년에 비하여 1987년 이후에는 크게 증가하였고 1990년에는 약간 감소하였으나 금액으로 환산한 값은 약간 증가되었다고 볼 수 있다.

보르도 포도주가 가장 많이 수출되었으며 그 뒤로 Rhône지방, Beaujolais지역이며 Champagne도 약 70만 헥터리터로 약 2억3천2백만병에 해당하고 Rhône지방의 포도주도 수출이 증가하고 있다.

꼬냑의 생산은 1987년에 45만3천 헥터리터로 이중 36만4천 헥터리터가 수출되고 국내소비가 3만5천 헥터리터이며 알콜첨가 포도주제조에 1만7천헥터리터, 아페리티프 제조에 3만7천 헥터리터가 소비되었으며 1989년까지는 근소하게 계속 증가되어 49만6천 헥터리터를 기록하고 있다. 주요 수출 대상국은 미국이 25%, 일본이 17%, 영국이 13%, 독일이 9%, 홍콩이 8%로, 극동지역이 총36%를 차지하며 1위에 올라있다.

생활에 필요한 것들

11. 물건의 구입
12. 의복
13. 주거공간
14. 건강
15. 취미와 스포츠
16. 여행
17. 교육
18. 예술
19. 문화

11. 물건의 구입

── 상점 ──

- le **boucher** [buʃe] n. 정육점 주인, 푸주한.
  Je vais chez le *boucher*. 나는 정육점에 간다.
- la **boucherie** [buʃri] n. 정육점.
  Je vais à la *boucherie*. 나는 정육점에 간다.
- le **boulanger** [bulɑ̃ʒe] n. 빵집 주인, 빵 만드는 사람.
- la **boutique** [butik] n. 가게, 점포.
- le **bureau de tabac** n. 담배 가게.
  [byrodtaba]
- l'**épicerie** *f* [episri] n. 식품점.
- la **librairie** [librɛri] n. 서점.
- le **magasin** [magazɛ̃] n. 상점.
- le **marché** [marʃe] n. 시장.
- la **pâtisserie** [pɑtisri] n. 제과점.
- le **supermarché** [sypɛrmarʃe] n. 슈퍼마켓.

le **bar** [bar]	n. 바아, 까페.
le **bistro(t)** [bistro]	n. 술집.
la **boulangerie** [bulɑ̃ʒri]	n. 빵집.
le **café** [kafe]	n. 까페.
la **charcuterie** [ʃarkytri]	n. 돼지고기 가공 식품점.
l'**épicier** *m* [episje]	n. 식료품 가게 주인.
la **maison de la presse** [mɛzɔ̃dlaprɛs]	n. 신문 잡지 가게.
la **papeterie** [papetri]	n. 문방구.
la **parfumerie** [parfymri]	n. 향수 가게.
le **traiteur** [trɛtœr]	n. 음식점 주인.

쇼핑

- l'**achat** *m* [aʃa] n. 물건의 구입.
- **acheter** [aʃte] v. 사다(↔ vendre).
- l'**argent** *m* [arʒɑ̃] n. 돈, 은(argent blanc).
- **augmenter** [ɔgmɑ̃te] v. 늘리다, 올리다, 인상하다.
  Les prix ont encore *augmenté*.
  물가가 또 올랐다.
- **avoir besoin de** [avwarbəzwɛ̃də] ~을 필요로 하다.
- **avoir de la monnaie** [avwardlamonɛ] 잔돈이 있다.
- la **caisse** [kɛs] n. 계산대, 카운터.
- **cher, chère** [ʃɛr] adj. 비싼.
  Cette année les pommes sont très *chères*.
  금년에 사과가 매우 비싸다.
- le **client**, la **cliente** [klijɑ̃, t] n. 고객.
- **combien** [kɔ̃bjɛ̃] adv. 얼마나.
  Combien de tranches? 얇게 썬 조각 몇 장?
- les **courses** *fpl* [kurs] n. 물건 사러 다니기, 사온 물건들.
- **coûter** [kute] v. 값이 나가다(valoir), 비용이 ~들다(revenir à).
  Ça *coûte* combien? 얼마죠?
- **coûter cher** [kuteʃɛr] 값이 비싸다.
  Cette année les pommes *coûtent* très *cher*.
  금년에 사과가 매우 비싸다.
- **dépenser** [depɑ̃se] v. 돈을 쓰다, 소비하다, 낭비하다(prodiguer).
- **désirer** [dezire] v. 바라다, 원하다.
  Vous *désirez*? 무엇을 찾으세요?
- **faire la queue** [fɛrlakø] 줄을 서서 기다리다.
- le **franc** [frɑ̃] n. 프랑, 1/100 프랑은 쌍띰(centime).
- le **grand magasin** [grɑ̃magazɛ̃] n. 백화점.

- **gratuit, e** [gratɥi, t]   adj. 무료의(↔ payant), 무상의.
- **le litre** [litr]   n. 리터.
  Un *litre* de lait s.v.p.
  우유 1리터만 주세요.
- **la livre** [livr]   n. 파운드(500그램), 영국 화폐 단위.
  Une *livre* de beurre salé s.v.p.
  짜게한 버터 1파운드 주세요.
- **la marchandise** [marʃãdiz]   n. 상품, 물건.
- **la monnaie** [mɔnɛ]   n. 잔돈, 돈.
- **le morceau, x** [mɔrso]   n. 한 조각, 한 덩어리(fragment).
  Un bon *morceau* de porc.
  돼지고기 크게 한 덩어리.
- **payer** [peje]   v.t. ~의 값을 치르다, ~에게 지불하다.
- **payer cher** [pejeʃɛr]   비싸게 지불하다.
- **payer comptant** [pejekɔ̃tã]   현찰로 지불하다.
- **la pièce de monnaie** [pjɛsdəmɔnɛ]   n. 동전.
- **le portefeuille** [pɔrtəfœj]   n. 지갑.
- **le porte-monnaie** [pɔrtmɔnɛ]   n. 동전 지갑.
- **le prix** [pri]   n. 가격.
- **la réduction** [redyksjɔ̃]   n. 할인.
- **rendre la monnaie** [rãdrəlamɔnɛ]   n. 잔돈을 거슬러주다.
- **la tranche** [trãʃ]   n. 얇게 썬 조각.
- **le vendeur, la vendeuse** [vãdœr, øz]   n. 상인, 점원.
- **vendre** [vãdr]   n. 팔다(↔ acheter), 명사는 vente.
- **la vitrine** [vitrin]   n. 진열대, 진열장.

l'**alimentation** *f* [alimɑ̃tasjɔ̃]	n. 식료품, 음식, 영양 섭취.
bon marché [bɔ̃marʃe]	(불변화어) 값이 싼. Les fraises sont *bon marché* en ce moment. 요즈음 딸기가 싸다.
la **clientèle** [klijɑ̃tɛl]	n. 고객들 (집합명사).
coûteux, -euse [kutø, z]	adj. 비용이 드는, 비싼.

요리

- ❏ **à feu doux** [afødu]   연한 불로.
- ❏ **ajouter** [aʒute]   v. 더하다, 첨가하다.
  Ajoutez trois jaunes d'œuf au sucre.
  3개의 달걀 노른자를 설탕에 첨가하시오.
- ❏ la **boîte** [bwat]   n. 깡통, 캔.
- ❏ **bouillir** [bujir]   v.i. 끓다, 비등하다.
  Faites *bouillir* le lait. 우유를 끓이세요.
- ❏ la **casserole** [kasrɔl]   n. 자루 달린 냄비, 스튜 냄비.
- ❏ la **conserve** [kɔ̃sɛrv]   n. 통조림, 저장한 음식.
- ❏ **couper** [kupe]   v. 자르다, 썰다.
- ❏ **cuire** [kɥir]   v. 익히다, 삶다, 굽다.
  J'ai fait *cuire* un steak.
  나는 스테이크를 구웠다.
- ❏ la **cuisine** [kɥizin]   n. 요리, 요리법, 부엌.
  La *cuisine* française. 프랑스 요리.
  La nouvelle *cuisine*. 새로운 요리법.
- ❏ **essayer** [eseje]   v. 시도하다.
- ❏ **faire la cuisine** [fɛrlakɥizin]   요리하다.
  C'est papa qui *fait la cuisine* chez nous.
  우리 집에서 요리하는 사람은 아빠다.
- ❏ le **four** [fur]   n. 오븐.
- ❏ **goûter** [gute]   v. 맛보다, 간식하다.

- la **goutte** [gut]   n. 물방울.
- **griller** [grije]   v. 석쇠에 굽다.
- l'**huile** [ɥil]   n. 기름.
- **mélanger** [melɑ̃ʒe]   v. 섞다, 혼합하다.
- la **nourriture** [nurityr]   n. 음식물, 식사.
- l'**œuf, s** *m* [œf, ø]   n. 계란.
- la **pâte** [pɑt]   n. 파스타, 서양국수, 반죽.
- la **poêle** [pwal]   n. 프라이팬.
- **préparer** [prepare]   v. 준비하다.
- la **recette** [rəsɛt]   n. 요리 방법.
- le **réfrigérateur** [refriʒeratœr]   n. 냉장고.
- **refroidir** [rəfrwadir]   v. 식히다, 차게 하다.
- le **vinaigre** [vinɛgr]   n. 식초.

---

l'**ail** *m* [aj]   n. 마늘, 복수는 **aulx** [o].
la **farine** [farin]   n. 밀가루.
les **herbes** *fpl* [ɛrb]   n. 풀, 식물.
la **levure** [ləvyr]   n. 효모.
l'**oignon** *m* [ɔɲɔ̃]   n. 양파.
l'**os** *m* [ɔs, o]   n. 뼈.
l'**ouvre-boîte** *m* [uvrbwat]   n. 깡통 따개.
la **pâte brisée** [pɑtbrize]   n. 부서지기 쉬운, 차지지 않은 반죽.
la **pâte feuilletée** [pɑtfœjte]   n. 부풀게 굽는 과자용 반죽.
le **persil** [pɛrsj]   n. 파슬리.
la **pincée** [pɛ̃se]   n. 두 서너 손가락으로 잡은 분량, 한웅큼.
remuer [rəmɥe]   v. 휘젓다, 뒤적거리다.

상 차리기

- l'**assiette** ƒ [asjɛt]   n. 작은 접시.
- le **couteau, x** [kuto]   n. 나이프.
- la **cuiller** [kɥijɛr]   n. 스푼.
- **débarrasser** [debarase]   v. 식탁의 식기를 치우다..
- la **fourchette** [furʃɛt]   n. 포크.
- le **pain** [pɛ̃]   n. 빵.
- le **panier** [panje]   n. 바구니.
- le **poivre** [pwavr]   n. 후추.
- le **sel** [sɛl]   n. 소금.
- la **serviette** [sɛrvjɛt]   n. 냅킨.
- la **table** [tabl]   n. 탁자.
- la **tasse** [tas]   n. 찻잔.
- la **vaisselle** [vɛsɛl]   n. 식기.
- le **verre** [vɛr]   n. 유리 컵.

le **bol** [bɔl]	n. 공기, 사발, 주발. J'ai bu deux *bols* de café ce matin. 나는 오늘 아침 두 그릇의 커피를 마셨다.
la **cafetière** [kaftjɛr]	n. 커피 포트.
la **carafe** [karaf]	n. 물병.
le **couvert** [kuvɛr]	n. 한 사람 분의 식기, 포크, 나이프, 스푼.
mettre la table [mɛtrəlatabl]	상을 차리다.
mettre le couvert [mɛtrləkuvɛr]	식탁 준비를 하다. 상을 차리다.
le **plateau, x** [plato]	n. 쟁반.
le **saladier** [saladje]	n. 샐러드 접시.
le **soupière** [supjɛr]	n. 스프 그릇.
la **théière** [tejɛr]	n. 차 주전자, 차를 끓이는 것.

레스토랑

- l'**addition** f [adisjɔ̃]   n. 계산서.
  L'*addition* s.v.p. 계산서 주십시오.
- l'**ambiance** f [ãbjas]   n. 환경, 분위기(atmosphère).
- l'**appétit** m [apeti]   n. 식욕.
  L'*appétit* vient en mangeant.
  먹다보면 식욕이 나는 법이다.
- **avoir envie de** [avwarãvidə]   ~하고 싶다. ~을 가지고 싶다.
  J'*ai envie d*'un éclair.
  나는 에클레르 과자가 먹고 싶다.
- **avoir faim** [avwarfɛ̃]   배고프다.
  J'*ai faim*. 나는 배고프다.
  J'*ai* une *faim* de loup.
  나는 몹시 배고프다.
- **avoir soif** [avwarswaf]   목마르다.
- **boire** [bwar]   v. 마시다.
  Je *bois* à ta santé.
  너의 건강을 위해 마신다.
- la **boisson** [bwasɔ̃]   n. 음료, 음료수.
- le **bouchon** [buʃɔ̃]   n. 병마개.
- la **bouteille** [butɛj]   n. 술병, 병.
  On a pris une bonne *bouteille*.
  우리는 술 한병을 잘 마셨다.
- le **chef** [ʃɛf]   n. 주방장.
- **commander** [kɔmɑ̃de]   v. 시키다, 주문하다.
- la **consommation** [kɔ̃sɔmasjɔ̃]   n. 소비, 레스토랑, 까페등의 음식과 음료.
  Le tarif des *consommations* est affiché.
  가격표가 게시되어 있다.
- **digérer** [diʒere]   v. 소화하다.
- **être au régime** [ɛtroreʒim]   다이어트 중이다.
- la **faim** [fɛ̃]   n. 허기.
- le **garçon** [garsɔ̃]   n. 웨이터.

- le **goût** [gu]   n. 입맛, 취향.
- **ivre** [ivr]   adj. 술 취한.
- la **liste** [list]   n. 리스트, 목록.
- **manger** [mɑ̃ʒe]   v. 먹다.
- le **menu** [məny]   n. 메뉴, 식단, 정식 (menu à prix fixe).
  Qu'est-ce qu'il y a au *menu*?
  식단에는 무엇이 있습니까?
- **nourrir** [nurir]   v. ~에게 식사를 제공하다. 양육하다.
- **offrir** [ɔfrir]   v. 제공하다.
- le **patron**, la **patronne** [patrɔ̃, ɔn]   n. 주인, 사업주.
- le **plat** [pla]   n. 접시, 요리. 접시에 담긴 음식.
  plat du jour   오늘의 요리.
- le **pourboire** [purbwar]   n. 팁, 수고비.
- **prendre** [prɑ̃dr]   v. 먹다 (manger), 마시다 (boire).
  Je *prends* un café.
  나는 커피 한 잔 마시겠다.
- la **qualité** [kalite]   n. 품질, 특질.
- le **régime** [reʒim]   n. 식이요법 (régime alimentaire).
- **réserver** [rezɛrve]   v. 예약하다.
  Faites *réserver* à l'avance.
  미리 예약 하십시오.
- le **restaurant** [rɛstɔrɑ̃]   n. 식당, 레스토랑.
- le **reste** [rɛst]   n. 나머지, 여분.
- le **service** [sɛrvis]   n. 서비스, 봉사료.
  service compris.   봉사료 포함.
- **servir** [sɛrvir]   n. 식사 시중을 들다. 상을 차려내다.
- la **soif** [swaf]   n. 목마름, 갈증.
- **soûl, e** [su, l]   adj. 술취한 (ivre), 포만한 (rassasié).
- la **spécialité** [spesjalite]   n. 특선 요리.
- le **tarif** [tarif]   n. 가격표, 요금표.

Garçon! 웨이터!

le **consommateur** [kɔ̃sɔmatœr]	n. 소비자, 고객.
le **glaçon** [glasɔ̃]	n. 얼음 덩어리.
le **libre-service** [librəsɛrvis]	n. 셀프 서비스.
la **réclamation** [reklamasjɔ̃]	n. 요구, 청구, 이의, 항의.
recommander [rəkɔmɑ̃de]	v. 추천하다.
le **salon de thé** [salɔ̃dəte]	n. 찻집.

식단

○ 아침식사
- la **baguette** [bagɛt] 바게뜨 빵.
- le **beurre** [bœr] 버터.
- le **café** [kafe] 커피.
- la **chocolat** [ʃɔkɔla] 코코아.
- le **citron** [sitrɔ̃] 레몬.
- la **confiture** [kɔ̃fityr] 잼.
- le **croissant** [krwasɑ̃] 크로와쌍 빵.
- le **lait** [lɛ] 우유.
- le **petit déjeuner** [ptideʒœne] 아침 식사.
  J'ai pris mon *petit déjeuner* à 7 heures ce matin.
  나는 오늘 아침 7시에 아침식사를 했다.
- le **sandwich** [sɑ̃dwitʃ] 샌드위치.
- la **tartine** [tartin] 버터를 바른 빵.
- le **thé** [te] 차, 홍차.

○ 점심, 저녁식사
- le **déjeuner** [deʒœne] 점심 식사.
- **déjeuner** [deʒœne] v. 식사하다.
- le **dîner** [dine] 저녁 식사.
- **dîner** [dine] v. 저녁을 먹다.
- le **repas** [rəpɑ] 식사.

── 전채, 에피타이저 ──

- au **choix** [oʃwa] 의향대로 골라서.
- le **hors-d'œuvre** [ˈɔrdœvr] 전식, 전채, 오르되브르.
- le **jambon** [ʒɑ̃bɔ̃] 햄.
- l'**omelette** f [ɔmlɛt] 오믈렛뜨.
- le **pâté** [pɑte] 파테(잘게 썬 고기를 양념하여 끓여 만든 음식).
- le **saucisson** [sosisɔ̃] 크게 말린 소시지, 쌀라미 소시지.
- la **soupe** [sup] 스프.

l'**artichaut** m [artiʃo]	아티초크(엉겅퀴과의 식물).
la **crudité** [krydite]	생야채와 과일.
l'**entrée** f [ɑ̃tre]	에피타이저, 맨 처음 나오는 음식.
le **potage** [pɔtaʒ]	스프.

── 생선 ──

- le **poisson** [pwasɔ̃] 생선, 물고기.

la **lotte** [lɔt]	아귀.
la **sole** [sɔl]	혀넙치, 혀가자미.
la **truite** [tryit]	송어.

── 고기 ──

- le **bifteck** [biftɛk] 스테이크.
- le **bœuf, s** [bœf, bø] 소, 쇠고기.
- le **canard** [kanar] 오리.

- le **cheval, -aux** [ʃval, o]   말.
- le **foie** [fwa]   동물의 간.
- la **langue** [lɑ̃g]   혀.
- le **lapin** [lapɛ̃]   토끼.
- le **mouton** [mutɔ̃]   양.
- le **porc** [pɔr]   돼지.
- le **poulet** [pulɛ]   닭, 닭고기.
- le **rôti** [roti]   구운 고기.
- la **sauce** [sos]   소스.
- le **veau, x** [vo]   송아지.
- la **viande** [vjɑ̃d]   고기.

| la **côtelette** [kotlɛt] | 갈비, 커틀렛. |
| l'**escalope** *f* [ɛskalɔp] | 얇게 썬 고기. |

야채

- la **carotte** [karɔt]   당근, 홍당무.
- le **champignon** [ʃɑ̃piɲɔ̃]   버섯.
- les **frites** *fpl* [frit]   감자 튀김, 프렌치 프라이.
- les **haricots verts** *mpl* [ˈarikovɛr]   강낭콩.
- le **légume** [legym]   야채.
- les **nouilles** *fpl* [nuj]   국수.
- les **petits pois** *mpl* [ptipwa]   완두콩, 그린피스.
- la **pomme de terre** [pɔmdətɛr]   감자.
- le **riz** [ri]   쌀.

l'**aubergine** *f* [obɛrʒin]	가지.
le **chou-fleur** [ʃuflœr]	꽃양배추.
l'**endive** *f* [ɑ̃div]	꽃상치.

―― 샐러드 ――

❑ la **salade** [salad]　　　　샐러드, 샐러드용 야채.
❑ la **tomate** [tɔmat]　　　　토마토.

le **concombre** [kɔ̃kɔ̃br]	오이.
la **frisée** [frize]	꽃상치의 일종, 치커리.
la **laitue** [lety]	상치.

―― 치즈 ――

❑ le **fromage** [frɔmaʒ]　　　　치즈.
❑ le **plateau de fromage**　　　치즈용 큰 접시.
　　[platodfrɔmaʒ]

―― 과일 ――

❑ la **banane** [banan]　　　　바나나.
❑ la **cerise** [səriz]　　　　체리, 버찌.
❑ la **fraise** [frɛz]　　　　딸기.
❑ les **fruits** *mpl* [frɥi]　　과일.
❑ l'**orange** [ɔrɑ̃ʒ]　　　　오렌지.
❑ la **poire** [pwar]　　　　배.
❑ la **pomme** [pɔm]　　　　사과.
❑ le **raisin** [rɛzɛ̃]　　　　포도.

l'**ananas** *m* [anana]	파인애플.
la **framboise** [frɑ̃bwaz]	나무 딸기.

le **melon** [məlɔ̃] la **pêche** [pɛʃ]	멜론. 복숭아.

—— 디저트 ——

- ❏ le **bonbon** [bɔ̃bɔ̃]   사탕.
- ❏ la **crème** [krɛm]   크림, 커스타드.
- ❏ le **dessert** [desɛr]   디저트.
- ❏ le **gâteau, x** [gɑto]   케익, 생과자.
- ❏ la **glace** [glas]   아이스크림.
- ❏ la **mousse au chocolat**
   [musoʃɔkɔla]   초코렛을 넣은 무스.
- ❏ la **tarte** [tart]   타르트, 파이.
- ❏ la **tarte aux abricots**
   [tartozabriko]   살구 타르트, 살구 파이.
- ❏ le **yaourt** [jaur(t)]   요구르트.

la **coupe** [kup]	잔, 술잔.
la **crème Chantilly** [krɛmʃɑ̃tiji]	커피, 초코렛, 과일등을 곁들여 거품을 일으킨 크림.
la **crème caramel** [krɛmkaramɛl]	카라멜 커스타드.
la **crêpe** [krɛp]	크레프, 얇은 팬 케익.
le **flan** [flɑ̃]	카라멜을 곁들인 바닐라 커스타드.
le **gâteau sec** [gɑtosɛk]	쿠키.
la **gaufre** [gofr]	웨이퍼 과자.

─── 음료 ───

- l'**alcool** *m* [alkɔl]   알콜 음료.
- la **bière** [bjɛr]   맥주.
- l'**eau, x** *f* [o]   물.
- le **jus** [ʒy]   쥬스.
- la **limonade** [limɔnad]   청량음료, 레몬 소다.
- l'**orangeade** *f* [ɔrɑ̃ʒad]   오렌지 소다.
- le **vin** [vɛ̃]   포도주.
- le **vin ordinaire** [vɛ̃ɔrdinɛr]   보통 포도주, 테이블 와인.

l'**apéritif** *m* [aperitif]	아페리티프, 식전에 마시는 술.
le **blanc** [blɑ̃]	백포도주.
le **champagne** [ʃɑ̃paɲ]	샴페인.
le **cidre** [sidr]	능금주, 애플 와인.
le **digestif** [diʒɛstif]	식후에 마시는 술.
l'**eau minérale** *f* [omineral]	미네럴 워터.
le **rosé** [roze]	분홍색 포도주.
le **rouge** [ruʒ]	붉은 포도주.
le **sirop** [siro]	시럽.

─── 음식의 맛 ───

- **amer, amère** [amɛr]   adj. 쓴, 씁쓸한.
- **avoir du goût** [avwardygu]   맛이 있다. 맛을 볼 줄 알다.
- **bon, bonne** [bɔ̃, bɔn]   adj. 좋은.
- **brûlant, e** [brylɑ̃, t]   adj. 몹시 뜨거운, 따는 듯한.
- **chaud, e** [ʃo, d]   adj. 뜨거운.
- **cru, e** [kry]   adj. 날 것인.
- **cuit, e** [kɥi, t]   adj. 익은.

- **doux, douce** [du, dus]   adj. 달콤한, 부드러운.
- **dur, e** [dyr]   adj. 딱딱한, 단단한.
- **épais, se** [epɛ, s]   adj. 두꺼운, 액체가 진한.
- **frais, fraîche** [frɛ, frɛʃ]   adj. 신선한, 시원한.
- **froid, e** [frwa, d]   adj. 찬.
- **gras, se** [grɑ, s]   adj. 기름진, 지방질이 많은.
- **maigre** [mɛgr]   adj. 마른, 야윈.
- **mou, molle** [mu, mɔl]   adj. 물렁물렁한, 물컹한.
  Les frites sont *molles*.
  감자 튀김은 물렁물렁하다.
- **mûr, e** [myr]   adj. 익은, 숙성한.
- **pur, e** [pyr]   adj. 순수한, 다른 것이 섞이지 않은.
- **sec, sèche** [sɛk, sɛʃ]   adj. 물기 없는, 마른, 술이 단맛이 없는.
- **spécial, e, -aux** [spesjal, o]   adj. 특별한.
- **tendre** [tɑ̃dr]   adj. 부드러운, 연한.
  Mon steak est très *tendre*.
  내 스테이크는 매우 부드럽다.
- **tiède** [tjɛd]   adj. 미지근한.

à point [apwɛ̃]	알맞게, 적당히, 미디엄으로.
bien cuit, e [bjɛ̃kɥi, t]	바싹 구운, **well done**으로.
saignant, e [sɛɲɑ̃, t]	adj. 피가 비치는 (英 **rare**).
salé, e [sale]	adj. 짠, 소금을 친.
sucré, e [sykre]	adj. 단맛이 나는.
varié, e [varje]	adj. 다양한, 다채로운.
vert, e [vɛr, t]	adj. 녹색의. Je suis malade, j'ai mangé des prunes *vertes*. 나는 아프다. 나는 녹색 자두를 먹었다.
vide [vid]	adj. 텅 빈.

흡연

- **allumer** [alyme]   v. 불을 붙이다.
- le **briquet** [brikɛ]   n. 라이터.
- le **cendrier** [sɑ̃drije]   n. 재털이.
- la **cigarette** [sigarɛt]   n. 담배.
- **éteindre** [etɛ̃dr]   v. 불을 끄다.
- **fumer** [fyme]   v. 담배 피우다.
- la **pipe** [pip]   n. 파이프.
- le **tabac** [taba]   n. 담배.

l'**allumette** *f* [alymɛt]	n. 성냥.
la **cendre** [sɑ̃dr]	n. 담뱃재.
le **cigare** [sigar]	n. 시가.

프랑스의 쇠고기

프랑스는 1988년에 50만4천 농가에서 소를 사육하고 있었으나 이는 1979년에 비해 30%가 줄어든 것으로 EC의 쿼터실시로 1984년부터 젖소의 수는 1백50만두가 감소된 반면 비육용암소는 15%가 증가했다. 1988년 이후부터 소의 숫자는 어느 정도 안정되어 1990년에는 2천1백40만두에 이르렀다. 사육 규모를 살펴보면 암소 1마리에서 4마리를 갖고 있는 농가의 수는 1975년의 22%에서 꾸준히 감소하여 1988년 현재 15%였고 5마리 - 10마리 사육농가는 28%에서 계속 감소, 15%로 되었으며 10 - 29마리까지의 농가의 수는 거의 변화가 없이 40%를 유지한 반면, 30마리이상은 13%정도에서 계속된 증가로 24%를 나타냈다. 구주 공동체의 쇠고기생산량은 1989년에 6백78만8천톤으로 1988년에 비하여 30만톤정도가 감소했다. 1987년의 생산량이 최고치인 1백74만톤에 달한 것은 1984년에 발표된 구주공동체내의 우유생산쿼터에 맞춰 젖소를 도살한데 기인한다. 쇠고기의 수출은 1980년부터 1989년까지 계속 증가추세를 보여 1989년에는 68만7천톤을 수출했으나 1990년에는 58만2천톤으로 감소했다. 이는 동구의 자유화에 따라 라인강 북쪽으로의 수출이 저조한 것에 기인한다. 또한 쇠고기 수입은 지속적으로 증가하며 1980년의 25만4천톤에서 1989년에는 35만톤이었고 1990년에는 39만5천톤으로 꾸준한 증가를 나타내고 있다. 1984년의 우유생산 감소조치는 1985년부터 송아지 생산에 반영되어, 송아지고기 생산도 1985년부터 감소해 1989년에는 31만2천톤에 달했으며 1990년부터는 안정화되는 추세를 보였다. 이와 마찬가지로 송아지고기 소비도 1985년부터 감소해 1989년에는 30만5천톤에 이르렀고 1990년에는 31만4천톤에 다다랐다.

12. 의복

— 구입 —

☐ **à l'endroit** [alɑ̃drwa] 겉쪽을 밖으로.
☐ **à l'envers** [alɑ̃vɛr] 반대로, 거꾸로.
　　Tu as mis ton pull *à l'envers*.
　　너는 스웨터를 뒤집어 입었다.

☐ **à la mode** [alamɔd] 최신 유행의.
　　Le rose est *à la mode* cet été.
　　핑크색이 올 여름 유행이다.

☐ l'**achat** *m* [aʃa] n. 구입(↔ vente).
☐ **acheter** [aʃte] v. 물건을 사다.
☐ **avoir besoin de**　　~이 부족하다, ~이 필요하다.
　　[avwarbəzwɛ̃də]
　　J'*ai besoin d*'une nouvelle robe.
　　나는 새 원피스가 필요하다.

☐ **avoir du goût** [avwardygu] 취향이 있다. 심미안이 있다.
☐ **avoir envie de**　　~하고 싶다. ~을 갖고 싶다.
　　[avwarɑ̃vidə]
　　J'*ai envie d*'acheter un pantalon.
　　나는 바지를 하나 사고 싶다.

☐ la **boutique** [butik] n. 소규모 상점.
☐ **Ça coûte une fortune.** 엄청나게 값이 비싸다.
　　[sakutynfɔrtyn]
☐ le **client**, la **cliente** [klijɑ̃, t] n. 고객.
☐ **essayer** [eseje] v. 시도하다. 입어보다.
　　Vous voulez *essayer*? 입어 보시겠습니까?

☐ l'**étiquette** *f* [etikɛt] n. 라벨.
☐ le **grand magasin** n. 백화점.
　　[grɑ̃magazɛ̃]
　　J'achète toujours mes vêtements
　　dans les *grands magasins*.
　　나는 내 옷을 늘 백화점에서 산다.

☐ la **marchandise** [marʃɑ̃diz] n. 상품, 물품.

- la **mode** [mɔd]　　n. 유행.
- le **modèle** [mɔdɛl]　　n. 모델.
- la **paire** [pɛr]　　n. 켤레, 짝.
　　J'ai acheté trois *paires* de chaussures.
　　나는 신발 세 켤레를 샀다.

- **payer** [peje]　　v. ~의 값을 지불하다.
　　Je les ai *payées* pas trop cher.
　　나는 그것들을 그다지 비싸게 사지 않게 샀다.

- le **prix** [pri]　　n. 가격.
- la **qualité** [kalite]　　n. 품질.
- la **réduction** [redyksjɔ̃]　　n. 할인.
- **rendre la monnaie** [rɑ̃drəlamɔnɛ]　　잔돈을 거스러주다.
- la **taille** [tɑj]　　n. 사이즈, 크기.
　　Vous faites quelle *taille*?
　　사이즈가 어떻게 되십니까?

- le **vendeur**, la **vendeuse** [vɑ̃dœr, øz]　　n. 점원, 판매원.
- **vendre** [vɑ̃dr]　　v. 팔다(↔ acheter).
- la **vitrine** [vitrin]　　n. 진열대, 진열장.

---

aller avec [aleavɛk]	~와 어울리다. Cette couleur *va avec* mes cheveux. 이 색은 내 머리카락과 잘 어울린다.
coûteux, -euse [kutø, z]	adj. 비싼, 비용이 드는.
faire un prix [fɛrœ̃pri]	할인해 주다, 깎아주다. Le vendeur m'a *fait un prix*. 점원은 내게 할인해 주었다.
la pointure [pwɛ̃tyr]	n. 신발 사이즈.
les soldes *mpl* [sɔld]	n. 바겐 세일. J'ai acheté ce pull en *soldes*. 나는 바겐 세일 때 이 스웨터를 샀다.

옷과 신발

- la **botte** [bɔt] — n. 장화, 부츠.
- **changer** [ʃɑ̃ʒe] — v. 바꾸다, 교환하다.
  J'ai déjà *changé* de chemise.
  나는 이미 와이셔츠를 교환했다.
- **changer (se)** [səʃɑ̃ʒe] — v. 옷을 갈아입다.
  Je vais me *changer*. 나는 옷을 갈아입겠다.
- le **chapeau, x** [ʃapo] — n. 모자.
- la **chaussure** [ʃosyr] — n. 신발.
- la **chemise** [ʃmiz] — n. 와이셔츠.
- le **costume** [kɔstym] — n. 의복, 양복 한벌.
  Etienne a mis son *costume* neuf.
  에띠엔느는 새 양복을 입었다.
- **couvrir (se)** [səkuvrir] — v. 따뜻하게 입다.
  Couvre-toi, il fait froid.
  따뜻하게 입어라, 날씨가 춥다.
- la **cravate** [kravat] — n. 넥타이.
- **déshabiller (se)** [sədezabije] — v. 옷을 벗다.
- **enlever** [ɑ̃lve] — v. 벗다.
  Si tu as chaud, *enlève* ta veste.
  더우면 자켓을 벗어라.
- le **gant** [gɑ̃] — n. 장갑.
- **habiller (s')** [sabije] — v. 옷을 입다.
- l'**imper(méable)** m [ɛ̃pɛrmeabl] — n. 레인 코트.
- la **jupe** [ʒyp] — n. 스커트, 치마.
- le **maillot** [majo] — n. 수영복.
- le **manteau, x** [mɑ̃to] — n. 외투, 코트.
- **mettre** [mɛtr] — v. 입다, 착용하다.
  Oh, tu as *mis* ta nouvelle robe.
  야, 너 새 원피스 입었구나.
- le **pantalon** [pɑ̃talɔ̃] — n. 바지.

- **porter** [pɔrte]   v. 입다, 착용하다.
  Le vert se *porte* beaucoup cette année.
  금년에는 초록색이 유행이다.
- le **pull** [pyl]   n. 스웨터.
- le **pyjama** [piʒama]   n. 파자마.
- la **robe** [rɔb]   n. 원피스, 드레스.
- le **slip** [slip]   n. 팬티.
- le **vêtement** [vɛtmɑ̃]   n. 옷, 의복.

l'**anorak** *m* [anorak]	후드 달린 파카.
le **bas** [bɑ]	스타킹, 긴 양말.
le **basket** [baskɛt]	농구화.
le **bikini** [bikini]	비키니.
la **blouse** [bluz]	작업복, 블라우스.
le **blouson** [bluzɔ̃]	자켓 잠바.
le **blue-jean** [bludʒin]	청바지.
le **bonnet** [bɔnɛ]	챙 없는 모자.
le **boot** [but]	발목까지 오는 부츠.
le **cardigan** [kardigɑ̃]	가디건 스웨터.
le **casque** [kask]	헬멧.
le **chemisier** [ʃəmizje]	블라우스.
le **ciré** [sire]	레인 코트, 방수복. Pour aller en mer, mets ton *ciré* jaune. 바다에 가려면, 너의 노란 방수복을 입어라.
le **collant** [kɔlɑ̃]	팬티 스타킹.
la **combinaison** [kɔ̃binɛzɔ̃]	여자용 속옷, 아래 위 붙은 작업복, 비행복.
le **corsage** [kɔrsaʒ]	블라우스.
la **culotte** [kylɔt]	짧은 바지.
l'**espadrille** [ɛspadrij]	운동화.
le **gilet** [ʒilɛ]	조끼.

le **peignoir** [pɛɲwar]		가운, 실내복.
la **sandale** [sɑ̃dal]		샌들.
le **short** [ʃɔrt]		짧은 바지, 운동용 팬츠.
les **sous-vêtements** *mpl* [suvɛtmɑ̃]		속옷, 내의.
le **soutien-gorge** [sutjɛ̃gɔrʒ]		브래지어.
le **tailleur** [tɑjœr]		여자용 상하 한 벌.
le **tee-shirt** [tiʃœrt]		티셔츠.
le **training** [trɛniŋ]		트레이닝.
la **veste** [vɛst]		쟈켓, 윗도리.

Mon mari a déchiré la *veste* de son costume. 내 남편은 자신의 양복 윗도리를 찢었다.

── 옷에 관한 표현 ──

❏ **chaud, e** [ʃo, d] adj. 더운, 따뜻한.
Il est *chaud*, mon pull. 내 스웨터는 따뜻하다.
❏ la **chaussette** [ʃosɛt] n. 양말.
❏ **chic** [ʃik] adj. (불변화어) 멋진, 기막힌, 훌륭한 .
Françoise ne porte que des vêtements *chic*.
프랑스와즈는 멋진 옷만 입는다.
❏ **confortable** [kɔ̃fɔrtabl] adj. 편안한, 쾌적한.
❏ le **coton** [kɔtɔ̃] n. 면.
❏ **court, e** [kur, t] adj. 짧은.
❏ le **cuir** [kɥir] n. 가죽.
Je ne porte que des chaussures en *cuir*.
나는 가죽으로 된 구두만 신는다.
❏ **élégant, e** [elegɑ̃, t] adj. 우아한(gracieux), 고상한.
❏ **en or** [ɑ̃nɔr] 금으로 된.

- **épais, se** [epɛ, s]　　adj. 두꺼운, 따뜻한.
　　　　　　　　　　　　　Mon manteau est très *épais*.
　　　　　　　　　　　　　내 코트는 매우 두껍다.
- **fin, fine** [fɛ̃, fin]　　adj. 가는, 섬세한, 미세한.
　　　　　　　　　　　　　Ma mère porte une chaîne *fine* en or.
　　　　　　　　　　　　　나의 어머니는 가는 금줄을 매셨다.
- la **fourrure** [furyr]　　n. 모피.
- **gai, e** [gɛ]　　adj. 밝은, 명랑한.
　　　　　　　　　　　　　Ce tissu a des couleurs *gaies*.
　　　　　　　　　　　　　이 옷감은 밝은 색이다.
- la **laine** [lɛn]　　n. 모직물, 양모.
- **large** [larʒ]　　adj. 넓은, 큰.
- **léger, -ère** [leʒe, ɛr]　　adj. 가벼운(↔ lourd).
- **long, longue** [lɔ̃, g]　　adj. 긴(↔ court).
- **moderne** [mɔdɛrn]　　adj. 현대적인.
- **neuf, neuve**　　adj. 새로운.
　 [nœf, nœv]　　Les chaussures *neuves* font mal aux pieds.
　　　　　　　　　　　　　새 신은 발을 아프게 한다.
- **nouveau, -vel, -velle**　　adj. 새로운, 신규의.
　 [nuvo, nuvɛl]　　Je n'aime pas la *nouvelle* mode.
　　　　　　　　　　　　　나는 최신 유행을 좋아하지 않는다.
- le **nylon** [nilɔ̃]　　n. 나일론.
- **propre** [prɔpr]　　adj. 깨끗한.
- **pure laine** [pyrlɛn]　　n. 순모.
- **rayé, e** [reje]　　adj. 줄이 그어진, 줄무늬가 든.
- **sale** [sal]　　adj. 더러운.
- **spécial, e, -aux**　　adj. 특별한.
　 [spesjal, o]　　Le cuir de mon blouson a subi un
　　　　　　　　　　　　　traitement *spécial*.
　　　　　　　　　　　　　내 쟈켓 가죽은 특수처리 된 것이다.
- le **tissu** [tisy]　　n. 옷감, 천.
- **triste** [trist]　　adj. 슬픈, 슬픈 분위기의.
- **uni, e** [yni]　　adj. 빛깔이 한결 같은, 단색의, 무늬 없는.
- **usé, e** [yze]　　adj. 낡은, 사용한.

Ton pull est *usé* aux coudes.
네 스웨터는 팔꿈치가 낡았다.
adj. 진짜의(↔ faux), 사실의.

❏ **véritable** [veritabl]

à carreaux [akaro]	체크 무늬의. La nouvelle mode propose des jupes *à carreaux*. 새로운 패션은 체크 무늬 스커트를 권한다.
à pois [apwa]	물방울 무늬의. Ridicules, ces collants *à pois*. 이 물방울 무늬 스타킹은 웃긴다.
à talon haut [atalɔ̃ˈo]	하이힐의.
démodé, e [demɔde]	adj. 유행이 지난.
la **dentelle** [dɑ̃tɛl]	n. 레이스, 레이스 모양의 것. Comment tu trouves ce col en *dentelle*? 이 레이스로 된 칼라를 어떻게 생각하니?
doublé, e [duble]	adj. 두겹인, 이중으로 된. Ce pantalon est *doublé*. 이 바지는 두 겹으로 되어있다.
en argent [ɑ̃narʒɑ̃]	은으로 만든.
l'**étoffe** *f* [etɔf]	n. 직물, 천.
habillé, e [abije]	adj. 우아한, 어울리는. Cette robe fait très *habillé*. 이 드레스는 무척 어울린다.
imprimé, e [ɛ̃prime]	adj. 프린트 된.
précieux, -euse [presjø, z]	adj. 값비싼, 소중한.
la **soie** [swa]	n. 실크.
souple [supl]	adj. 유연한, 부드러운.
le **tricot** [triko]	뜨게질해서 만든 천이나 옷, 니트 웨어.

── 악세사리 ──────

- le **bijou, x** [biʒu]   n. 보석.
- le **bouton** [butɔ̃]   n. 단추.
- la **ceinture** [sɛ̃ntyr]   n. 벨트, 허리띠.
- la **chaîne** [ʃɛn]   n. 목걸이, 금줄.
  Mon frère porte une *chaîne* en or.
  내 형은 금줄을 걸고 다닌다.

- le **col** [kɔl]   n. 칼라, 깃.
- la **manche** [mãʃ]   n. 소매.
- la **montre** [mɔ̃tr]   n. 회중시계, 손목시계.
- le **mouchoir** [muʃwar]   n. 손수건.
- le **nœud** [nø]   n. 매듭, 나비 넥타이.
  Tu mets ton *nœud* papillon?
  너는 나비 넥타이를 매니?

- le **parapluie** [paraplɥi]   n. 우산.
- la **pièce** [pjɛs]   n. 한 개, 한 벌.
- le **pli** [pli]   n. 주름.
- la **poche** [pɔʃ]   n. 포켓.
- le **sac** [sak]   n. 핸드백.

la **bague** [bag]	반지.
le **bracelet** [braslɛ]	팔찌.
le **col en V** [kɔlɑ̃ve]	V 넥.
le **col roulé** [kɔlrule]	터틀넥. Je ne supporte pas les pulls à col *roulé*. 나는 터틀넥으로 된 스웨터를 입고 있지 못한다.
le **collier** [kɔlje]	목걸이. Il est splendide, ton *collier* de perles.

le **diamant** [djamã]	너의 진주 목걸이는 정말 멋지다. 다이아몬드.
l'**élastique** *m* [elastik]	고무 밴드. Mon *élastique* a lâché. 내 고무 밴드가 늘어났다.
la **fermeture éclair** [fɛrtyreklɛr]	지퍼.
le **foulard** [fular]	스카프.
la **perle** [pɛrl]	진주.
la **pierre précieuse** [pjɛrpresjøz]	보석.

── 작업, 손질 ──

- **abîmer** [abime] v. 상하게 하다, 망가뜨리다.
- l'**aiguille** *f* [egɥij] n. 바늘.
- les **ciseaux** *mpl* [sizo] n. 가위.
- **coudre** [kudr] v. 바느질하다.
- **déchirer** [deʃire] v. 찢다.
- **faire nettoyer** [fɛrnetwaje] v. 깨끗하게 하다.
- le **fil** [fil] n. 실.
- **laver** [lave] v. 빨다, 세탁하다.
- **préparer** [prepare] v. 준비하다.
- **repasser** [rəpɑse] v. 다리미질하다.
- **serrer** [sere] v. 조이다, 꼭 끼게 만들다.
Il *serre*, ton pantalon. 네 바지는 꼭 낀다.
- la **tache** [taʃ] n. 점, 얼룩.
- le **trou** [tru] n. 구멍.

broder [brɔde]	v. 수를 놓다. J'ai *brodé* mes mouchoirs moi-même. 나는 내 스스로가 손수건에 수를 놓았다.

la **broderie** [brɔdri]	n. 자수. **Tu fais de la *broderie*?** 너는 자수 놓기를 하니?
le **canevas** [kanva]	n. 바탕 천, 구상, 밑그림.
élargir [elarʒir]	v. 크게 만들다.
faire du crochet [fɛrdykrɔʃɛ]	뜨게질하다.
faire qqc au crochet [fɛrkɛlkəʃozokrɔʃɛ]	무엇을 짜다. 뜨게질하다.
la **machine à coudre** [maʃinakudr]	n. 재봉틀.
raccourcir [rakursir]	v. 짧게 만들다.
rallonger [ralɔ̃ʒe]	v. 길게 만들다.
repriser [rəprize]	v. 깁다, 수선하다.
rétrécir [retresir]	v. 조이다, 줄이다.
la **teinturerie** [tɛ̃tyrri]	n. 염색, 드라이 크리닝.
tricoter [trikɔte]	v. 뜨게질하다.

샤넬 Chanel

잠옷 대신 샤넬 No.5를 뿌리고 잤다는 마릴린 먼로의 일화에서처럼 아직도 한국에서는 샤넬이 향수의 대명사로 여겨지고 있다. 하지만 「패션의 역사 그 자체」라는 표현에 걸맞게 프랑스의 패션 브랜드 샤넬은 화장품보다 여성 의상과 장신구 등이 더 큰 비중을 차지하고 있다.

창업자 가브리엘 샤넬(여.1883년생)이 26세 때 빠리에 와서 모자 디자인을 시작했을 때부터 샤넬은 「여성옷을 해방시키고 창조한 혁명가」로 평가됐고, 『여자의 머리끝부터 발끝까지를 완벽하게 꾸며 준다』는 「토털 룩」(Total Look)개념의 원전으로 꼽히고 있다.

이 때문에 샤넬 제품은 스킨 케어, 파운데이션, 립스틱, 아이새도, 매니큐어, 향수 등의 화장품에서부터 귀걸이, 목걸이, 팔찌, 반지, 벨트, 구두, 가방, 시계 등의 액세서리류, 여성복 등에 이르기까지 수 백가지. 최근에는 다이아몬드, 진주, 수정, 금 등의 보석류와 남성용 넥타이, 향수도 새로 선보이고 있다. 이들 제품은 전세계 1백60여개국의 수천개 매장에서 변함없이 명품으로 팔리고 있다.

명품의 성가를 유지하기 위해 샤넬은 몇 가지 경영 원칙을 고집하고 있다. 『어떤 제품이건 하도급 업체에 맡기지 않고 개발에서부터 원료의 선택.생산까지 직접 한다』는 방침에 따라 향수의 경우 프랑스 남부 그라스지방에서 직접 재배한 자스민과 5월 장미만을 원료로 사용하고, 전제품을 미국과 프랑스에 있는 2개의 자체 공장에서만 만들고 있다.

또 전세계 어느 매장이건 검은 색과 흰색, 그리고 고급스러움을 느끼게 하는 금색의 세 가지 색으로만 통일시켜 꾸미고 있다. 지난 71년 샤넬이 타계한 후 향수 회사를 운영해온 워트하이머회장이 샤넬 그룹을 이끌고 있다.

13. 주거공간

---- 집 ----

- l'**appartement** *m* [apartəmã]   n. 아파트.
- l'**ascenseur** *m* [asãsœr]   n. 엘리베이터, 승강기.
- le **balcon** [balkɔ̃]   n. 발코니.
- la **cave** [kav]   n. 지하 창고, 지하실.
- la **chambre** [ʃɑ̃br]   n. 침실.
  Va dans ta *chambre*. 네 방으로 들어가라.
- la **chambre d'enfants** [ʃɑ̃brdɑ̃fɑ̃]   n. 어린이 방.
- le, la **concierge** [kɔ̃sjɛrʒ]   n. 건물 관리인, 경비.
  M. Muller n'est pas là, adressez-vous au *concierge*.
  뮐러씨는 없습니다. 경비원에게 문의하세요.
- la **cuisine** [kɥizin]   n. 부엌.
- **donner sur** [dɔnesyr]   ~에 접해 있다, 면해 있다.
  Le salon *donne sur* le jardin.
  거실은 정원에 접해 있다.
- l'**entrée** *f* [ɑ̃tre]   n. 입구, 현관.
- l'**escalier** *m* [ɛskalje]   n. 계단.
- l'**espace** *m* [ɛspas]   n. 공간.
  Vous n'avez pas mal d'*espace*.
  당신은 상당히 넓은 공간을 갖고 있군요.
- l'**étage** *m* [etaʒ]   n. 층.
  J'habite au troisième(*étage*).
  나는 4층에 살고 있다.
- le **garage** [garaʒ]   n. 차고, 자동차 정비소.
  Tu as mis la voiture au *garage*?
  너는 차를 차고에 넣었니?

- l'**immeuble** *m* [imœbl] n. 건물, 부동산.
- le **jardin** [ʒardɛ̃] n. 정원, 마당.
- le **luxe** [lyks] n. 호사, 사치, 호화로움(somptuosité). Appartement de *luxe*. 호화 아파트.
- la **maison** [mɛzɔ̃] n. 집, 단독 주택.
- la **pièce** [pjɛs] n. 방, 칸살. C'est un trois *pièces*. 방 3개인 아파트.
- la **piscine** [pisin] n. 수영장, 풀장.
- le **rez-de-chaussée** [redʃose] n. 1층.
- la **salle** [sal] n. 방, 홀.
- la **salle à manger** [salamɑ̃ʒe] n. 식당.
- la **salle de bain** [saldəbɛ̃] n. 욕실.
- la **salle de séjour** [saldəseʒur] n. 리빙 룸, 응접실.
- le **salon** [salɔ̃] n. 거실.
- le **sol** [sɔl] n. 땅, 토지, 땅바닥.
- le **sous-sol** [susɔl] n. 지하실.
- la **terrasse** [tɛras] n. 테라스.
- les **toilettes** *fpl* [twalɛt] n. 화장실. Les *toilettes* s.v.p. 화장실이 어딥니까?
- le **toit** [twa] n. 지붕.
- la **tour** [tur] n. 타워. La *tour* Montparnasse est le plus grand bâtiment de Paris. 몽빠르나스 빌딩은 빠리에서 제일 높은 건물이다.
- les **W.-C.** *mpl* [vese] n. 화장실.

l'**antenne** *f* [ɑ̃tɛn]	안테나.
le **building** [bildiŋ]	빌딩.
la **cabinets** *mpl* [kabinɛ]	화장실.
la **chambre d'amis** [ʃɑ̃brdami]	게스트 룸, 손님용 방.
le **couloir** [kulwar]	복도, 통로.

de **grand standing** [dəgrɑ̃stɑ̃diŋ]	호화로운.
le **débarras** [debara]	거추장스러운 것, 헛간, 광.
le **foyer** [fwaje]	화로, 난로, 가정.
le **grenier** [grənje]	다락방.
luxueux, -euse [lyksɥø, z]	adj. 호화로운.
la **maison individuelle** [mɛzɔ̃ɛ̃dividɥəl]	단독 주택.
le **palier** [palje]	층계 참.
le **pavillon** [pavijɔ̃]	단층 주택.
la **résidence** [rezidɑ̃s]	거주지. J'ai une *résidence* secondaire dans l'Eure. 나는 위르 지역에 별장이 있다.
la **villa** [vila]	전원 주택, 별장.

——— 집의 시설물 ———

❑ la **baignoire** [bɛɲwar] n. 욕조.
❑ **central, e, -aux** [sɑ̃tral, o] adj. 중심의, 중앙의.
  Nous avons le chauffage *central*.
  우리는 중앙 난방 시스템이 되어있다.

❑ le **chauffage** [ʃofaʒ] n. 난방.
❑ la **cheminée** [ʃəmine] n. 굴뚝, 벽난로.
  Tu allumes la *cheminée*?
  너는 벽난로에 불을 피우니?
  Ma *cheminée* tire mal.
  굴뚝에 연기가 잘 안 빠진다.

❑ le **coin** [kwɛ̃] n. 구석(encoignure), 코너.
❑ la **douche** [duʃ] n. 샤워.
❑ l'**électricité** *f* [elɛktrisite] n. 전기.
❑ la **fenêtre** [fənɛtr] n. 창문.

- ❏ le **gaz** [gaz]   n. 가스.
- ❏ le **lavabo** [lavabo]   n. 세면대.
- ❏ la **lumière** [lymjɛr]   n. 빛, 불빛.
- ❏ la **marche** [marʃ]   n. 계단 하나하나의 단.
- ❏ le **mur** [myr]   n. 벽, 담.
  Pousse l'armoire contre le *mur*.
  옷장을 벽에 붙여라.
- ❏ le **placard** [plakar]   n. 벽장.
- ❏ le **plafond** [plafɔ̃]   n. 천장.
- ❏ la **porte** [pɔrt]   n. 문.
- ❏ la **prise (de courant)** [prizdəkurɑ̃]   n. 전기 플러그.
- ❏ la **vitre** [vitr]   n. 판유리, 창유리.

le **carrelage** [karlaʒ]	타일 깔기, 네모 무늬.
le **courant** [kurɑ̃]	전류.
l'**éclairage** *m* [eklɛraʒ]	조명.
la **moquette** [mɔkɛt]	모케트, 양탄자 (**tapis**).
le **papier peint** [papjepɛ̃]	벽지.
la **persienne** [pɛrsjɛn]	덧문, 겉창, 블라인드 (**volet, jalousie**).
le **plancher** [plɑ̃ʃe]	마루 바닥.
le **radiateur** [radjatœr]	라지에터, 방열기.
le **volet** [vɔlɛ]	덧문, 겉창.

── 거주인 ──

- ❏ **déménager** [demenaʒe]   v. 이사 가다.
- ❏ la **femme de ménage** [famdəmenaʒ]   n. 가정부, 파출부.
- ❏ **habiter** [abite]   v. 살다, 거주하다.

	J'*habite* dans un H.L.M.
	나는 영세민 공영주택에 살고 있다.
	J'*habite* en banlieue.
	나는 교외에 산다.
	J'*habite* un immeuble neuf.
	나는 새 건물에 산다.
	J'habite un appartement en banlieue.
	나는 교외에 있는 아파트에 살고 있다.
❏ **installer (s')** [sɛ̃stale]	v. 자리잡다, 정착하다.
❏ le, la **locataire** [lɔkatɛr]	n. 세입자 (↔ propriétaire).
❏ **de location** [dəlɔkɑsjɔ̃]	n. 임대의.
	J'ai pris un appartement de *location*.
	나는 아파트를 한 채 임대했다.
❏ le **logement** [lɔʒmɑ̃]	n. 주거, 거주.
❏ **loger** [lɔʒe]	v. 살다, 숙박하다 v.t. 머무르게 하다.
	Tu peux *loger* chez moi.
	너는 내 집에서 살수 있다.
	Je peux te *loger*.
	나는 너를 집에서 살게 할 수 있다.
❏ **louer** [lwe]	v. ~에게 빌려주다, ~에게서 세들다.
❏ le **loyer** [lwaje]	n. 임대료.
❏ le, la **propriétaire** [prɔprijetɛr]	n. 주인, 소유자.

la **bonne** [bɔn]	n. 가정부, 하녀.
les **charges** *fpl* [ʃarʒ]	n. 부수적인 비용, 관리비.
emménager [ɑ̃menaʒe]	v. 이사 오다.
le, la **sous-locataire** [sulɔkatɛr]	n. 세든 사람 밑에 다시 세든 사람.
le **voisin de palier** [vwazɛ̃dpalje]	아파트의 같은 층에 사는 사람.

가구

- le **bouton** [butɔ̃]   n. 단추, 전등 스위치.
- le **bureau, x** [byro]   n. 사무용 책상.
- le **cadre** [kadr]   n. 창문틀(châssis), 테두리(bordure).
- la **chaîne** [ʃɛn]   n. 스테레오 시스템, TV 채널.
- la **chaise** [ʃɛz]   n. 의자.
- le **confort** [kɔ̃fɔr]   n. 안락함, 편안함.
- **confortable** [kɔ̃fɔrtabl]   adj. 안락한, 쾌적한.
- le **coussin** [kusɛ̃]   n. 쿠션, 방석, 베게.
- le **cuir** [kɥir]   n. 가죽.
- le **fauteuil** [fotœj]   n. 팔걸이 있는 의자.
- la **glace** [glas]   n. 거울.
- la **lampe** [lɑ̃p]   n. 램프.
- le **lit** [li]   n. 침대.
- le **meuble** [mœbl]   n. 가구, 집기.
- la **plante verte** [plɑ̃tvɛrt]   n. 식물, 화초.
- le **poste (de radio)** [pɔst dəradjo]   n. 라디오.
- le **rideau, x** [rido]   n. 커텐.
- la **table** [tabl]   n. 식탁, 테이블.
- le **tableau, x** [tablo]   n. 액자, 그림.
- le **tapis** [tapi]   n. 카페트, 양탄자.
- la **télé(vision)** [televizjɔ̃]   n. TV.
  Nous avons la *télé*.
  우리는 TV를 갖고 있다.
- le **téléphone** [telefɔn]   n. 전화.
  Nous avons le *téléphone*.
  우리는 전화를 갖고 있다.
- le **tiroir** [tirwar]   n. 서랍.
- le **tourne-disque** [turnədisk]   n. 전축, 턴테이블.
- le **vase** [vaz]   n. 꽃병.

l'**armoire** f [armwar]	가구, 옷장.
le **baladeur** [baladœr]	워크맨.
le **canapé** [kanape]	소파.
le **double rideau** [dublərido]	커텐, 2중 커텐.
l'**étagère** f [etaʒɛr]	선반.
l'**évier** m [evje]	개수대.
le **magnétophone** [maɲetɔfɔn]	테이프 레코더.
le **magnétoscope** [maɲetɔskɔp]	비디오 녹화기.
le **minitel** [minitɛl]	미니텔, 통신용 PC.
le **miroir** [mirwar]	거울.
l'**oreiller** m [ɔreje]	베게.
la **platine** [platin]	레코드 플레이어.
le **sofa** [sɔfa]	소파.
le **store** [stɔr]	블라인드, 발.
le **transistor** [trãzistɔr]	트렌지스터 라디오.

── 가정용품 ──

- l'**appareil** m [aparɛj] n. 기계, 기구, 전화기.
- le **briquet** [brikɛ] n. 라이터.
- la **brosse** [brɔs] n. 브러쉬, 솔.
- le **cendrier** [sãdrije] n. 재털이.
- le **chiffon** [ʃifɔ̃] n. 걸레, 넝마.
  J'ai vite passé le *chiffon*.
  나는 재빨리 걸레로 닦았다.

- les **ciseaux** mpl [sizo] n. 가위.
- la **clé** [kle] n. 열쇠.
- le **clou** [klu] n. 못.
- la **couverture** [kuvɛrtyr] n. 이불, 담요, 덮게.

- le **drap** [dra] — n. 시트.
- l'**échelle** f [eʃɛl] — n. 사다리.
- **électrique** [elɛktrik] — adj. 전기의. 「전기」는 électricité.
- **être sous garantie** [ɛtrəsugarɑ̃ti] — 보증되는.
- le **fer à repasser** [fɛrarəpase] — n. 다리미.
- **fonctionner** [fɔ̃ksjɔne] — v. 작동하다, 기능하다.
- le **four** [fur] — n. 오븐.
  Faites dorer au *four*.
  오븐에 넣고 브라운 색으로 만드시오.
- le **frigo** [frigo] — n. 냉장고 (réfrigérateur).
  Qu'est-ce que tu as pris dans le *frigo*?
  너 냉장고에서 뭘 꺼냈니?
  Tu mets tout au *frigo*? 너 전부 냉장고에 넣었니?
- **garantir** [garɑ̃tir] — v. 보증하다, 보장하다.
- le **linge** [lɛ̃ʒ] — n. 린네르 제품, 내의류, 빨랫감.
  Avec trois enfants, on a tout le temps du *linge* à laver.
  아이가 셋이라서 우리는 늘 빨랫감이 있다.
- la **machine** [maʃin] — n. 기계.
- **neuf, neuve** [nœf, nœv] — adj. 새로운.
  Ma machine à laver est toute *neuve*.
  내 세탁기는 최신 제품이다.
- **nouveau, -vel, -velle** [nuvo, nuvɛl] — adj. 새 것인, 새로운.
  J'ai un *nouveau* toaster. 나는 새 토스터가 있다.
- la **pile** [pil] — n. 밧테리, 전지.
- la **poubelle** [pubɛl] — n. 쓰레기 통.
- le **réfrigérateur** [refriʒeratœr] — n. 냉장고.
- le **réveil** [revɛj] — n. 자명종 (réveille-matin).
- le **robinet** [rɔbinɛ] — n. 수도 꼭지.
  Qui a ouvert le *robinet*? 누가 수도를 틀었니?
- la **vaisselle** [vɛsɛl] — n. 식기들(집합적), 설겆이 할 그릇.

l'**appareil ménager** *m* [aparɛjmenaʒe] n. 가전제품.
l'**aspirateur** *m* [aspiratœr] n. 진공 청소기.
le **batteur** [batœr] n. 믹서.
la **cafetière** [kaftjɛr] n. 커피 포트.
le **chauffe-eau** [ʃofo] n. 물 끓이는 기구.
le **congélateur** [kɔ̃ʒelatœr] n. 냉동기, 결빙기.
la **cuisinière** [kɥizinjɛr] n. 레인지.
l'**équipement** *m* [ekipmɑ̃] n. 시설, 장치.
le **gadget** [gadʒɛt] n. 가정용품, 소형 오락기구.
la **garantie** [garɑ̃ti] n. 보증.
La cuisinière est encore sous garantie. 레인지는 아직 보증 기간이 지나지 않았다.

le **lave-vaisselle** [lavvɛsɛl] n. 식기 세척기.
la **machine à écrire** [maʃinaekrir] n. 타자기.
la **machine à laver** [maʃinalave] n. 세탁기.
le **robot** [rɔbo] n. 로봇, 자동 기계 장치.
le **sèche-cheveux** [sɛʃʃəvø] n. 헤어 드라이어.
le **sèche-linge** [sɛʃlɛ̃ʒ] n. 빨래 건조기.
vide [vid] adj. 텅 빈.
le **vide-ordures** [vidɔrdyr] n. 쓰레기 통, 쓰레기 투입구.

집안일

- **accrocher** [akrɔʃe] v. 걸다, 매달다.
- **allumer** [alyme] v. 불 붙이다, 불켜다 (↔ éteindre).
  Allume le four s.t.p. 오븐을 켜라.
- **balayer** [baleje] v. 빗자루로 쓸다. 청소하다.

❑ **chauffer** [ʃofe]

J'ai *balayé* la cave.
나는 지하실을 비로 쓸었다.
v. 난방하다.
Nous, on *chauffe* au mazout.
우리는 기름으로 난방한다.
C'est bien *chauffé* chez vous.
당신 집은 난방이 참 잘 되었습니다.

❑ le **courant d'air** [kurɑ̃dɛr]   n. 공기의 흐름, 통풍.
❑ les **courses** *fpl* [kurs]   n. 장보기, 쇼핑.
Va me faire les *courses*.
나를 위해 장을 봐다오.

❑ **débarrasser** [debarase]   v. 거추장스러운 것을 치우다. 식탁을 치우다.
Qui *débarrasse*? 누가 식탁을 치우니?

❑ le **désordre** [dezɔrdr]   n. 무질서.
❑ **donner un coup de balai** [dɔneœ̃kudbalɛ]   빗자루로 쓸다.

❑ **éclairer** [eklere]   v. 밝게 하다, 조명하다.
Cette pièce est mal *éclairée*.
이 방은 빛이 잘 안든다.

❑ **enlever** [ɑ̃lve]   v. 치우다, 없애다.
Enlève cette horrible nappe.
이 끔찍한 식탁보 좀 치워라.

❑ **essuyer** [esɥije]   v. 문질러 닦다.
❑ **éteindre** [etɛ̃dr]   v. 끄다(↔ allumer), 불을 끄다.
Eteins la lumière.   전등을 꺼라.

❑ **faire du feu** [fɛrdyfø]   불을 지피다. 불 피우다.
❑ **faire le ménage** [fɛrlmenaʒ]   집안일을 하다. 살림을 하다.
❑ **fermer** [fɛrme]   v. 닫다(↔ ouvrir), 끄다.
Ferme la lumière.   전등을 꺼라.
Ferme la télé.   TV를 꺼라.

❑ **frapper à la porte** [frapealapɔrt]   노크하다.

❑ **humide** [ymid]   adj. 젖은, 축축한, 습기 찬.
❑ l'**incendie** *m* [ɛ̃sɑ̃di]   n. 화재.

- **laver** [lave] — v. 씻다, 깨끗이 하다.
- la **lessive** [lesiv] — n. 빨래, 세탁, 세제, 가루비누.
  Je suis occupée, je fais la *lessive*.
  나는 빨래하느라 바쁘다.

- le **ménage** [menaʒ] — n. 집안 일, 살림살이.
- **nettoyer** [nɛtwaje] — v. 깨끗이 하다, 청소하다.
- **ouvrir** [uvrir] — v. 열다 (↔ fermer).
- la **poussière** [pusjɛr] — n. 먼지.
  Tu fais la *poussière*?
  네가 먼지를 일으키고 있니?

- **propre** [prɔpr] — adj. 깨끗한 (↔ sale).
  Quelle maison *propre*!
  참 깨끗한 집이다.

- **ranger** [rɑ̃ʒe] — v. 정리하다, 정돈하다.
- **réparer** [repare] — v. 수리하다.
- **repasser** [rəpɑse] — v. 다리미질하다.
- **sale** [sal] — adj. 더러운 (↔ propre).
- **sécher** [seʃe] — v. 말리다, 건조하게 하다.
- **sonner** [sɔne] — v. 초인종을 울리다.
  On *sonne*. 누가 초인종을 누른다.

- **utiliser** [ytilize] — v. 이용하다 (employer), 활용하다.

---

aérer [aere] — v. 환기시키다, 바람을 통하게 하다.

le **court-circuit** [kursirkɥi] — n. 단락, 쇼트.

donner un coup de main [dɔneœ̃kudmɛ̃] — 도와주다.
Tu me *donnes un coup de main*?
나를 좀 도와주겠니?

faire la cuisine [fɛrlakɥizin] — 요리하다.
Je n'aime pas *faire la cuisine*.
나는 요리하기를 좋아하지 않는다.

faire la vaisselle [fɛrlavɛsɛl] — 설겆이 하다.

la **fuite d'eau** [fɥitdo] — n. 누수, 물새기.

mettre la table [mɛtrəlatabl]	상을 차리다.
le **plomb** [plɔ̃]	n. 휴즈 **(plomb fusible)**. Le *plomb* a sauté. 휴즈가 끊어졌다.

프랑스 건축학교

Beaux-Arts 시스템으로 일관해오던 프랑스 건축교육은 1968년 5월 우파정부에 대항한 학생과 노동자들에 의한 혁명이 건축교육에까지 확대되어, 200년전에 설립된 학교체제에 대한 문제 즉 아트리에 시스템의 부작용, 그릇된 경쟁심, 형식적인 디자인 전통 고수등 현실과는 동떨어진 건축교육에 일대개혁이 이루어져 1968년 12월 Beaux-Arts 폐쇄 명령이 공표되고 자치적이며 독립된, 새로운 건축교육 전문학교인 UPA(Unité Pédagogique d'Architecture)가 정부지원을 받으며 설립되었다. 특히 빠리-라 빌레트건축학교 (옛UPA 6)는 5월 혁명의 주동자들이 만들어낸 학교로 건축학교중 가장 규모가 크고 급진적인 학교로 성장했으며 교과과정이 가장 훌륭하다는 평을 받고 있다. 1984년까지는 UPA라는 명칭으로 존속하다가 1985년부터 각 학교는 지역이름을 인용한 고유명칭을 사용한다. 예컨대 UPA 6은 Villette공원근처에 위치해 있어, 빠리-라빌레트 건축학교(Ecole d'Architecture de Paris La Villette)로 명칭이 바뀌어 현재에 이르고 있다.

프랑스의 대학교육조직은 대학(Université)과 에꼴(Ecole)이라는 명칭으로 운영되고 있다. 따라서 건축은 일반대학에 속해있지 않고 독립적으로 에꼴의 체제속에 있다. 간략히 Université와 Ecole의 차이점은 각 전공분야별로 구분되어 있는 대학 예비고사인 바칼로레아(Baccalauréat)를 거치는 것은 같으나 Université는 Baccalauréat만으로 원하는 대학에 입학하지만 Ecole은 시험을 거쳐 입학하는 형식을 취하고 있어서 Ecole마다의 등급이 매겨져 있다. 예를들어 Ecole Polytechnique, Ecole Centrale, Ecole des Ponts et Chaussées와 같은 학교는 프랑스 공과계통의 학교중 대표적인 Ecole들이며 입학하기 위해 몇 년씩 재수하는 학생들도 많이 있고 예술전문학교인 Ecole des Beaux-Arts도 마찬가지다. 이러한 학교들을 그랑제꼴(Grandes Ecoles)이라 부른다. Ecole중에서 유일하게 입학시험을 거치지않고 입학할 수 있는 학교가 건축학교다. 이것은 다시 말해서 입학하기는 쉬워도 졸업하기가 어렵다는 이야기다. 참고로 프랑스 건축학교는 전공구분이 따로 없기때문에 건축과 관련된 학문인 설비, 구조, 시공등은 별도의 학교에서 수학을 하게 되어있다.

프랑스에는 현재 2개의 사립건축학교와 23개의 국립건축학교(빠리지역 9개, 기타 지방주요도시 14개)가 있다. 유럽 대부분의 학교가 그러하듯이 프랑스의 거의 모든 건축학교는 국립이기때문에 1년에 약 15만원정도의 등록금을 내며, 일반대학은 문교부 소속이지만 건축학교는 관련 행정부처인 도시계획, 주거 및 교통부 산하에 있다. 23개의 건축학교마다 교과과정 운영에 따라 특색을 달리하지만 교육체계는 거의 평준화 되어있다. 따라서 어느 건축학교가 좋다, 나쁘다라는 식으로 평가할 수 없고 그 학교의 교육방침과 교수진에 따라서 학교의 특성이 부여된다.

14. 건 강

―― 신체 ――

- la **bouche** [buʃ] 입.
- le **bras** [bra] 팔.
- le **cœur** [kœr] 심장.
- le **corps** [kɔr] 신체, 몸.
- le **cou** [ku] 목.
- le **coude** [kud] 팔꿈치.
- la **dent** [dɑ̃] 이, 치아.
- le **doigt** [dwa] 손가락, pouce 엄지, index 검지, majeur 가운데 손가락, annulaire 약지, auriculaire 새끼 손가락.
- le **doigt de pied** [dwadpje] 발가락.
- le **dos** [do] 등.
- l'**épaule** f [epol] 어깨.
- l'**estomac** m [ɛstɔma] 위장.
- la **figure** [figyr] 얼굴, 정면, 앞면.
- le **foie** [fwa] 간, 간장.
- le **front** [frɔ̃] 이마.
- le **genou, x** [ʒnu] 무릎.
- la **gorge** [gɔrʒ] 목구멍, 가슴.
- la **jambe** [ʒɑ̃b] 다리.
- la **joue** [ʒu] 볼, 뺨, 측면.
- la **langue** [lɑ̃g] 혀.
- la **lèvre** [lɛvr] 입술.
- la **main** [mɛ̃] 손.
- le **menton** [mɑ̃tɔ̃] 턱.
- le **nerf** [nɛr] 신경, 힘줄, 건(tendon).
- le **nez** [ne] 코.
- **nu, e** [ny] adj. 벗은, 나체의.

- l'**œil, yeux** *m* [œj, jø]   눈. à l'oeil 눈으로.
- l'**oreille** *f* [ɔrɛj]   귀.
- la **peau, x** [po]   피부, 살갗.
- le **pied** [pje]   발.
- le **poing** [pwɛ̃]   주먹, coup de poing 주먹질.
- la **poitrine** [pwatrin]   가슴, 흉곽.
- le **poumon** [pumɔ̃]   허파, 폐.
- la **respiration** [rɛspirasjɔ̃]   숨쉬기, 호흡.
- **respirer** [rɛspire]   v. 숨쉬다, 호흡하다.
- le **sang** [sɑ̃]   피.
- le **système** [sistɛm]   시스템, 체계, 조직 구조.
- la **tête** [tɛt]   머리.
- le **ventre** [vɑ̃tr]   배.
- la **voix** [vwa]   목소리.
- la **vue** [vy]   시각.

l'**appendice** *m* [apɛ̃dis]	부속체, 충수, 맹장.
l'**artère** *f* [artɛr]	동맥.
le **cerveau, x** [sɛrvo]	뇌, 두뇌.
la **cheville** [ʃəvij]	발목.
la **colonne vertébrale** [kɔlɔnvɛrtebral]	척추.
la **crâne** [krɑn]	두개골, 머리.
la **cuisse** [kɥis]	넓적 다리.
le **derrière** [dɛrjɛr]	뒷쪽, 엉덩이.
les **fesses** *fpl* [fɛs]	엉덩이, 볼기.
la **hanche** [ˈɑ̃ʃ]	히프, 허리.
l'**intestin** *m* [ɛ̃tɛstɛ̃]	장, 창자.
le **muscle** [myskl]	근육.
le **nombril** [nɔ̃bril]	배꼽.
la **nuque** [nyk]	목덜미.

les **organes sexuels** *mpl* [ɔrgansɛksɥɛl]	성기.
l'**os** *m* [ɔs, o]	뼈 .
le **poignet** [pwaɲɛ]	손목.
le **pouce** [pus]	엄지 손가락, 엄지 발가락.
le **rein** [rɛ̃]	신장, 콩팥. 복수형은 허리 (**lombes**).
le **sein** [sɛ̃]	가슴, 유방.
sexuel, le [sɛksɥɛl]	adj. 성에 관한, 성적인.
le **sourcil** [sursi]	눈썹.
le **système nerveux** [sistɛmnɛrvø]	신경 계통.
le **talon** [talɔ̃]	발 뒤꿈치, 뒤축.
le **tendon** [tɑ̃dɔ̃]	힘줄, **tendon d' Achille** 아킬레스건.
la **veine** [vɛn]	정맥, 혈맥.

질병

- l'**accident** *m* [aksidɑ̃] n. 사고, 재난(contretemps), 불운(mésaventure).
- **attraper froid** [atrapefrwa] 감기 걸리다.
- **attraper une maladie** [atrapeynmaladi] 병이 나다.
- **aveugle** [avœgl] adj. 눈이 먼, n. 장님, 맹인.
- **avoir le mal de mer** [avwarləmaldəmɛr] 배멀미를 하다.
- **avoir mal** [avwarmal] 아프다, 고통 받다.
- **avoir mal au cœur** [avwarmalokœr] 메스껍다.
  J'ai mal au cœur. 나는 구역질이 난다.
- **avoir mal au foie** [avwarmalofwa] 속이 좋지 않다. 소화가 안되다.
  J'*ai mal au foie*, j'ai mangé trop de chocolat.

나는 초코렛을 너무 먹어서 소화가 잘 안된다.

- **blessé, e** [blese]   adj. 다친, 부상한.
- **blessé, e grave**   심하게 다친.
  [blesegrav]
- **brûler (se)** [səbryle]   v. 불에 데다, 화상을 입다.
- la **chute** [ʃyt]   n. 추락, 떨어짐.
- le **coup de soleil**   n. 햇빛에 데기.
  [kudsɔlɛj]   J'ai pris *un coup de soleil*.
  나는 햇빛에 데었다.
- **couper (se)** [səkupe]   v. 베다.
- la **crise** [kriz]   n. 위기, 급변(accès), 발작(attaque).
- la **crise de foie**   n. 간 경변.
  [krizdəfwa]
- le **danger** [dɑ̃ʒe]   n. 위험.
- **enceinte** [ɑ̃sɛ̃t]   n. 임신.
  Marie est *enceinte* de quatre mois.
  마리는 임신 4개월째다.
- **faire une dépression nerveuse**   신경쇠약에 걸리다.
  [fɛryndepresjɔ̃nɛrvøz]
- la **fièvre** [fjɛvr]   n. 열, 열병.
- la **folie** [fɔli]   n. 정신착란, 정신이상.
- **grave** [grav]   adj. 대단한, 심각한(sérieux).
- la **grippe** [grip]   n. 유행성 감기(influenza).
- le **mal, maux**   n. 아픔, 고통.
  [mal, mo]
- **malade** [malad]   adj. 병든, 아픈 n. 환자.
- la **maladie** [maladi]   n. 질병.
- **malin, maligne**   adj. 고약한, 해로운(pernicieux), 악성의.
  [malɛ̃, iɲ]   Le cancer est une tumeur *maligne*.
  암은 악성 종기이다.
- **muet, te** [mɥɛ, t]   adj. 말없는, 무성의.
- **prendre froid**   감기 걸리다.
  [prɑ̃drəfrwa]
- le **rhume** [rym]   n. 감기.

- **saigner** [seɲe]   v.i. 피를 흘리다 v.t. 피를 흘리게 하다.
- **se faire mal** [səfɛrmal]   아프다. 고통 받다.
- **souffrir** [sufrir]   v. 고통 받다. 참고 견디다.
  Paul *souffre* de migraines.
  뽈은 두통으로 고생한다.
- **tomber malade** [tɔ̃bemalad]   병이 나다.
- **urgent, e** [yrʒɑ̃, t]   adj. 위급한, 급성의.

l'**abcès** *m* [apsɛ]	n. 종기, 종양.
aggraver (s') [sagrave]	v. 상태가 악화되다.
l'**angine** *f* [ɑ̃ʒin]	n. 편도선염.
l'**appendicite** *f* [apɛ̃disit]	n. 맹장염.
asphyxier (s') [sasfiksje]	v. 질식하다. Il a failli s'*asphyxier* au gaz. 그는 가스에 질식할 뻔했다.
la **blessure** [blesyr]	n. 상처, 부상.
la **bronchite** [brɔ̃ʃit]	n. 기관지염.
le **cancer** [kɑ̃sɛr]	n. 암.
le **choc** [ʃɔk]	n. 쇼크, 충격.
la **coqueluche** [kɔklyʃ]	n. 백일해.
la **coupure** [kupyr]	n. 벤 상처, 절단.
les **courbatures** *fpl* [kurbatyr]	n. 피로, 기진맥진.
la **crise cardiaque** [krizkardjak]	n. 심장마비.
le **diabète** [djabɛt]	n. 당뇨병.
la **diarrhée** [djare]	n. 설사.
la **douleur** [dulœr]	n. 고통, 통증.
empoisonner (s') [sɑ̃pwazɔne]	v. 중독되다, 독을 마시다.
évanouir (s') [sevanwir]	v. 정신을 잃다 (**perdre connaissance**), 실신하다.
la **fracture** [fraktyr]	n. 골절.

l'**insolation** *f* [ɛsɔlasjɔ̃]	n. 햇볕에 쬐기, 일사병.
l'**intoxication** *f* [ɛ̃tɔksikasjɔ̃]	n. 중독.
la **morsure** [mɔrsyr]	n. 물어 뜯기, 물린 상처.
les **oreillons** *mpl* [ɔrɛjɔ̃]	n. 유행성 이하선염, 볼거리.
l'**otite** *f* [ɔtit]	n. 이염(耳炎).
la **plaie** [plɛ]	n. 상처, 흉터.
le **poison** [pwazɔ̃]	n. 독, 유해물.
la **rage** [raʒ]	n. 공수병, 광견병.
le **rhumatisme** [rymatism]	n. 류마티즘.
la **rougeole** [ruʒɔl]	n. 홍역.
la **rubéole** [rybeɔl]	n. 풍진.
se casser le bras [səkaselbra]	팔을 부러뜨리다.
le **SIDA** [sida]	A I D S.
sourd, e [sur, d]	adj. 귀머거리의 n. 귀머거리.
sourd-muet, sourde-muette [surmɥɛ, surdmɥɛt]	adj. 귀먹은 벙어리의 n. 귀먹은 벙어리.
la **tension** [tɑ̃sjɔ̃]	n. 혈압(tension artérielle), 긴장. Il faut prendre sa *tension* régulièrement. 규칙적으로 혈압을 체크해야 한다. J'ai de la *tension*. 나는 혈압이 높다.
le **tétanos** [tetanɔs]	n. 파상풍.
la **varicelle** [varisɛl]	n. 수두.

환자의 상태

- **avoir chaud** [avwarʃo] 더워하다, 더위를 느끼다.
- **avoir des jambes molles** 무릎이 약한, 나약한.
  [avwardeʒɑ̃bmɔl]
- **avoir froid** [avwarfrwa] 추워하다.

- avoir mauvaise mine [avwarmɔvɛzmin] 안색이 좋지 않다.
- avoir sommeil [avwarsɔmɛj] 졸립다.
- brûlant, e [brylɑ̃, t] adj. 몹시 뜨거운, 불타는 듯한.
- l'état *m* [eta] n. 상태.
Son *état* est très grave.
그의 상태는 매우 심각하다.
- éternuer [etɛrnɥe] v. 재채기하다.
- faible [fɛbl] adj. 약한, 나약한, 무기력한.
- faire mal [fɛrmal] 아프게 하다.
Qù ça *fait mal*? 어디가 아프니?
- la fatigue [fatig] n. 피로.
- fatiguer [fatige] v. 피로하게 만들다.
- fragile [fraʒil] adj. 허약한, 연약한(↔ solide).
- grossir [grosir] v. 살찌다, 체중이 늘다.
J'ai *grossi* de trois kilos.
나는 몸무게가 3kg 늘었다.
- maigre [mɛgr] adj. 마른, 야윈.
- maigrir [megrir] v. 마르다, 살이 빠지다.
J'ai *maigri* de deux kilos.
나는 2kg 빠졌다.
- pâle [pɑl] adj. 창백한(blafard), 핏기 없는(blême).
- se sentir bien/mal [səsɑ̃tirbjɛ̃/mal] 상태가 좋다/나쁘다.
- tomber de fatigue [tɔ̃bedfatig] 기진맥진해지다.
- tomber de sommeil [tɔ̃bedsɔmɛj] 졸려 못견디다.
- tousser [tuse] v. 기침하다.
- transpirer [trɑ̃spire] v. 땀이 나다. 땀을 흘리다(suer).
- trembler [trɑ̃ble] v. 떨다.

avoir le vertige [avwarləvɛrtiʒ]
현기증이 나다.
J'*ai le vertige.* 나는 어지럽다.

Ça me démange. [samdemãʒ]
가렵다. 그렇게 하고 싶어 죽겠다.

la démangeaison [demãʒɛzɔ̃]
n. 가려움, 근질근질함.

épuisé,e [epɥize]
adj. 지친, 기진맥진한.

étouffer [etufe]
v. 숨막히게 하다. 질식시키다.
On *étouffe* dans cette pièce.
이 방에서는 숨이 막힌다.

être trempé, e [ɛtrətrãpe]
흠뻑 젖은.

handicapé, e [ˈãdikape]
adj. 장애가 있는.

la toux [tu]
n. 기침.

── 치료 ──

- **l'aide** ƒ [ɛd]
  n. 도움, 보조.
- **aider** [ede]
  v. 도와주다.
  Vous êtes là pour *aider* les malades.
  당신은 환자들을 도와주러 온 겁니다.
- **améliorer** [ameljɔre]
  v. 개선되다.
- **avoir bonne mine** [avwarbɔnmin]
  안색이 좋다.
- **bien** [bjɛ̃]
  adv. 올바르게, 잘.
- **le cachet** [kaʃɛ]
  n. 약포, 정제, 당의정.
- **le chirurgien, la chirurgienne** [ʃiryrʒjɛ̃, ɛn]
  n. 외과 의사.
- **le client, la cliente** [klijã, t]
  n. 환자, 의뢰인.
- **la clinique** [klinik]
  n. 개인 병원.
- **le comprimé** [kɔ̃prime]
  n. 정제, 알약.
- **le docteur** [dɔktœr]
  n. 의사, 박사.
- **efficace** [efikas]
  adj. 효력 있는, 효과적인.
- **être au régime** [ɛtroreʒim]
  다이어트 중이다.

- être en forme [ɛtrɑ̃fɔrm] 컨디션이 좋다.
- examiner [ɛgzamine] v. 점검하다, 검사하다.
- l'exercice *m* [ɛgzɛrsis] n. 운동, 연습.
- guérir [gerir] v.t. 병을 고치다, 교정하다 v.i. 병이 낫다.
- l'hôpital, -aux *m* [ɔpital, o] n. 병원, 종합병원.
- l'infirmier, ère [ɛ̃firmje, ɛr] n. 간호사.
- l'instrument *m* [ɛ̃strymɑ̃] n. 도구, 연장.
- les lunettes *m* [lynɛt] n. 안경(항상 여성복수로 씀).
  Je porte des *lunettes*.
  나는 안경을 쓴다.
- le médecin [mɛdsɛ̃] n. 의사(여성형이 없음).
- la médecine [mɛdsin] n. 의학, 의약.
- le médicament [medikamɑ̃] n. 약(remède).
- l'opération *f* [ɔperasjɔ̃] n. 수술.
- opérer [ɔpere] v. 수술하다.
- la pharmacie [farmasi] n. 약국.
- la pilule [pilyl] n. 알약.
- porter (se) [səpɔrte] v. 건강 상태가 ~ 하다.
- prendre [prɑ̃dr] n. 먹다, 마시다.
- la prise de sang [prizdəsɑ̃] n. 수혈.
- la radio [radjo] n. X-레이.
- le régime [reʒim] n. 다이어트, 식이요법.
- le repos [rəpo] n. 휴식, 휴양.
- reposer (se) [sərəpoze] v. 쉬다, 휴식하다.
- sain, e [sɛ̃, sɛn] adj. 건강한, 손상되지 않은, 건강에 좋은(salubre).
- la santé [sɑ̃te] n. 건강.
- sauver [save] v. 구원하다, 구제하다.
- soigner [swaɲe] v. 돌보다, 보살피다, 치료하다.
  Je me fais *soigner* les dents régulièrement.
  나는 치아를 주기적으로 치료받는다.
- le soin [swɛ̃] n. 돌보기, 배려, 보살핌.

	Les *soins* sont peu efficaces.
	치료는 그다지 효과가 없다.
	Les *soins* du visage. 얼굴 매만지기.
❏ solide [sɔlid]	adj. 견고한, 튼튼한.
	René a une santé *solide*. 르네는 매우 튼튼하다.
❏ suivre un régime	다이어트를 하다, 식이요법을 하다.
[sɥivrœrɛʒim]	
❏ le traitement [trɛtmɑ̃]	n. 치료.
❏ traiter [trete]	v. 치료하다, 처리하다.
	J'ai été *traité* à la cortisone.
	나는 코르티손으로 치료 받았다.
	J'ai été *traité* pour mon asthme.
	나는 천식때문에 치료 받았다.
❏ la vie [vi]	n. 생명, 목숨.
❏ vivant, e [vivɑ̃, t]	adj. 살아있는.
❏ vivre [vivr]	v. 살다.

l'ambulance *f* [ɑ̃bylɑ̃s]	n. 앰블런스.
le bandage [bɑ̃daʒ]	n. 붕대로 감기, 붕대.
le diagnostic [djagnɔstik]	n. 진단.
les gouttes *fpl* [gut]	n. 물방울, 점적약.
le mercurochrome [mɛrkyrɔkrɔm]	n. 머큐로크롬.
l'ordonnance *f* [ɔrdɔnɑ̃s]	n. 처방, 처방전.
	Faites-moi une *ordonnance*.
	내게 처방전을 써 주십시오.
le pansement [pɑ̃smɑ̃]	n. 붕대 감기.
le pharmacien, la pharmacienne [farmasjɛ̃, ɛn]	n. 약사.
la piqûre [pikyr]	n. 주사.
le plâtre [plɑtr]	n. 기브스, 석고.

	J'ai le bras dans le *plâtre*. 나는 팔을 기브스했다.
la **pommade** [pɔmad]	n. 연고. Appliquer la *pommade* sur la peau. 연고를 피부에 바르다.
la **précaution** [prekosjɔ̃]	n. 조심, 예방.
protéger (se) [səprɔteʒe]	v. 보호하다.
récupérer [rekypere]	v. 회복하다, 회수하다. J'ai besoin de *récupérer*. 나는 회복해야 한다.
le **remède** [rəmɛd]	n. 치료제, 치료약.
remettre (se) [sərəmɛtr]	낫다, 회복하다. Tu t'es *remis* de ta grippe? 너는 감기가 나았니?
reprendre des forces [rəprɑ̃drədefɔrs]	기운을 되찾다.
la **Sécurité sociale** [sekyritesɔsjal]	n. 사회 보장.
le **sparadrap** [sparadra]	n. 반창고.
vacciner [vaksine]	n. ~에게 예방 접종을 하다.

── 몸단장 ──

- le **bain** [bɛ̃]   n. 목욕, 욕조(baignoire).
- la **barbe** [barb]   n. 수염.
- le **bouton** [butɔ̃]   n. 여드름, 종기.
- le **brosse** [brɔs]   n. 브러쉬, 솔.
- **chaud, e** [ʃo, d]   adj. 더운, 뜨거운.
- le **cheveu, x** [ʃəvø]   n. 머리카락.
- les **ciseaux** *mpl* [sizo]   n. 가위.
- **coiffer (se)** [səkwafe]   v. 머리를 단장하다.

- le **coiffeur**, la **coiffeuse**　　n. 미용사, 이발사.
  [kwafœr, øz]　　　　　　　　　Je vais chez le *coiffeur*.
  　　　　　　　　　　　　　　　　나는 미장원에 간다.
- la **crème**　[krɛm]　　　　　　n. 크림.
- le **dentifrice**　[dɑ̃tifris]　　　n. 치약 (pâte dentifrice).
- la **douche**　[duʃ]　　　　　　n. 샤워.
  　　　　　　　　　　　　　　　　Prends une *douche*.　샤워해라.
- l'**éponge**　*f* [epɔ̃ʒ]　　　　　n. 스폰지.
- **froid, e**　[frwa, d]　　　　　adj. 찬, 추운.
- **frotter**　[frɔte]　　　　　　　v. 비비다, 마찰하다.
- **laver**　[lave]　　　　　　　　v. 씻다, 깨끗이하다.
- **laver (se)**　[səlave]　　　　　v. 몸을 씻다. 세수하다.
  　　　　　　　　　　　　　　　　Tu t'es *lavé* les dents?　너는 이를 닦았니?
- la **ligne**　[liɲ]　　　　　　　n. 얼굴의 윤곽, 옆 얼굴.
  　　　　　　　　　　　　　　　　Je fais attention à ma *ligne*.
  　　　　　　　　　　　　　　　　나는 내 얼굴을 들여다 본다.
- **les lunettes de soleil**　*fpl*　n. 선글라스.
  [lynɛtdəsɔlɛj]
- **maquiller (se)**　　　　　　　v. 화장하다.
  [səmakije]
- **mouillé, e**　[muje]　　　　　adj. 젖은 (humide), 축축한 (↔ sec).
- l'**ongle**　*m* [ɔ̃gl]　　　　　　n. 손톱.
- le **parfum**　[parfœ̃]　　　　　n. 향수.
- le **peigne**　[pɛɲ]　　　　　　n. 머리 빗.
- **peigner (se)**　[səpeɲe]　　　v. 머리를 빗다.
- **peser**　[pəze]　　　　　　　　v.t. 무게를 달다. v.i. 무게가 나가다.
- **propre**　[prɔpr]　　　　　　　adj. 깨끗한 (↔ sale).
- **raser (se)**　[sərɑze]　　　　　v. 면도하다.
- le **rouge à lèvres**　　　　　　n. 립스틱.
  [ruʒalɛvr]　　　　　　　　　　J'ai mis du *rouge à lèvres*.
  　　　　　　　　　　　　　　　　나는 루즈를 발랐다.
- **sale**　[sal]　　　　　　　　　adj. 더러운 (↔ propre).
- le **savon**　[savɔ̃]　　　　　　n. 비누.
- **sécher**　[seʃe]　　　　　　　v. 말리다.

- ❏ la **serviette** [sɛrvjɛt]   n. 타올, 수건.
- ❏ la **toilette** [twalɛt]   n. 치장, 단장, 화장.

le **cil** [sil]	n. 속눈썹.
le **coton** [kɔtɔ̃]	n. 면, 면봉.
l'**eau de toilette** *f* [odətwalɛt]	n. 화장수.
faire couler [fɛrkulə]	물을 흐르게 하다, 흘리다. *Fais*-moi *couler* un bain. 나를 위해 욕조에 물을 받아다오.
la **lame de rasoir** [lamdərazwar]	n. 면도날.
la **laque** [lak]	n. 헤어 스프레이.
la **lime à ongles** [limaɔ̃gl]	n. 손톱용 줄.
moucher (se) [səmuʃe]	v. 코를 풀다.
la **moustache** [mustaʃ]	n. 코밑 수염.
la **paupière** [pɔpjɛr]	n. 눈꺼풀.
le **poil** [pwal]	n. 체모, 털.
la **poudre** [pudr]	n. 가루, 분, 파우더.
le **produit de beauté** [prɔdɥidbote]	n. 미용을 위한 제품.
le **rasoir** [rɑzwar]	n. 면도기.
se faire la barbe [səfɛrlabarb]	면도하다.
le **sèche-cheveux** [sɛʃʃəvø]	n. 헤어 드라이어.
le **teint** [tɛ̃]	n. 얼굴빛, 염색, 염색한 빛깔.
le **vernis à ongles** [vɛrniaɔ̃gl]	n. 매니큐어

프랑스의 긴급구조

프랑스의 대표적인 인명구조 조직으로는 소방대, 민간구조대, 긴급의료구조대(SAMU)등을 들 수 있다. SAMU는 지방지차단체별로 운용되는 긴급구조단체로 현재 약 1백여개가 활동하고 있다. 긴급 사태가 발생할 경우 전화 15번을 돌리면 즉시 SAMU가 출동한다. 각 지역 본부에 24시간 내내 전문가가 대기하다 신고를 받으면 상황에 따라 환자 또는 부상자를 병원으로 수송하기 위한 앰뷸런스를 출동시키거나 현장 근처에서 개업중인 의사를 출동시킨다. 보다 위급한 경우 완벽한 치료시설을 갖춘 진료차를 출동시킨다. 파리의 경우 12대의 앰뷸런스가 항시 출동준비를 갖추고 있다.

23만명의 대원으로 조직된 소방대 또한 화재 진화를 주임무로 하지만 6천4백29명의 의사와 5백78명의 약사를 대원으로 뽑아 사고 현장에서 전문적인 응급처치를 해 많은 생명을 구하고 있다. 빠리와 마르세이유의 소방대원은 군인 신분이다. 민간구조대는 2천8백여명의 대원으로 조직돼 있는데 이 가운데 1천8백여명이 현역군인이다.

프랑스 인명구조의 장점은 각 구조기관끼리의 횡적 연락이 거의 자동적으로 이루어져 구조와 현장에서의 응급 처치가 한꺼번에 이루어진다는 점이다. 즉 소방대에 화재신고가 들어오면 자동적으로 SAMU에도 통보가 되고, SAMU가 필요로 하면 다른 조직의 장비는 물론 헬리콥터 항공기 선박등 군경의 장비까지 즉각 동원할 수 있는 입체적인 체재가 갖추어져 있다.

15. 취미와 스포츠

일반 어휘

❏ **actif, -ive** [aktif, iv] adj. 활동적인, 능동적인.
❏ l'**activité** *f* [aktivite] n. 활동.
❏ **avoir besoin de** ~을 필요로 하다, ~이 부족하다.
  [avwarbəzwɛ̃də] J'*ai besoin de* courir un peu.
  나는 조금 뛰어야겠다.
❏ **avoir envie de** ~하고 싶다.
  [avwarɑ̃vidə] J'*ai envie de* faire un footing.
  나는 산책을 하고 싶다.
❏ la **distraction** n. 오락, 기분전환.
  [distraksjɔ̃]
❏ **distraire (se)** [sədistrɛr] v. 기분전환하다 (se divertir), 마음을 딴 데로 돌리다.
❏ **faire la queue** 줄서서 기다리다.
  [fɛrlakø]
❏ le **jeu, x** [ʒø] n. 게임, 놀이.
❏ **jouer** [ʒwe] v. 놀다, 플레이하다.
  Tu *joues* au volley avec nous?
  너 우리와 같이 배구할래?
❏ les **loisirs** [lwazir] n. 레저, 여가 활동.
  L'industrie des *loisirs*. 레저 산업.
❏ le **monde** [mɔ̃d] n. ~계, ~사람들.
  Le *monde* du sport. 스포츠계.
❏ l'**occupation** *f* n. 일, 활동, 작업.
  [ɔkypasjɔ̃] Mon *occupation* préférée.
  내가 선호해 하는 일.
❏ **participer** [partisipe] v. ~에 참가하다, ~에 참여하다.
  J'ai *participé* à une course populaire.
  나는 인기있는 경주대회에 참가했다.
❏ la **partie** [parti] n. 게임.

- **passer son temps à** [pasesɔ̃tɑ̃a] ~하는데 시간을 보내다.
  Je *passe mon temps à* tricoter.
  나는 내 시간을 뜨게질 하는데 보낸다.
- **le plaisir** [plezir] n. 쾌락, 즐거움.

l'**amateur** *m* [amatœr]	n. 아마추어, 애호가.
coûteux, -euse [kutø, z]	adj. 값비싼, 비용이 많이 드는.
détendre (se) [sədetɑ̃dr]	v. 긴장을 풀다, 느슨해지다.
le **divertissement** [divɛrtismɑ̃]	n. 기분 전환, 오락.
le **pro** [prɔ]	n. 프로 선수.

취미

- l'**appareil photo** *m* [aparɛjfɔtɔ] n. 사진기, 카메라.
- **arracher** [araʃe] v. 뽑다 (extraire), 뽑아내다 (déraciner).
  Qui m'aide à *arracher* les mauvaises herbes?
  누가 나를 도와서 잡초를 뽑겠니?
- **bricoler** [brikɔle] v. 손질하다. 무엇을 만들다.
- le **bricoleur**, la **bricoleuse** [brikɔlœr, øʒ] n. 취미로 작업하기를 좋아하는 사람.
  Jean Pierre est un *bricoleur* fanatique.
  쟝 삐애르는 광적으로 잔일하기를 좋아한다.
- la **caméra** [kamera] n. 비디오 촬영기, 영화 촬영기.
- la **carte** [kart] n. 지도, 티켓, 카드.
- la **cassette** [kasɛt] n. 카세트.
  Tu me prends une *cassette* vidéo?
  내게 비디오 카세트를 하나 갖다 주겠니?
- le **catalogue** [katalɔg] n. 카탈로그.
- la **colle** [kɔl] n. 풀.
- la **collection** [kɔlɛksjɔ̃] n. 컬렉션, 수집.
- **coller** [kɔle] v. 풀칠하다, 붙이다.

- **développer** [devlɔpe] v. 인화하다, 현상하다.
- les **échecs** *mpl* [eʃɛk] n. 서양 장기, 체스.
  On fait une partie d'*échecs*?
  우리 체스 게임 할까?
- **enregistrer** [ɑ̃rəʒistre] v. 녹음하다, 녹화하다.
  J'ai *enregistré* le concert.
  나는 그 연주회를 녹음했다.
- l'**épreuve** *f* [eprœv] n. 사진 인화, 프린트.
- le **film** [film] n. 필름, 영화.
- la **fleur** [flœr] n. 꽃.
- la **guitare** [gitar] n. 기타아.
- l'**herbe** *f* [ɛrb] n. 풀, 식물.
- le **jardin** [ʒardɛ̃] n. 정원, 마당, 공원.
- le **jouet** [ʒwɛ] n. 장난감.
- la **musique** [myzik] n. 음악.
- la **peinture** [pɛ̃tyr] n. 그림, 회화.
- la **photo** [fɔto] n. 사진.
- la **plante** [plɑ̃t] n. 식물, 초목, 풀.
- **planter** [plɑ̃te] v. 나무를 심다.
- le **rythme** [ritm] n. 리듬, 율동, 박자.
- le **timbre** [tɛ̃mbr] n. 우표(timbre-poste), 인지.

---

arroser [aroze] v. 물을 뿌리다. ~에 물을 대다.
J'ai *arrosé* le gazon.
나는 잔디에 물을 뿌렸다.

cultiver [kyltive] v. 식물을 기르다. 재배하다.

le **folklore** [fɔlklɔr] n. 민속, 민요.

le **gazon** [gazɔ̃] n. 잔디, 잔디밭.

inscrire (s') [sɛ̃skrir] v. ~에 등록하다, 가입하다.
Je vais *m'inscrire* à un cours de danse. 나는 댄스강좌에 등록하겠다.

la **mauvaise herbe** [mɔvɛzɛrb] n. 잡초.

le **music-hall** [myzikɔl] n. 뮤직 홀.

la **pellicule** [pɛlikyl]	n. 카메라 필름.
	Je prends toujours des *pellicules* de 400 ASA.
	나는 항상 400 ASA 필름을 사용한다.
la **sensibilité** [sɑ̃sibilite]	n. 기계의 감도, 사진의 감광도.
tondre [tɔ̃dr]	v. 잔디를 깎다. 양털을 깎다.

스포츠

- **battre** [batr]
  v. 때리다 (frapper), 이기다 (vaincre, l'emporter sur).
  Paris a *battu* Marseille 3 à 1.
  빠리는 마르세이유를 3대 1로 이겼다.
  Personne ne *battra* le record du monde de saut en longueur.
  아무도 멀리뛰기 세계기록을 깨지 못할 것이다.

- le **but** [byt]
  n. 골, 포인트.
  Quel joli *but*! 정말 멋진 골이다!

- le **champion**, la **championne** [ʃɑ̃pjɔ̃, ɔn]
  n. 챔피언, 선수권자.
  Alain Prost a été deux fois *champion* du monde.
  알랭 프로스트는 두 차례 세계챔피언 이었다.

- le **club** [klœb]
  n. 클럽.

- **entraîner (s')** [sɑ̃trene]
  v. 트레이닝하다, 훈련하다.

- l'**équipe** *f* [ekip]
  n. 팀.
  L'*équipe* nationale. 국가대표 팀.

- l'**étape** *f* [etap]
  n. 단계, 과정.
  Qui a gagné la troisième *étape* du Tour de France?

155

프랑스 일주 자전거대회 3코스에서 누가 이겼지?

❏ **être en forme** 컨디션이 좋다.
   [ɛtrɑ̃fɔrm] Je *suis en* pleine *forme*.
   나는 컨디션이 아주 좋다.
❏ la **force** [fɔrs] n. 힘, 기력.
❏ **gagner** [gaɲe] v. 이기다.
❏ **gonfler** [gɔ̃fle] v.t. 부풀게하다, 팽창시키다 v.i. 부풀다.
   Quel type *gonflé*!
   정말 우쭐해하는 녀석이군.
❏ la **ligne** [liɲ] n. 낚시줄.
   Je n'aime pas la pêche à la *ligne*.
   나는 낚시줄로 하는 낚시를 좋아하지 않는다.
❏ le **maillot** [majo] n. 수영복(maillot de bain), 운동복.
❏ l'**outil** *m* [uti] n. 도구, 연장.
❏ **perdre** [pɛrdr] v. 잃다, 지다.
❏ le **record** [rəkɔr] n. 기록.
❏ le **règlement** [rɛgləmɑ̃] n. 규칙, 규정.
❏ **remporter** [rɑ̃pɔrte] v. 성공을 거두다. 상을 타다.
   Alain Prost a *remporté* la victoire.
   알랭 프로스트는 승리를 거두었다.
❏ le **résultat** [rezylta] n. 결과.
❏ **siffler** [sifle] v. 호각을 불다. 휘파람을 불다.
   Le public a *sifflé* les joueurs.
   관중들은 선수들에게 휘파람을 불었다.
   L'arbitre a *sifflé* la mi-temps.
   심판은 하프 타임 휘슬을 불었다.
❏ le **sport** [spɔr] n. 스포츠.
❏ le **stade** [stad] n. 스타디움.
❏ le **terrain de sport** n. 운동장.
   [tɛrɛ̃dspɔr]
❏ **transpirer** [trɑ̃spire] v. 땀을 흘리다.
❏ la **victoire** [viktwar] n. 승리.

l'**adversaire** *mf* [advɛrsɛr]	n. 상대방, 상대팀.
l'**arbitre** *m* [arbitr]	n. 심판.
l'**athlète** *mf* [atlɛt]	n. 육상 선수, 운동선수 (**sportif**).
la **belle** [bɛl]	n. 결승전. Henri Leconte a perdu la *belle* contre Boris Becker. 앙리 르꽁뜨는 결승전에서 보리스 베커에게 졌다.
le **championnat** [ʃɑ̃pjɔna]	n. 선수권대회. Le *championnat* d'Europe. 유럽 선수권대회. Le *championnat* du monde. 세계 선수권대회.
la **compétition** [kɔ̃petisjɔ̃]	n. 경쟁 (**concurrence**), 대항, 시합.
la **coupe** [kup]	n. 컵. La *coupe* du monde. 월드컵.
la **défaite** [defɛt]	n. 패배.
le **défi** [defi]	n. 도전. Le *défi* de Kasparov contre Karpov. 카스파로프의 카르포프에 대한 도전.
les **jeux Olympiques** *mpl* [ʒøzɔlɛ̃pik]	n. 올림픽.
lutter [lyte]	v. 싸우다, 레슬링하다.
la **médaille** [medaj]	n. 메달. Qui a gagné la *médaille* d'or? 누가 금메달을 땄지?
la **mi-temps** [mitɑ̃]	n. 하프 타임.
le **participant**, la **participante** [partisipɑ̃, t]	n. 참가자.
pratiquer [pratike]	v. 실행하다, 시행하다. Vous *pratiquez* quel sport? 당신은 어떤 운동을 하십니까?

le **professionnel**, la **professionnelle** [prɔfɛsjɔnɛl]	n. 프로, 프로 선수.
la **revanche** [rəvɑ̃ʃ]	n. 리턴 매치, 설욕전, 복수전.
rival, e, -aux [rival, o]	n. 라이벌.
tirer au sort [tireosɔr]	~을 추첨으로 정하다.
le **vainqueur** [vɛ̃kœr]	n. 승리자.

운동경기

- la **balle** [bal] — n. 공, 테니스공, 골프공, 탁구공.
- le **ballon** [balɔ̃] — n. 럭비공, 농구공, 축구공.
- le **bateau, x** [bato] — n. 보트.
  J'ai acheté un petit *bateau* à voiles.
  나는 작은 돛단배를 한 척 샀다.
- la **chasse** [ʃas] — n. 사냥.
  La *chasse* aux canards est ouverte.
  오리 사냥이 허용되는 시즌이 왔다.
- **chasser** [ʃase] — v. 사냥하다.
- la **course** [kurs] — n. 레이스, 경마.
- la **descente** [desɑ̃t] — n. 내려가기, 하강.
- **faire de la gymnastique** [fɛrdlaʒimnastik] — 체조를 하다.
- **faire du ski** [fɛrdyski] — 스키를 하다.
- **faire du sport** [fɛrdyspɔr] — 운동을 하다.
- le **foot(ball)** [futbol] — n. 축구.
- le **gardien de but** [gardjɛ̃dbyt] — n. 골 키퍼.
- **grimper** [grɛ̃pe] — v. 기어오르다.
- la **gym(nastique)** [ʒimnastik] — n. 체조, 체육.
- **lancer** [lɑ̃se] — v. 던지다.
- le **match** [matʃ] — n. 경기, 게임.

- **nager** [naʒe]   v. 수영하다, 헤엄치다.
- la **neige** [nɛʒ]   n. 눈.
- l'**obstacle** *m* [ɔpstakl]   n. 장애물.
  Une course d'*obstacles*. 장애물 경주.

- **pêcher** [peʃe]   v. 낚시질하다.
- **plonger** [plɔ̃ʒe]   v. 다이빙하다.
- le **rugby** [rygbi]   n. 럭비.
- **sauter** [sote]   v. 점프하다.
- le **ski** [ski]   n. 스키.
- le **vélo** [velo]   n. 사이클.

aller à la pêche [alealapɛʃ]	낚시하러 가다.
l'**alpiniste** *mf* [alpinist]	n. 알피니스트, 등산가.
l'**arc** *m* [ark]	n. 활, 양궁.
l'**athlétisme** *m* [atletism]	n. 경기, 운동, 육상경기.
l'**aviron** *m* [avirɔ̃]	n. 조정.
la **bicyclette** [bisiklɛt]	n. 사이클, 자전거.
la **boxe** [bɔks]	n. 복싱.
le **chasseur**, la **chasseuse** [ʃasœr, øz]	n. 사냥하는 사람.
le **cyclisme** [siklism]	n. 자전거 경기.
le, la **cycliste** [siklist]	n. 사이클 선수.
l'**escrime** *f* [ɛskrim]	n. 펜싱.
faire de l'alpinisme [fɛrdəlapinism]	등산을 하다.
faire de la voile [fɛrdəlavwal]	요트를 타다.
faire du cheval [fɛrdyʃval]	승마하다.
le **filet** [filɛ]	n. 네트.
le **golf** [gɔlf]	n. 골프.
la **marche à pied** [marʃapje]	n. 걷기, 경보.
la **natation** [natɑsjɔ̃]	n. 수영.

le **patinage** [patinaʒ]	n. 스케이팅, 빙상.
les **patins à roulettes** *mpl* [patɛ̃arulɛt]	n. 롤러 스케이트.
le **pêcheur**, la **pêcheuse** [pɛʃœr, øz]	n. 낚시하는 사람.
le **ping-pong** [piŋpɔŋ]	n. 탁구.
la **planche à roulettes** [plɑ̃ʃarulɛt]	n. 스케이드 보드.
la **planche à voile** [plɑ̃ʃavwal]	n. 서프 보드.
le **skieur**, la **skieuse** [skjœr, øz]	n. 스키타는 사람.
les **sports d'hiver** *mp* [spɔrdivɛr]	n. 겨울 스포츠.
les **sports nautiques** *mpl* [spɔrnotik]	n. 수상 스포츠.
la **voile** [vwal]	n. 배타기, 요트.
le **volley** [vɔlɛ]	n. 배구

영화학교 FEMIS

프랑스 영화계에 유능한 인재를 양성해 공급해 주는 영화 사관학교 역할을 맡고 있는 FEMIS는 국립예술 박물관에 있다가 전통의 파테(PATHE) 영화사 건물로 이사했다. 1백년의 역사를 가진 파테 영화사 스튜디오는 프랑스 영화가 한창 날리던 40~50년대에 〈프렌치 캉캉〉〈천국의 아이들〉등의 명작들이 촬영된 곳이며, 대스타인 장 가방도 이곳에서 단역을 맡아 데뷔했다고 자서전에서 밝힌바 있다.

50m×20m짜리 대형 스튜디오 4개와 이보다 작은 스튜디오 3개를 갖고 있으며 편집실, 더빙실, 시사실, 각종 강의실과 카메라, 첨단 컴퓨터그래픽장비, 돌비 음향실, 조명시설, 방송방식을 미국과 한국 일본 방식인 NTSC시스템에서 유럽방식인 PAL 시스템으로 전환해 주는 시설등을 완벽하게 갖추고 있다.

전교생의 수업료는 무료이며 실습용 기자재를 지원하고 필름을 비롯한 부대 비용까지 국가에서 대준다. 외국 학생에게는 한달에 3천5백프랑(약 56만원)을 생활보조비로 지원해주고 있다. 영화 학도들에겐 천국이라고 하지 않을 수 없다.

프랑스에선 이 학교에 들어가기가 낙타가 바늘구멍에 들어가기 만큼이나 어렵다고 한다. 오히려 외국인의 입학 기회(정원의 10%)가 더 넓다는 것이 프랑스 학생들의 불만이라고 한다.

이 학교의 교장은 알랭주페 블롱드여사. 그는 FEMIS가 학생 1인당 졸업 때까지 비행사 양성 비용과 맞먹는 1백만프랑(1억 6천만원)을 투입한다고 밝혔다. 프랑스가 영화 인재를 양성하는데 얼마나 공을 들이는가를 웅변해주는 대목이다.

그는 FEMIS 출신들이 연출과를 제외하고는 전원 영화및 방송계에 취업하고 있으며 재학중에도 영상물 제작에서 인기가 높아 일할 기회를 얼마든지 가질 수 있다고 자랑을 아끼지 않는다.

연출 파트의 경우 FEMIS로 명칭을 바꾼뒤 8년간 4기가 배출됐는데 그중에서 8명이 장편영화를 제작해 정식으로 직업 영화감독에 데뷔했다고 한다. 교육방식은 한마디로 상업 영상물 제작 현장과 꼭같은 수준의 장비를 사용해 현업을 방불케하는 실습위주의 수업을 한다. 학교를 마치고 곧바로 제작에 투입되도록 한다는 게 이 학교의 기본 방침이다.

16. 여 행

── 여행준비 ──

- l'**agence de voyages** *f* [aʒɑ̃sdəvwajaʒ]   n. 여행사.
- le **catalogue** [katalɔg]   n. 카탈로그.
- le **client**, la **cliente** [klijɑ̃, t]   n. 고객, 의뢰인.
- l'**employé, e** [ɑ̃plwaje]   n. 직원, 피고용인.
- **faire sa valise** [fɛrsavaliz]   짐을 싸다.
- le, la **guide** [gid]   n. 가이드, 안내책자.
  Tu peux me prêter ton *guide* Michelin?
  너의 미슐랭 안내책자를 빌려줄 수 있니?
- l'**indication** *f* [ɛ̃dikasjɔ̃]   n. 지적, 지시, 표시.
- l'**itinéraire bis** *m* [itinerɛrbis]   n. 우회로, 돌아가는 길.
  L'*itinéraire bis* est indiqué par des flèches vertes.
  우회로는 초록색 화살표로 표시 되어있다.
- la **liste** [list]   n. 리스트, 목록.
- de **location** [dəlɔkasjɔ̃]   임대의, 빌려주는.
  On prendra une voiture de *location*?
  렌트카를 이용할까?
- **louer** [lwe]   v. 빌리다, 빌려주다.
  On *loue* les patins sur place?
  우리는 현장에서 스케이트를 빌릴까?
- le **projet** [prɔʒɛ]   n. 계획.
- le **renseignement** [rɑ̃sɛɲəmɑ̃]   n. 정보.
- **réserver** [rezɛrve]   v. 예약하다, 예매하다.

- le **séjour** [seʒur]　　　　n. 체류, 체재.
- le **syndicat d'initiative**　　n. 관광 안내소.
  [sɛ̃dikadinisjativ]
- le, la **touriste** [turist]　　n. 관광객.
- les **vacances** *fpl*　　　　n. 휴가, 바캉스.
  [vakɑ̃s]　　　　　　　　Nous avons passé de bonnes *vacances*.
  　　　　　　　　　　　　우리는 멋진 휴가를 보냈다.
- la **valise** [valiz]　　　　n. 여행 가방.
- le **voyage** [vwajaʒ]　　　n. 여행.
  　　　　　　　　　　　　Je suis parti en *voyage*.
  　　　　　　　　　　　　나는 여행을 떠났다.
- le **voyage organisé**　　　n. 그룹 투어, 단체 여행.
  [vwajaʒɔrganize]
- **voyager** [vwajaʒe]　　　v. 여행하다.
- la **vue d'ensemble**　　　n. 일람, 전망.
  [vydɑ̃sɑ̃bl]

---

les **arrhes** *fpl* [ar]	n. 선금, 계약금.
la **carte routière** [kartrutjɛr]	n. 도로 지도.
informer (s') [sɛ̃fɔrme]	v. 문의하다, 알아보다.
	Tu *t'es informé* des conditions de location?
	너는 임대조건을 알아보았니?
l'**itinéraire** *m* [itinerɛr]	n. 일정, 여정.
recommander [rəkɔmɑ̃de]	v. 추천하다.
la **réservation** [rezɛrvasjɔ̃]	n. 예약.
le **vacancier**, la **vacancière** [vakɑ̃sje, ɛr]	n. 바캉스를 즐기는 사람.

여행

- **accompagner** [akɔ̃paɲe] v. 동반하다, 같이 가다.
- l'**aéroport** m [aerɔpɔr] n. 공항.
- l'**aller et retour** m [alɛrtur] n. 왕복.
  Tu prends deux *aller et retour*.
  너는 왕복권으로 두 장 산다.
- l'**arrivée** f [arive] n. 도착(↔ départ).
- **arriver** m [arive] v. 도착하다.
  Nous sommes *arrivés*. 우리는 도착했다.
- l'**avion** m [avjɔ̃] n. 비행기.
- **avoir le mal de mer** [avwarləmaldəmɛr] 배 멀미하다.
- les **bagages** mpl [bagaʒ] n. 여행짐, 수하물.
- le **bateau, x** [bato] n. 보트, 배.
- le **bord** [bɔr] n. 가장자리, 배나 비행기의 승선.
  Nous avons une petite maison au *bord* de la mer. 우리는 바닷가에 작은 집이 한 채 있다.
  Bienvenus à *bord*.
  비행기에 타신 것을 환영합니다.
- le **car** [kar] n. 고속버스, 관광버스.
- le **carnet** [karnɛ] n. 회수권, 티켓.
- la **classe** [klɑs] n. 등급.
- la **consigne** [kɔ̃siɲ] n. 수하물 보관소.
  J'ai mis la valise à la *consigne*.
  나는 짐을 수하물 보관소에 넣었다.
- le **contrôle** [kɔ̃trol] n. 검사, 표검사.
- la **couchette** [kuʃɛt] n. 간이 침대, 침대칸.
- **coûter cher** [kuteʃɛr] 값이 비싸다.
- **déclarer** [deklare] v. 신고하다, 밝히다.
  Avez-vous quelque chose à *déclarer*?
  신고할 것 있습니까?

- ❏ le **départ** [depar] n. 출발(↔ arrivée).
- ❏ **direct, e** [dirɛkt] adj. 직행의.
  C'est un train *direct*? 직행 열차입니까?
- ❏ la **douane** [dwan] n. 세관.
- ❏ **en règle** [ɑ̃rɛglə] 정리된, 정돈되어 있는.
  Vos papiers ne sont pas *en règle*.
  당신 서류들은 정돈되어 있지 않다.
- ❏ **faire la queue** [fɛrlakø] 줄서서 기다리다.
- ❏ la **formalité** [fɔrmalite] n. 절차, 격식.
- ❏ **fouiller** [fuje] v. 뒤지다, 몸수색하다.
  On nous a *fouillés*. 우리는 몸수색을 받았다.
- ❏ la **frontière** [frɔ̃tjɛr] n. 국경.
- ❏ la **gare** [gar] n. 기차역.
- ❏ l'**horaire** *m* [ɔrɛr] n. 시간표.
- ❏ **partir** [partir] v. 떠나다.
  Jean-Marc est *parti* pour l'Afrique.
  쟝마크는 아프리카를 향해 떠났다.
- ❏ le **passager**, la **passagère** [pasaʒe, ɛr] n. 승객, 여행객.
- ❏ le **passeport** [paspɔr] n. 여권.
- ❏ **payer cher** [pejeʃɛr] 비싸게 지불하다.
- ❏ la **pièce d'identité** [pjɛsdidɑ̃tite] n. 신분증.
- ❏ le **port** [pɔr] n. 항구.
- ❏ **premier, -ère** [prəmje, ɛr] n. 1등석. adj. 1등석의.
  Je ne voyage jamais en *première* classe.
  나는 1등석으로 여행하는 일이 전혀 없다.
- ❏ **prendre** [prɑ̃dr] v. 교통수단을 이용하다.
- ❏ le **quai** [ke] n. 플랫트폼, 부두.
  De quel *quai* part le bateau?
  어느 부두에서 배가 떠납니까?
- ❏ **rapide** [rapid] adj. 빠른.
- ❏ **rater** [rate] v. 놓치다.

- ❏ le **retard** [rətar] n. 지각, 연착.
  Le train est en *retard*. 열차가 연착했다.
- ❏ **second, e** [səgɔ̃, d] adj. 2등석의. n. 2등석.
- ❏ le **supplément** [syplemã] n. 추가 요금.
- ❏ le **train** [trɛ̃] n. 열차.
- ❏ la **voiture** [vwatyr] n. 승용차.
- ❏ **voler** [vɔle] v. ① 비행하다, 날아가다 ② 훔치다, 도둑질하다.
- ❏ le **wagon-lit** [wagɔ̃li] n. 침대차.
- ❏ le **wagon-restaurant** [wagɔ̃rɛstɔrã] n. 식당차.

---

le **compartiment** [kɔ̃partimã] n. 기차의 칸.

composter [kɔ̃pɔste] v. 표에 소인을 찍다, 체크하다.
N'oubliez pas de *composter* votre billet. 당신의 표에 체크 하는 것을 잊지 마시오.

l'**escalier roulant** *m* [ɛskaljerulã] n. 에스컬레이터.

faire du stop [fɛrdystɔp] 히치하이크, 차를 세워서 타기.

le **ferry** [fɛri] n. 페리, 연락선.

la **passerelle** [pasrɛl] n. 인도교, 육교, 구름다리.

le **péage** [peaʒ] n. 통행료 징수소, 톨게이트.
Péage à 800m.
800m 전방에 톨게이트.

le **tapis roulant** [tapirulã] n. 콘베이어 벨트.

le **T.G.V.** [teʒeve] n. 고속철도(**train à grande vitesse**).

la **T.V.A** [tevea] n. 부가가치세 (**taxe à la valeur ajoutée**).

관광

- **ancien, ne** [ɑ̃sjɛ̃, ɛn] adj. 오래 된, 옛날의.
  Le Louvre est un *ancien* château.
  루브르는 오래된 성이다.
  Marseille est une ville très *ancienne*.
  마르세이유는 매우 오래된 도시다.
- **l'appareil photo** *m* [aparɛjfɔtɔ] n. 카메라, 사진기.
- **l'aventure** *f* [avɑ̃tyr] n. 모험.
- **baigner (se)** [səbeɲe] v. 수영하다, 해수욕하다.
  On va se *baigner*? 우리 수영할까?
- **le bain de soleil** [bɛ̃dsɔlɛj] n. 일광욕.
- **le bateau-mouche** [batomuʃ] n. 유람선.
- **bronzé, e** [brɔ̃ze] adj. 햇빛에 탄, 그을린.
- **célèbre** [selɛbr] adj. 유명한(illustre), 이름난(renommé).
- **le coup de soleil** [kudsɔlɛj] n. 햇빛에 데기.
  J'ai attrapé un *coup de soleil*.
  나는 햇빛에 화상을 입었다.
- **la découverte** [dekuvɛrt] n. 발견, 처음으로 가보기.
  A la *découverte* du Népal.
  네팔의 발견.
- **découvrir** [dekuvrir] v. 찾아내다, 발견하다.
- **en plein soleil** [ɑ̃plɛ̃sɔlɛj] 태양이 한창 뜨거울 때.
- **l'étranger** *m* [etrɑ̃ʒe] n. 외국, 해외.
  Je passe mes vacances à l'*étranger*.
  나는 휴가를 해외에서 보낸다.
- **étranger, -ère** [etrɑ̃ʒe, ɛr] n. 외국인 adj. 외국의.
- **l'excursion** *f* [ɛkskyrsjɔ̃] n. 소풍, 유람, 여행.
- **faire du feu** [fɛrdyfø] 불을 피우다.
- **international, e, -aux** [ɛ̃tɛrnasjɔnal, o] adj. 국제적인.
- **les lunettes de soleil** *fpl* [lynɛtdəsɔlɛj] n. 선글라스.

167

- ❏ la **mer** [mɛr]   n. 바다.
- ❏ le **Midi** [midi]   n. 남불(南佛)지방.
- ❏ la **neige** [nɛʒ]   n. 눈.
- ❏ le **pays** [pei]   n. 지방, 지역, 국가.
- ❏ la **plage** [plaʒ]   n. 해변, 해수욕장.
- ❏ la **région** [reʒjɔ̃]   n. 지역.
- ❏ le **repos** [rəpo]   n. 휴식.
- ❏ **reposer (se)** [sərəpoze]   v. 쉬다, 휴식하다.
  J'ai dû me *reposer* du voyage.
  나는 여행으로부터 휴식을 취해야했다.
- ❏ les **ruines** *fpl* [rɥin]   n. 폐허.
- ❏ le **sable** [sabl]   n. 모래.
  Attention aux *sables* mouvants dans la baie. 해안의 움직이는 모래에 주의해라.
- ❏ la **spécialité** [spesjalite]   n. 특선요리.
  Une *spécialité* du pays. 지역 특선요리.
- ❏ la **statue** [staty]   n. 동상, 상(像).
- ❏ **typique** [tipik]   adj. 전형적인.
- ❏ **visiter** [vizite]   v. 방문하다, 가보다.

aller danser [aledɑ̃se]	춤추러 가다.
au grand air [ogrɑ̃tɛr]	야외에서, 건물 밖에서.
la **baignade** [bɛɲad]	n. 물에 적시기, 담그기.
la **boîte de nuit** [bwatdənɥi]	n. 나이트 클럽, 디스코 테크.
bronzer [brɔ̃ze]	v. 썬텐하다.
la **croisière** [krwazjɛr]	n. 항해 여행, 순양함.
en plein air [ɑ̃plɛnɛr]	야외에서.
le **folklore** [fɔlklɔr]	n. 민속, 민요.
la **grande randonnée (GR)** [grɑ̃drɑ̃dɔne ʒeɛr]	n. 긴 산책, 긴 드라이브.
la **Manche** [mɑ̃ʃ]	n. 영불해협.
la **marée basse** [marebɑs]	n. 간조, 썰물.

les **marées** *fpl* [mare]	n. 조수, 밀물 (**marée montante**), 썰물 (**marée descendante**). L'horaire des *marées*. 밀물과 썰물 시간.
la **Méditerranée** [mediterane]	n. 지중해.
la **mer du Nord** [mɛrdynɔr]	n. 북해.
pittoresque [pitɔrɛsk]	adj. 그림같은.
la **pleine mer** [plɛnmɛr]	n. 밀물, 만조.
la **randonnée** [rɑ̃dɔne]	n. 소요, 산책.
le **site** [sit]	n. 경치, 풍경 (**paysage**).

숙박시설

- l'**ascenseur** *m* [asɑ̃sœr]   n. 승강기, 엘리베이터.
  Il y a un *ascenseur* à l'hôtel?
  호텔에 승강기가 있습니까?
- l'**auberge de jeunesse** *f* [obɛrʒdəʒœnɛs]   n. 유스호스텔.
- le **balcon** [balkɔ̃]   n. 발코니.
- **bruyant, e** [brɥijɑ̃, t]   adj. 시끄러운, 떠들썩한.
  C'est *bruyant* chez vous!
  당신 집은 참 시끄럽군요.
- **calme** [kalm]   adj. 조용한, 차분한.
- le **camping** [kɑ̃piŋ]   n. 캠핑.
  Cette année, on a fait du *camping*.
  금년에 우리는 캠핑을 했다.
- la **catégorie** [kategɔri]   n. 카테고리, 분야.
- **central, e, -aux** [sɑ̃tral, o]   adj. 중앙의, 중심적인.
- la **chambre** [ʃɑ̃br]   n. 방, 침실.
  C'est une *chambre* à deux lits?
  침대가 두개 있는 방인가요?

- la **clé** [kle]   n. 열쇠.
- le **club** [klœb]   n. 클럽.
- **complet, -ète** [kɔ̃plɛ, t]   adj. 꽉 찬, 만원인.
- le **confort** [kɔ̃fɔr]   n. 안락함, 쾌적함.
- **donner sur** [dɔnesyr]   ~에 접해 있다. 면해 있다.
  Ma chambre *donne* sur la mer.
  내 방은 바다에 접해 있다.
- la **douche** [duʃ]   n. 샤워.
- l'**étoile** *f* [etwal]   n. 별(호텔의 등급을 매기는 단위).
- le **grand lit** [grɑ̃li]   n. 더블 베드.
- le **hall** [ˈol]   n. 로비.
- l'**hôtel** *m* [ɔtɛl]   n. 호텔.
- l'**interprète** *mf* [ɛ̃tɛrprɛt]   n. 통역.
- le **lavabo** [lavabo]   n. 세면대.
- le **lit** [li]   n. 침대.
- le **luxe** [lyks]   n. 호화, 호사.
- la **pension** [pɑ̃sjɔ̃]   n. 하숙, 민박.
  Réservez une chambre en demi-*pension*.
  하루 한끼 포함된 방을 예약하시오.
  Réservez une chambre en *pension* complète. 세끼 모두 주는 하숙을 예약하시오.
  J'habite dans une petite *pension* de famille. 나는 민박을 하고 있다.
- le **personnel** [pɛrsɔnɛl]   n. (집합적) 전 직원.
- le **petit déjeuner** [ptideʒøne]   n. 아침식사.
- la **règle** [rɛgl]   n. 규칙, 규율.
  C'est la *règle* du jeu.
  이것이 게임의 규칙이다.
- le **restaurant** [rɛstɔrɑ̃]   n. 레스토랑.
- le **service** [sɛrvis]   n. 서비스, 봉사요금.
- le **terrain** [tɛrɛ̃]   n. 땅, 대지.
- la **terrasse** [tɛras]   n. 테라스.
- les **W.-C.** *mpl* [vese]   n. 화장실.

la **caravane** [karavan]	n. 캠핑 트레일러, 하우스 트레일러.
la **clientèle** [klijɑ̃tɛl]	n. (집합적) 전체 고객.
la **colo(nie de vacances)** [kɔlɔnidvakɑ̃s]	n. 썸머 캠프.
faire du camping [fɛrdykɑ̃piŋ]	캠핑하다.
luxueux, -euse [lyksɥø, z]	adj. 호화로운, 화려한.
le **prix forfaitaire** [priforfɛtɛr]	n. 일시불 가격, 일괄지불 가격.
la **réception** [resɛpsjɔ̃]	n. 리셉션, 프론트 데스크.
la **réclamation** [reklamasjɔ̃]	n. 요구, 청구, 이의, 항의.
la **tente** [tɑ̃t]	n. 텐트. J'ai couché sous la *tente*. 나는 텐트 밑에서 잤다.

샤를르 드골 공항

공항 2청사 끝 쪽에 온통 유리로 뒤덮인 TGV(고속전철)역사를 완공하면서 샤를르 드골공항은 「세계 유일」의 고속철도와 연결되는 국제공항으로 새출발하게 되었다. 시속 2백50km의 기차와 시속 9백km 비행기를 한 곳에서 탈 수 있게 됐다고 「하늘과 땅의 결합」, 비행기와 기차의 「코아비타시용」(동거) 등 표현들도 무성하다.

1974년 새 유럽 거점으로 출발한 샤를르 드골 공항. 당시 반응은 「20세기의 획을 긋는 경이의 공항」이었다. 과학기술의 열정을 반영한 「우주정거장」이라는 평도 들었다. 둥그렇게 떠있는 터미널 건물(오늘의 제1청사)이 우주선을 연상시키는 시멘트와 유리의 「첨단」이고, 무엇보다 유리관 속을 에스컬레이터로 천천히 움직여가는 멋이 놀라웠던 것이다. 온갖 자동시스템에다 바로 2년뒤부터 초음속 콩코드가 이착륙하고 고속지하철(RER)로 연결되는등 앞서가는 운영이 전문가들 사이에도 획기적이라는 감탄을 받았다.

그러나 무엇보다 이 공항이 높이 평가되는 것은 끊임없이 「변신」의 모습으로 미래를 조금씩 준비해가는 실천의 현장이라는 점이다.

지난 21년 사이 5차례 큰 확장공사를 했다. 40~50년 전통을 자랑하는 유럽의 공항들에 비해 CDG(드골공항의 약자)를 「젊은이」라고 말하는 ADP(파리공항공단)의 기술 총감독 디미트리 조르강들리스씨는 이 공항의 특징을 「자라나는 공항」이라고 했다. 74년 출발할 때부터 21세기 우주시대의 공항으로 선전됐지만 바로 5년 뒤부터 고치기 시작했다. 제2청사의 터미널들을 짓기 시작했고 제2의 활주로를 이때 완성했다. 그만큼 항공산업의 변화가 예상을 뛰어넘게 빨리 닥쳐왔다는 설명도 되겠지만, 그보다는 애초부터 점진적으로 키워가겠다는 현실적 계산이 뚜렷했다고 할 수 있겠다. 82년부터 새 터미널들이 착착 문을 열면서 93년 6월까지 A.B.C.D 4개의 터미널이 완공됐다.

현재 이 공항의 연간 수용력은 3천만명인데 94년엔 2천8백70만명이 이용했다. 공항의 한쪽 끝에서는 97년 오픈을 목표로 제2청사의 터미널 F를 짓고 있다. 터미널 E는 2000년 완공 예정이다. 이 공항의 건설현장에 사무실을 열고 있는 조르강들리스 총감독은 『공항은 멀리보고 준비해야 한다』는 진리를 강조했다. 『공항은 우리집과 같아요. 가족수에 맞추어 키워가야 합니다. 신혼부부가 방12개짜리 아파트에 산다면 그것만큼 우스꽝스럽고 손해보는 일이 없다.』고 말했다.

흔히 공항을 지을 때 20년간 쓸 수 있는 계획을 세운다고들 한다. 그런데, 건축가 폴 앙드뤼를 비롯한 이 공항 사람들은 일제히 「가까운 미래」설계의 실용성을 내세운다. 빠리지역 공항들을 관장하는 빠리공항공단 지도부는 「5년 앞」계획을 세우는 전략회의를 1년에 두번 갖는다. 현실에 맞게 낭비없이 하려면 5년앞을 보고 하는 것이 가장 안전하다는 것이다.

17. 교육

—— 학교 ——

- la **bibliothèque** [biblijɔtɛk]   n. 도서관.
- la **classe** [klɑs]   n. 학급, 교실.
  Je vais en *classe*. 나는 교실에 간다.
- le **collège** [kɔlɛʒ]   n. 중학교.
  Tous les Français vont quatre ans au *collège*.
  모든 프랑스인은 4년간 중학교에 다닌다.
- l'**échange** *m* [eʃɑ̃ʒ]   n. 교환.
- l'**école** *f* [ekɔl]   n. 학교, 초등학교.
- l'**élève** *mf* [elɛv]   n. 학생.
- l'**enseignement** *m* [ɑ̃sɛɲəmɑ̃]   n. 교육, 가르침.
  L'*enseignement* public est laïque et gratuit en France.
  프랑스에서 공공교육은 비종교, 무상교육이다.
- l'**instituteur, -trice** [ɛ̃stitytœr, tris]   n. 초등학교 교사.
- l'**instruction** [ɛ̃stryksjɔ̃]   n. 가르침, 지도.
- le **lycée** [lise]   n. 고등학교.
- **privé, e** [prive]   adj. 사립의.
- le **prof(esseur)** [prɔfɛsœr]   n. 교사, 교수.
- le **programme** [prɔgram]   n. 커리큘럼, 교과목.
  Qu'est-ce que vous avez au *programme* cette année? 금년에 어떤 교과목을 배우십니까?
- la **réforme** [refɔrm]   n. 개선.
- la **salle** [sal]   n. 교실, 방.
- **scolaire** [skɔlɛr]   adj. 학교의.
- **secondaire** [səgɔ̃dɛr]   adj. 중등의, 중학교의.

- **surveiller** [syrveje]   v. 감시하다, 감독하다.
- **le système** [sistɛm]   n. 시스템, 제도.

l'**analphabète** *mf* [analfabɛt]	n. 문맹.
bilingue [bilɛ̃g]	adj. 2개 언어를 사용하는. Nous aimerions être *bilingues*. 우리는 2개 언어를 구사하고 싶다.
le **bilinguisme** [bilɛ̃gɥism]	n. 2개 언어사용.
l'**enseignement primaire** *m* [ɑ̃sɛɲəmɑ̃primɛr]	n. 초등 교육.
l'**enseignement secondaire** *m* [ɑ̃sɛɲəmɑ̃səgɔ̃dɛr]	n. 중등 교육.
enseigner [ɑ̃sɛɲe]	v. 가르치다, 지도하다.
la **formation professionnelle** [fɔrmasjɔ̃prɔfɛsjɔnɛl]	n. 직업 교육.
francophone [frɑ̃kɔfɔn]	adj. 프랑스어를 사용하는.
la **francophonie** [frɑ̃kɔfɔni]	n. 프랑스어 사용지역.
l'**indigène** *mf* [ɛ̃diʒɛn]	n. 타고난, 고유의.
la **maternelle** [matɛrnɛl]	n. 유치원, 유아원.
mixte [mikst]	adj. 남녀공학의.
l'**option** *f* [ɔpsjɔ̃]	n. 선택과목.
le **primaire** [primɛr]	n. 초등학교.
le **proviseur** [prɔvizœr]	n. 고등학교 교장.
redoubler [rəduble]	v. 유급하다.
la **scolarité** [skɔlarite]	n. 취학, 교육과정 이수, 의무교육 연한. La *scolarité* obligatoire est de dix ans. 의무 교육기간은 10년이다.
le **surveillant**, la **surveillante** [syrvɛjɑ̃, t]	n. 자습 감독관, 감독 교사.

교과목

- le **calcul** [kalkyl]   n. 산수.
- la **chimie** [ʃimi]   n. 화학.
- le **cours** [kur]   n. 수업, 강의.
  Les *cours* durent une heure entière.
  수업은 한 시간을 꼭 채운다.
- le **dessin** [desɛ̃]   n. 데생, 그림 그리기 .
- l'**éducation physique** *f* [edykɑsjɔ̃fizik]   n. 체육.
- l'**étude** *f* [etyd]   n. 학습.
- la **géographie** [ʒeɔgrafi]   n. 지리.
- la **gym(nastique)** [ʒimnastik]   n. 체육, 체조.
- l'**histoire** [istwar]   n. 역사.
- la **langue** [lɑ̃g]   n. 언어.
- les **mathématiques** *fpl* [matematik]   n. 수학.
- les **maths** *fpl* [mat]   n. 수학.
- la **matière** [matjɛr]   n. 과목.
- la **musique** [myzik]   n. 음악.
- la **physique** [fizik]   n. 물리.
- les **sciences naturelles** *fpl* [sjɑ̃snatyrɛl]   n. 자연과학.

---

l'**instruction civique** *f* [ɛ̃stryksjɔ̃sivik]   n. 공민.

la **langue étrangère** [lɑ̃getrɑ̃ʒɛr]   n. 외국어.

la **langue maternelle** [lɑ̃gmatɛrnɛl]   n. 모국어.

la **philo(sophie)** [filɔzɔfi]   n. 철학.

le **travail manuel** [travajmanɥɛl]   n. 수공 작업.

교육내용

- le **but** [byt]   n. 목표, 목적.
- le **candidat,** la **candidate**   n. 응시자, 수험생.
  [kɑ̃dida, t]
- le **certificat** [sɛrtifika]   n. 증명서, 이수증.
  J'ai eu mon *certificat* d'études.
  나는 학업증명서를 받았다.
- le **concours** [kɔ̃kur]   n. 경쟁 시험.
  Tu as passé ton *concours*?
  너는 경쟁 입시를 통과했니?
- **correct, e** [kɔrɛkt]   adj. 정확한, 올바른.
- la **culture** [kyltyr]   n. 교양.
  Il n'a aucune *culture* générale.
  그는 일반 교양이 전혀 없다.
- le **diplôme** [diplom]   n. 졸업장.
- **écrit, e** [ekri, t]   adj. 필기의.
- l'**écriture** *f* [ekrityr]   n. 글쓰기.
- l'**éducation** *f* [edykɑsjɔ̃]   n. 교육.
- **être reçu, e** [ɛtrərəsy]   adj. 합격한, 통과된(admis).
  J'ai *été reçu* au bac.
  나는 대학 입학자격 시험에 합격했다.
- l'**examen** *m* [ɛgzamɛ̃]   n. 시험.
  J'ai passé mon *examen* de maths.
  나는 수학 시험을 봤다.
- **moyen, ne** [mwajɛ̃, ɛn]   adj. 중간의, 평균의.
- **oral, e -aux** [ɔral, o]   adj. 구두의.
- l'**orthographe** *f* [ɔrtɔgraf]   n. 철자, 철자법.
- le **prix** [pri]   n. 상, 상품, 포상.
- le **progrès** [prɔgrɛ]   n. 발전.
- le **résultat** [rezylta]   n. 결과.
  J'ai eu de bons *résultats*.
  나는 좋은 결과를 거두었다.
- **savoir** [savwar]   v. 알다. ~ 을 할 줄 알다.

Sabine *sait* bien le français.
사빈은 프랑스어를 잘 한다.

- la **solution** [sɔlysjɔ̃]　　n. 해결책.
- l'**usage** *m* [yzaʒ]　　n. 용법, 사용법.
- le **vocabulaire** [vɔkabylɛr]　　n. 어휘.

distribuer [distribɥe]	v. 나눠주다, 분배하다.
la **distribution** [distribysjɔ̃]	n. 배분, 할당.
le **lexique** [lɛksik]	n. 어휘 목록, 소사전.
la **linguistique** [lɛ̃gɥistik]	n. 언어학.
le **niveau, x** [nivo]	n. 수준.
la **phonétique** [fɔnetik]	n. 음성학.
la **syntaxe** [sɛ̃taks]	n. 통사론.

―――― 교실 ――――

- **absent, e** [apsɑ̃, t]　　adj. 결석한.
　　Qui est *absent*?　누가 결석했지?
- **apprendre** [aprɑ̃dr]　　v. 배우다. 가르치다 (enseigner).
- **avoir de la volonté** [avwardlavɔlɔ̃te]　　의지를 갖다.
- **bref, brève** [brɛf, brɛv]　　adj. 간략한, 간결한.
- **calculer** [kalkyle]　　v. 셈하다, 계산하다.
- le **chiffre** [ʃifr]　　n. 수치, 숫자.
- **compliqué, e** [kɔ̃plike]　　adj. 복잡한, 어려운.
- la **composition** [kɔ̃pozisjɔ̃]　　n. 작문.
- **comprendre** [kɔ̃prɑ̃dr]　　v. 이해하다(saisir), 파악하다(concevoir).
- **compter** [kɔ̃te]　　v. 계산하다, 셈하다.
- **copier** [kɔpje]　　v. 베끼다 (transcrire), 복사하다.
- **corriger** [kɔriʒe]　　v. 고치다, 정정하다 (rectifier).

- ❏ **décrire** [dekrir] v. 묘사하다(dépeindre), 서술하다(exposer).
- ❏ **définir** [definir] v. 정의하다, 규정하다 (déterminer).
- ❏ **dessiner** [desine] v. 그림을 그리다.
- ❏ **développer** [devlɔpe] v. 발전시키다. 발육시키다.
- ❏ les **devoirs** mpl [devwar] n. 과제, 과제물.
- ❏ la **dictée** [dikte] n. 받아쓰기.
- ❏ la **difficulté** [difikylte] n. 어려움, 어려운 점.
- ❏ la **discussion** [diskysjɔ̃] n. 토론, 토의.
- ❏ **discuter** [diskyte] v. 토의하다.
- ❏ **diviser** [divize] v. 나누다, 분할하다.
- ❏ **écrire** [ekrir] v. 쓰다, 편지 쓰다.
- ❏ **employer** [ãplwaje] v. 이용하다, 활용하다.
- ❏ l'**épreuve** [eprœv] n. 시험, 시험 답안지.
- ❏ **étudier** [etydje] v. 공부하다.

  J'ai *étudié* la grammaire basque.
  나는 바스크어 문법을 공부했다.
  Nous *étudions* l'histoire des Francs.
  우리는 프랑크족의 역사를 공부하고 있다.

- ❏ l'**exercice** m [ɛgzɛrsis] n. 연습, 연습문제.
- ❏ l'**explication** [ɛksplikɑsjɔ̃] n. 설명.
- ❏ **expliquer** [ɛksplike] v. 설명하다.
- ❏ l'**expression** f [ɛksprɛsjɔ̃] n. 표현.

  C'est une *expression* toute faite.
  그것은 고정된 표현이다.

- ❏ **familier, -ère** [familje, ɛr] adj. 친근한, 친숙한.

  "Piger" est un mot *familier*.
  piger(이해하다)는 일상적인 단어다.

- ❏ la **faute** [fot] n. 실수, 실책.

  C'est une *faute* grave.
  그것은 중대한 실수다.

- ❏ **ignorer** [iɲɔre] v. 모르다.
- ❏ l'**image** f [imaʒ] n. 이미지, 그림.
- ❏ **incompréhensible** [ɛ̃kɔ̃preɑ̃sibl] adj. 이해 할 수 없는.

- le **langage** [lɑ̃gaʒ]   n. 언어.
  Le *langage* des jeunes.
  젊은이들이 쓰는 말.
- la **leçon** [ləsɔ̃]   n. 학과, 강의, 제 ~ 과.
- la **lettre** [lɛtr]   n. 철자, 편지.
- **lire** [lir]   v. 읽다, 독서하다.
- la **note** [nɔt]   n. 성적, 노트 필기.
  Tu as pris des *notes*?
  너는 노트 필기 했니?
- **noter** [nɔte]   v. 노트하다, 적어두다.
- **nouveau, -vel, -velle**   adj. 새로운.
  [nuvo, nuvɛl]
- l'**occupation** *f* [ɔkypɑsjɔ̃]   n. 일, 활동, 작업.
- **par cœur** [parkœr]   외우다, 암기하다.
- **par écrit** [parekri]   필기의.
- **paresseux, -euse**   adj. 게으른, 나태한.
  [parɛsø, z]
- **parler** [parle]   v. 말하다.
  Tu *parles* anglais?   너는 영어 할줄 아니?
  Parle plus fort.   좀 더 크게 말해다오.
- **préparer** [prepare]   v. 준비하다.
  Vous *préparez* l'examen des Grandes
  Ecoles?
  그랑제꼴 입시를 준비하세요?
- la **preuve** [prœv]   n. 증거, 증명.
- le **problème** [prɔblɛm]   n. 문제.
  J'ai résolu mon *problème* de maths.
  나는 수학 문제를 풀었다.
- **prouver** [pruve]   v. 논증하다, 증명하다.
  Qu'est-ce que ça *prouve*?
  그것이 어쨌다는 것이냐?
- la **question** [kɛstjɔ̃]   n. 질문.
  Qui a posé la *question*?
  누가 질문했지?

- **rater** [rate]   v. 실패하다.
J'ai *raté* mon interro.
나는 시험에 실패했다.
- **résumer** [rezyme]   v. 요약하다 (abréger).
- la **serviette** [sɛrvjɛt]   n. 책가방.
- **signifier** [siɲifje]   v. 의미하다.
- la **table des matières** [tablədematjɛr]   n. 시간표.
- le **texte** [tɛkst]   n. 교재, 텍스트.
- **traduire** [traduir]   v. 번역하다.
- **transformer** [trɑ̃sfɔrme]   v. 변형시키다.

---

analyser [analize]	v. 분석하다, 분해하다 (**décomposer**).
l'**arc** *m* [ark]	n. 활, 활모양.
le **brouillon** [brujɔ̃]	n. 초고, 초안, 연습장.
citer [site]	v. 인용하다, 예로 들다.
cocher [kɔʃe]	v. 표시하다, 체크 표시를 하다. *Cochez* la case. 칸에 체크하시오.
le **contenu** [kɔ̃tny]	n. 내용.
le **corrigé** [kɔriʒe]	n. 정정, 정답.
la **définition** [definisjɔ̃]	n. 정의.
démontrer [demɔ̃tre]	v. 증명하다, 보여주다.
la **description** [dɛskripsjɔ̃]	n. 묘사, 서술.
le **dossier** [dosje]	n. 파일된 서류나 노트.
dresser [drese]	v. 세우다, 작성하다.
l'**esquisse** *f* [ɛskis]	n. 개요, 초안.
l'**introduction** *f* [ɛ̃trɔdyksjɔ̃]	n. 서문, 서론.
la **lecture** [lɛtyr]	n. 강독, 독서.
le **paragraphe** [paragraf]	n. 문단.
prendre des notes [prɑ̃drədenɔt]	노트하다, 메모하다.

la **prononciation** [prɔnɔ̃sjasjɔ̃]	n. 발음.
souligner [suliɲe]	v. 밑줄 긋다.
la **traduction** [tradyksjɔ̃]	n. 번역.

문구

- le **bouquin** [bukɛ̃] n. 책.
- le **cahier** [kaje] n. 노트.
- la **calculette** [kalkylɛt] n. 계산기.
- le **crayon** [krɛjɔ̃] n. 연필, 볼펜(crayon à bille).
- le **dictionnaire** [diksjɔnɛr] n. 사전.
- l'**encre** f [ɑ̃krə] n. 잉크.
- l'**éponge** f [epɔ̃ʒ] n. 스폰지, 칠판 지우개용 스폰지.
- la **feuille** [fœj] n. 종이 한장, 종잇장.
- la **feuille de papier** [fœjdəpapje] n. 종이 한장.
- la **liste** [list] n. 리스트, 목록.
- le **livre** [livr] n. 책.
- le **stylo** [stilo] n. 만년필.
- le **stylo (à) bille** [stilo a bij] n. 볼펜.
- le **tableau, x** [tablo] n. 칠판, 액자.

le **classeur** [klɑsœr]	n. 파일, 링 바인더.
le **compas** [kɔ̃pa]	n. 콤파스.
la **craie** [krɛ]	n. 백묵, 분필.
la **gomme** [gɔm]	n. 지우개.
le **manuel** [manɥɛl]	n. 교재. Le *manuel* scolaire. 학습 교재.
le **scotch** [skɔtʃ]	n. 스카치 테이프.
le **taille-crayons** [tajkrɛjɔ̃]	n. 샤프 펜슬.

문법

- l'**accent** *m* [aksɑ̃] n. 악센트, 프랑스어 표기상의 보조기호.
- l'**adjectif** *m* [adʒɛktif] n. 형용사.
- l'**adverbe** *m* [advɛrb] n. 부사.
- l'**article** *m* [artikl] n. 관사.
- la **cause** [koz] n. 원인, 이유, 동기.
- la **condition** [kɔ̃disjɔ̃] n. 조건.
- le **discours** [diskur] n. 담화, 담론, parties du discours 품사.
- l'**exception** *f* [ɛksɛpsjɔ̃] n. 예외.
- l'**exemple** *m* [ɛgzɑ̃pl] n. 예, 용례.
- **féminin, e** [feminɛ̃, in] n. 여성형의.
- le **genre** [ʒɑ̃r] n. 성, 남녀성.
- la **grammaire** [gramɛr] n. 문법.
- **masculin, e** [maskylɛ̃, in] adj. 남성형의.
- le **mot** [mo] n. 단어.
- **négatif, -ive** [negatif, iv] adj. 부정형의.
- le **nom** [nɔ̃] n. 명사.
- la **phrase** [fraz] n. 문장.
- le **pluriel** [plyrjɛl] n. 복수형.
- le **point** [pwɛ̃] n. 점, 피리어드.
- **positif, -ive** [pozitif, iv] adj. 긍정적인.
- le **présent** [prezɑ̃] n. 현재형.
- **relatif, -ive** [rəlatif, iv] adj. 관계의.
- le **singulier** [sɛ̃gylje] n. 단수형.
- le **sujet** [syʒe] n. 주어.
- le **temps** [tɑ̃] n. 시제.
- le **verbe** [vɛrb] n. 동사.

le **complément d'objet direct** [kɔ̃plemɑ̃dɔbʒɛdirɛkt]	n. 직접 목적어.
le **complément d'objet indirect** [kɔ̃plemɑ̃dɔbʒɛɛ̃dirɛkt]	n. 간접 목적어.

le **conditionnel** [kɔ̃disjɔnɛl]	n. 조건법.
la **conjonction** [kɔ̃ʒɔ̃ksjɔ̃]	n. 접속사.
défini, e [defini]	adj. 한정된, **article défini** 정관사.
le **déterminant** [detɛrminɑ̃]	n. 한정사.
le **futur composé** [fytyrkɔ̃pose]	n. 복합 미래 (전미래).
le **futur simple** [fytyrsɛ̃pl]	n. 단순 미래 (미래).
l'**imparfait** *m* [ɛ̃parfɛ]	n. 반과거.
l'**impératif** *m* [ɛ̃peratif]	n. 명령형.
indéfini, e [ɛ̃defini]	adj. 부정의, 확정되지 않은.
l'**indicatif** *m* [ɛ̃dikatif]	n. 직설법.
l'**infinitif** *m* [ɛ̃finitif]	n. 부정법, 동사 원형.
la **manière** [manjɛr]	n. 태도.
marquer [marke]	v. 표시하다, 나타내다.
le **passé composé** [pɑsekɔ̃poze]	v. 복합 과거.
le **passé simple** [pɑsesɛ̃pl]	v. 단순 과거.
le **plus-que-parfait** [plyskəparfɛ]	n. 대과거.
la **préposition** [prepozisjɔ̃]	n. 전치사.
le **pronom** [prɔnɔ̃]	n. 대명사.
la **règle** [rɛgl]	n. 규칙.
le **subjonctif** [sybʒɔ̃ktif]	n. 접속법.
la **subordonnée** [sybɔrdɔne]	n. 종속절.
la **syllabe** [silab]	n. 음절.
la **virgule** [virgyl]	n. 쉼표.
la **voix active** [vwaaktiv]	n. 능동태.
la **voix passive** [vwapasiv]	n. 수동태.

대학

- le **droit** [drwa]   n. 법학.
  René est étudiant en *droit*.
  르네는 법대생이다.

- l'**étudiant, e** [etydjɑ̃, t]   n. 학생, 대학생.
- l'**expérience** *f* [ɛksperjɑ̃s]   n. 경험.
- l'**invention** *f* [ɛ̃vɑ̃sjɔ̃]   n. 발명, 창의력, 창안.
- la **médecine** [mɛdsin]   n. 의학.
- la **psychologie** [psikɔlɔʒi]   n. 심리학.
- le **savant**, la **savante** [savɑ̃, t]   n. 학자, 박식한 사람.
- la **science** [sjɑ̃s]   n. 과학.
- les **sciences humaines** *fpl* [sjɑ̃symɛn]   n. 인문과학.
- les **sciences naturelles** *fpl* [sjɑ̃snatyrɛl]   n. 자연과학.
- **scientifique** [sjɑ̃tifik]   adj. 과학적인.
- l'**université** *f* [ynivɛrsite]   n. 대학.

l'**assistant, e** [asistɑ̃, t]	n. 조교.
l'**autorité** *f* [ɔtɔrite]	n. 권위.
le **cours magistral** [kurmaʒistral]	n. 교수가 직접하는 강의.
la **discipline** [disiplin]	n. 학과, 교과목.
les **études** *fpl* [etyd]	n. 연구, 학습. J'ai fait mes *études* à Rennes. 나는 렌느에서 공부했다.
la **fac(ulté)** [fakylte]	n. 단과대학.
la **faculté des lettres** [fakyltedelɛtr]	n. 문과대학, 문리대.
inscrire (s') [sɛ̃skrir]	v. 등록하다.
la **recherche** [rəʃɛrʃ]	n. 연구.

le **resto-U** [rɛstɔy]	n. 대학 식당.
les **sciences économiques** *fpl* [sjɑ̃sekɔnɔmik]	n. 경제학.
les **sciences politiques** *fpl* [sjɑ̃spɔlitik]	n. 정치학

프랑스 대학의 각 과정

1기 과정

이 과정은 수업년한이 2년이며 수료후 대학 일반교양 수료증(Diplôme d'Etudes Universitaires Générales)을 받는다. DEUG는 국가학위이며 대학이 위치하고 있는 지역의 필요에 따라 DEUG 대신 대학학위(Diplôme d'Université)가 수여되기도 한다. 설치되는 주요 전공분야는 법학, 경제학, 행정학, 문학 및 예술, 인문과학, 신학, 생명과학, 응용수학, 과학, 체육학 및 간호학 등을 들 수 있다. DEUG를 취득하면 제2기 과정으로 진급하는 것이 일반적이지만 희망에 따라 제1기 과정의 또다른 전공 1년차 혹은 2년차 과정으로 편입하거나 그랑제꼴 등으로 진학할 수도 있다.

2기 과정

DEUG 소지자 및 동급의 학업(bac+2년)을 이수한 학생들이 진학한다. 1기 과정과 마찬가지로 2년과정으로 되어 있고 2기 과정에서는 1년마다 다른 학위가 수여된다. 즉 1년차를 수료(bac+3년)하면 학사학위(licence)가 수여되고 2년차 과정을 마치면(bac+4년) maîtrise (석사)학위가 수여된다. licence 소지자가 모두 maîtrise 과정으로 진학하지는 않으며 대부분은 licence만으로 사회생활을 시작한다. licence 소지자는 교사자격증(CAPES)을 취득할 수 있고 행정시험 A에 응시할 수 있는 외에 IEP 및 그랑제꼴로 진학하거나 전문 연구소로 갈 수 있으며 복수전공을 위해 다른 전공의 licence 과정을 등록하기도 한다. maîtrise 취득자 중의 일부는 에꼴(ENSI)로 진학, 엔지니어 자격증(bac+5년)을 취득하기도 한다.

ENSI는 Ecoles Nationales Supérieures d'Ingénieurs의 약자로 3년간의 교육과정을 이수하면 엔지니어 자격증을 부여하는 학교다. ENSI는 전통적인 그랑제꼴 준비반(CPGE) 출신 및 DEUG 소지자를 대상으로 경쟁시험을 통해 신입생을 선발한다. maîtrise 소유자는 2학년에 편입할 수 있는 기회가 있다. ENSI의 전공분야는 학교에 따라 달라서 Lille, Rennes, Strasbourg, Bordeaux, Montpellier, Toulouse, Clermont-Ferrand 및 Paris에는 화학분야의 ENSI가 있고, Nantes, Poitiers, Besançon에는 기계분야가 있으며 Marseille나 Bordeaux에는 물리분야의 ENSI가 존재한다. 또한 Nancy, Grenoble 및 Touloue등 세 도시에는 여러 분야의 ENSI들이 모여 국립공과대학(Instituts Nationaux Polytechniques)을 이루고 있다. Grenoble INP에는 전기화학, 전기야금, 수력학, 정보과학 및 응용수학 분야가 설치되어 있다.

3기 과정

제3기 과정은 연구 인력을 양성하는 과정이다. maîtrise학위를 취득했더라도 자동적으로 3기 과정에 등록할 수 있는 것은 아니며 등록 요건은 대학에 따라 다르다.

maîtrise 및 동등 학위 소지가 필수요건이지만 면접시험을 실시하는 곳도 많으며 정원이 한정되어 있으므로 엄격한 심사를 통과하여야 한다. 3기 과정에는 두 가지의 교육 프로그램이 있다. 첫째는 1년 (bac+5년) 과정으로 실제적이고도 전문적인 연구인력을 양성하는 프로그램으로 수료자는 전문 연구수료증(Diplôme d'Etudes Supérieures Spécialisées)을 취득하여 사회로 배출된다. 두 번째의 프로그램은 박사학위 과정이다. 첫 해에는 강의를 수강하며, 이 과정을 마치면 고급 연구 수료증 (Diplôme d'Etudes Approfondies)를 취득한다. DEA 과정은 DESS 과정에 비해 더 이론적이며 이 과정을 통해 논문 연구를 할 수 있는 능력을 갖게 된다. 박사학위 취득을 위한 논문 준비기간은 DEA 이후 2~4년간으로 되어있다.

18. 예 술

일반어휘

❏ **à la mode** [alamɔd] 최신 유행의.
Le pop art n'est plus *à la mode*.
팝 아트는 더 이상 유행이 아니다.

❏ **amusant, e** [amyzɑ̃, t] adj. 재미있는.

❏ **applaudir** [aplodir] v. 박수 갈채를 보내다.
L'artiste a été *applaudi* longuement.
예술가는 오랫동안 박수 갈채를 받았다.

❏ **l'art** *m* [ar] n. 예술.
L'*art* pour l'art. 예술을 위한 예술.

❏ **au premier plan** [oprəmjeplɑ̃ɲ] 최전면에 있다. 눈에 잘 띄는 위치에 있다.

❏ **beau, bel, belle** [bo, bɛl] adj. 멋진, 아름다운.

❏ le **billet** [bijɛ] n. 표, 티켓.

❏ **bref, brève** [brɛf, brɛv] adj. 간단한, 간략한.

❏ **célèbre** [selɛbr] adj. 유명한 (illustre).

❏ **classique** [klasik] adj. 고전적인.

❏ **complet, -ète** [kɔ̃plɛ, t] adj. 완전한, 빠짐없는.
Les œuvres *complètes* de Diderot.
디드로의 전 작품.

❏ **créer** [kree] v. 만들다, 창조하다.
Picasso a *créé* Guernica.
피카소는 게르니카를 만들어냈다.

❏ **critiquer** [kritike] v. 비판하다, 비난하다.

❏ **découvrir** [dekuvrir] v. 발견하다.

❏ **distraire (se)** [sədistrɛr] v. 기분전환하다.

❏ **l'esprit** *m* [ɛspri] n. 정신.
L'*esprit* critique. 비판정신.

	Voltaire est un auteur plein d'*esprit*.
	볼테르는 기지가 넘치는 작가이다.
❑ **faire la queue** [fɛrlakø]	줄서서 기다리다.
❑ **incompréhensible** [ɛ̃kɔ̃preɑ̃sibl]	adj. 이해할 수 없는.
❑ **laid, e** [lɛ, d]	adj. 못생긴, 추한.
❑ la **liberté** [libɛrte]	n. 자유.
	La *liberté* de l'art. 예술의 자유.
❑ la **matinée** [matine]	n. 연극, 행사등의 그날 첫번째 공연.
❑ **moderne** [mɔdɛrn]	adj. 현대적인, 근대적인.
❑ **nouveau, -vel, -velle** [nuvo, nuvɛl]	adj. 새로운.
❑ l'**œuvre** [œvr]	n. 작품.
❑ l'**original, -aux** *m* [ɛriʒinal, o]	n. 원본, 원화.
	L'*original* de la Joconde est au Louvre.
	모나리자 그림의 원본은 루브르에 있다.
❑ **participer** [partisipe]	v. 참가하다. 참여하다.
	Nous avons *participé* à un concert pop.
	우리는 팝 콘서트에 참석했다.
❑ **populaire** [pɔpylɛr]	adj. 인기 있는, 유행하는.
	J'aime les chansons *populaires*.
	나는 가요를 좋아한다.
❑ **premier, -ère** [prəmje, ɛr]	adj. 첫번째의, 1등석의.
❑ le **prix** [pri]	n. 가격, 요금.
	Il y a 1500 *prix* littéraires en France.
	프랑스에는 1500개의 문학상이 있다.
❑ le **public** [pyblik]	n. 청중, 군중.
❑ **rare** [rar]	adj. 희귀한, 드문.
❑ **réaliste** [realist]	n. 사실주의 작가.
	Courbet est un peintre *réaliste*.
	꾸르베는 사실주의 화가이다.
❑ **réel, le** [reɛl]	adj. 실제의, 사실의.
❑ **siffler** [sifle]	v. 휘파람을 불다. 휘파람을 불어 야유하다.

La chanteuse s'est fait *siffler*.
그 여자가수는 야유를 받았다.

- la **sortie** [sɔrti] n. 출구.
- **sortir** [sɔrtir] v. 나가다, 외출하다.
- le **style** [stil] n. 스타일, 양식.
- le **sujet** [syʒe] n. 주제.
- le **titre** [titr] n. 제목.
- **typique** [tipik] adj. 전형적인.
- la **valeur** [valœr] n. 가치.

l'**artiste** *mf* [artist]	n. 예술가.
artistique [artistik]	adj. 예술적인.
baroque [barɔk]	n. 바로크 양식.
la **beauté** [bote]	n. 아름다움.
la **créativite** [kreativite]	n. 창조성, 창조력.
doué, e [dwe]	adj. 재능을 타고난. Paul est *doué* pour la musique. 뽈은 음악 재능을 타고 났다. Les Italiens sont *doués* en musique. 이탈리아인들은 음악 재능을 타고 났다.
la **fascination** [fasinɑsjɔ̃]	n. 매혹, 매력.
fasciner [fasine]	v. 매혹하다, 황홀케하다.
le **festival, s** [fɛstival]	n. 페스티발.
gothique [gɔtik]	n. 고딕 양식 adj. 고딕 양식의.
historique [istorik]	adj. 역사적인. Woodstock a été un événement *historique*. 우드스탁은 역사적인 이벤트였다.
inconnu, e [ɛ̃kɔny]	adj. 알려지지 않은, 무명의.
médiéval, e, -aux [medjeval, o]	adj. 중세의. L'art *médiéval*. 중세 예술.
la **nouveauté** [nuvote]	n. 새로운 것, 신간.

le **prestige** [prɛstiʒ]	n. 위신, 명성.
la **réalisation** [realizɑsjɔ̃]	n. 연출, 제작. La *réalisation* d'un film. 영화 한 편의 제작.
roman, e [rɔmɑ̃, an]	adj. 로마네스크 양식의.
le **talent** [talɑ̃]	n. 재능, 타고난 능력.

―― 문학 ――

- ❏ l'**auteur** *m* [otœr]   n. 작가, 저자(여성형 없음).
- ❏ **avoir de l'esprit** [avwardəlɛspri]   기지, 재치가 있다.
- ❏ le **bouquin** [bukɛ̃]   n. 책.
- ❏ l'**écrivain** *m* [ekrivɛ̃]   n. 작가(여성형 없음).
- ❏ l'**histoire** *f* [istwar]   n. 역사, 이야기.
- ❏ la **lettre** [lɛtr]   n. 편지, 서신.
Un roman par *lettres*.   서간문 소설.
- ❏ la **littérature** [literatyr]   n. 문학.
- ❏ le **livre** [livr]   n. 책.
- ❏ la **nouvelle** [nuvɛl]   n. 단편 소설.
- ❏ la **page** [paʒ]   n. 페이지.
- ❏ le **passage** [pɑsaʒ]   n. 문학, 음악 작품의 한 구절(morceau).
- ❏ la **poésie** [pɔezi]   n. 시.
- ❏ le **roman** [rɔmɑ̃]   n. 소설.
- ❏ le **volume** [vɔlym]   n. 권(tome).
Les œuvres complètes de Goethe comprennent 138 *volumes*.
괴테전집은 138권으로 되어있다.

la **bande dessinée** [bɑ̃ddesine]	n. 만화. La b.d. est la littérature populaire moderne. 만화는 현대의 인기있는 문학이다.
le **dialecte** [djalɛkt]	n. 방언, 사투리.
intellectuel, le [ɛ̃telɛktɥɛl]	adj. 지적인, 지성의.
la **maison d'édition** [mɛzɔ̃dedisjɔ̃]	n. 출판사.
les **mémoires** *fpl* [memwar]	n. 회고록.
le **poème** [pɔɛm]	n. 시 한편.
le **poète** [pɔɛt]	n. 시인. (**poétesse**란 단어도 있지만 일반적으로 여류시인도 **poète** 라고 함)
la **préface** [prefas]	n. 서문.
le **récit** [resi]	n. 이야기.
le **recueil** [rəkœj]	n. 시집, 문집. Les Fleurs du Mal sont un *recueil* de poèmes. "악의 꽃"은 시집이다.
le **roman policier** [rɔmɑ̃pɔlisje]	n. 탐정소설.
le **romancier,** la **romancière** [rɔmɑ̃sje, ɛr]	n. 소설가.
le **tome** [tɔm]	n. 권.
le **vers** [vɛr]	n. 싯귀, 시의 행. L'alexandrin est un *vers* de douze syllabes. 알렉상드랭은 12음절로 된 싯귀이다.

음악

- l'**air** *m* [εr]　　　　　　n. 곡조, 멜로디.
　　　　　　　　　　　　　　J'aime bien l'*air* de cette chanson.
　　　　　　　　　　　　　　나는 이 노래의 곡조를 참 좋아한다.
- la **chanson** [ʃɑ̃sɔ̃]　　　　n. 노래.
- **chanter** [əʃɑ̃te]　　　　　v. 노래하다.
　　　　　　　　　　　　　　Adamo *chante* l'amour.
　　　　　　　　　　　　　　아다모는 사랑을 노래한다.
- le **chanteur**,　　　　　　 n. 가수.
  la **chanteuse** [ʃɑ̃tœr, øz]
- la **clarinette** [klarinεt]　　n. 클라리넷.
- le **concert** [kɔ̃sεr]　　　　n. 콘서트.
　　　　　　　　　　　　　　J'ai assisté à un *concert* symphonique.
　　　　　　　　　　　　　　나는 심포니 콘서트에 참석했다.
- le **disque** [disk]　　　　　n. 음반　disque compact 콤팩트 디스크.
- la **flûte** [flyt]　　　　　　n. 플룻.
- la **guitare** [gitar]　　　　　n. 기타아.
　　　　　　　　　　　　　　Tu joues de la *guitare*?
　　　　　　　　　　　　　　너는 기타아를 연주하니?
- l'**instrument** *m*　　　　　n. 악기.
  [ε̃strymɑ̃]
- l'**interprète** *mf*　　　　　n. 연주, 연기.
  [ε̃tεrprεt]
- le **jazz** [dʒaz]　　　　　　n. 재즈.
- la **marche** [marʃ]　　　　　n. 행진곡.
　　　　　　　　　　　　　　La *marche* funèbre.　장송곡.
- le **mouvement**　　　　　　n. 진행, 템포, 악장.
  [muvmɑ̃]　　　　　　　　　La symphonie a quatre *mouvements*.
　　　　　　　　　　　　　　교향곡은 4악장으로 되어있다.
- le **musicien**,　　　　　　　n. 음악가.
  la **musicienne** [myzisjε̃, εn]
- la **musique** [myzik]　　　 n. 음악.
- la **note** [nɔt]　　　　　　　n. 음표, 악보.

193

- ❏ l'**opéra** *m* [ɔpera]　　n. 오페라.
- ❏ l'**orchestre** *m* [ɔrkɛstr]　　n. 오케스트라.
L'*orchestre* du village a ouvert le bal.
마을의 오케스트라는 무도회를 열었다.
L'*orchestre* philharmonique de Vienne a donné un concert.
비엔나 필하모니 오케스트라는 콘서트를 개최했다.
- ❏ l'**orgue** *m* [ɔrg]　　n. 오르간, 파이프 오르간.
- ❏ le **piano** [pjano]　　n. 피아노.
- ❏ la **pièce** [pjɛs]　　n. 곡, 악보.
- ❏ le **rythme** [ritm]　　n. 리듬.
- ❏ la **séance** [seɑ̃s]　　n. 공연.
- ❏ le **son** [sɔ̃]　　n. 소리, 사운드.
L'armée avance aux *sons* des tambours.
군대는 북소리에 맞추어 전진하다.
- ❏ la **trompette** [trɔ̃pɛt]　　n. 트럼펫.
- ❏ le **violon** [vjɔlɔ̃]　　n. 바이올린.

l'**alto** *m* [alto]	n. 알토.
la **batterie** [batri]	n. 타악기 부문.
le **concerto** [kɔ̃sɛrto]	n. 협주곡, 콘체르토. Un *concerto* pour violon. 바이올린을 위한 협주곡.
la **contre-basse** [kɔ̃trəbas]	n. 더블베이스, 콘트라베이스.
la **corde** [kɔrd]	n. 현악기.
la **gamme** [gam]	n. 음계, 범위.
la **harpe** [ˈarp]	n. 하프.
le **hautbois** [ˈobwa]	n. 오보에.
l'**instrument à cordes** *m* [ɛ̃strymɑ̃akɔrd]	n. 현악기.
l'**instrument à percussion** *m* [ɛ̃strymɑ̃apɛrkysjɔ̃]	n. 관악기.

le **lied, lieder** [lid, lidœr]	n. 리트, 독일 가곡. Les *lieder* de Schubert. 슈베르트의 리트.
le **quatuor** [kwatɥɔr]	n. 사중주.
le **violoncelle** [vjɔlɔ̃sɛl]	n. 첼로.
majeur [maʒœr]	n. 장조. La symphonie en mi bémol *majeur* de Mozart. 모짜르트 교향곡 E플랫 장조.
mineur [minœr]	n. 단조. La messe en si *mineur* de Bach. 바하의 미사곡 B단조.
do, ut [do, yt]	C 도.
ré [re]	D 레.
mi [mi]	E 미.
fa [fa]	F 파.
sol [sɔl]	G 솔.
la [la]	A 라.
si [si]	B 시.
dièse [djɛz]	샤프.
bémol [bemɔl]	플랫.

────── 미술 ──────

- le **cadre** [kadr] n. 프레임, 틀.
- le **dessin** [desɛ̃] n. 데생, 그림.
- l'**exposition** *f* [ɛkspozisjɔ̃] n. 전시회.
- le **gardien**,
  la **gardienne** [gardjɛ̃, ɛn] n. 경비원.
- le **musée** [myze] n. 박물관, 미술관.
- **peindre** [pɛ̃dr] v. 그림 그리다.

- le **peintre** [pɛ̃tr]   n. 화가.
- la **peinture** [pɛ̃tyr]   n. 회화.
- la **sculpture** [skyltyr]   n. 조각.
- la **statue** [staty]   n. 동상, 상(像).
- le **tableau, x** [tablo]   n. 그림, 액자, 회화.
  Le *tableau* le plus connu c'est la Joconde.
  가장 유명한 그림은 "모나리자의 미소"다.
- la **toile** [twal]   n. 캔버스.
  Les voleurs ont découpé la *toile*.
  도둑들은 캔버스를 잘라갔다.

---

abstrait, e [apstrɛ, t]	adj. 추상적인.
l'**arc** *m* [ark]	n. 아치, 아치형 건물.
la **galerie** [galri]	n. 갤러리, 화랑.
le **sculpteur** [skyltœr]	n. 조각가 (여성형 없음).

── 연극, 영화 ──

- l'**acteur, -trice** [aktœr, tris]   n. 배우.
- la **caméra** [kamera]   n. 영화 촬영기.
- le **cinéma** [sinema]   n. 영화, 영화관.
  Tu vas souvent au *cinéma*?
  너는 종종 영화관에 가니?
- la **comédie** [kɔmedi]   n. 희극, 연극.
- **comique** [kɔmik]   adj. 코믹한, 희극적인.
- le **costume** [kɔstym]   n. 의상, 복장.
- **dramatique** [dramatik]   adj. 극적인, 연극의.
- l'**entracte** *m* [ɑ̃trakt]   n. 막간, 중간 휴식 시간.
  On vend des glaces pendant l'*entracte*.
  막간에 아이스크림을 판다.

- l'**entrée** ƒ [ɑ̃tre]   n. 입구, 입장.
- **faire du théâtre**   n. 연극 공연을 하다.
  [fɛrdyteatr]
- le **film**   [film]   n. 영화, 필름.
- la **mise en scène**   n. 연출.
  [mizɑ̃sɛn]
- le **personnage**   n. 인물, 배역.
  [pɛrsɔnaʒ]   Le *personnage* de Maigret est joué par Jean Richard.   메그레 역은 쟝 리샤르가 연기했다.
- la **pièce de théâtre**   n. 연극 한 편.
  [pjɛsdəteatr]
- le **rang**   [rɑ̃]   n. 열, 줄.
- la **représentation**   n. 상연, 상영, 흥행.
  [rəprezɑ̃tasjɔ̃]   La *représentation* est un succès total.
  흥행은 완전한 성공이다.
- **représenter**   [rəprezɑ̃te]   v. 상연, 상영하다.
- la **revue**   [rəvy]   n. 쇼, 시사희극.
- le **rôle**   [rol]   n. 역할.
- la **salle**   [sal]   n. 관객석, 극장, 영화관.
- la **scène**   [sɛn]   n. 무대, 장면.
  L'acteur est entré en *scène*.
  배우는 무대에 들어갔다.
- le **spectacle**   n. 공연.
  [spɛktakl]   L'industrie du *spectacle*.   쇼 비즈니스.
  Quel *spectacle*, toi sur un vélo!
  네가 자전거를 타다니, 웬 볼거리냐!
- le **spectateur**,   n. 관객.
  la **spectatrice**   [spɛktatœr, tris]
- le **théâtre**   [teatr]   n. 연극, 공연장.
- **tourner un film**   영화 촬영하다.
  [turnœ̃film]
- la **vedette**   [vədɛt]   n. 스타.
  J.P. Belmondo est la *vedette* du cinéma français.   장폴 벨몽도는 프랑스 영화의 스타이다.

l'**acte** *m* [akt]	n. 막.
le **cirque** [sirk]	n. 서커스.
le **décor** [dekɔr]	n. 무대장치.
le **dénouement** [denumɑ̃]	n. 결말**(fin)**, 종국**(solution)**. Ce film a un *dénouement* inattendu. 이 영화는 예기치 못한 결말에 이른다.
le **dessin animé** [desɛ̃anime]	n. 만화영화. Cendrillon, un grnad *dessin animé* de Walt Disney. 월트 디즈니의 훌륭한 만화영화, 신데렐라.
la **distribution** [distribysjɔ̃]	n. 배역, 캐스트.
le **drame** [dram]	n. 드라마, 극.
l'**éclairage** *m* [eklɛraʒ]	n. 조명.
le **film de cape et d'épée** [filmdəkapedepe]	n. 활극 영화. Les trois mousquetaires est un *film de cape et d'épée*. 삼총사는 활극영화다.
le **film de conte de fées** [filmdəkɔ̃tdəfe]	n. 동화 영화.
le **film de science fiction** [filmdəsjɑ̃sfiksjɔ̃]	n. SF, 공상과학 영화.
le **film policier** [filmpɔlisje]	n. 탐정영화.
le **metteur en scène** [mɛtœrɑ̃sɛn]	n. 연출가, 감독. Claude Chabrol est un *metteur en scène* très connu. 끌로드 샤브롤은 매우 유명한 연출가다.
le **monologue** [mɔnɔlɔg]	n. 독백.
le **prologue** [prɔlɔg]	n. 서막, 도입부.
le **scénario** [senarjo]	n. 시나리오.
le, la **scénariste** [senarist]	n. 시나리오 작가.
la **tragédie** [traʒedi]	n. 비극.
le **western** [wɛstɛrn]	n. 서부영화.

프랑스의 추리문학

시사주간지 누벨 옵세르바퇴르지는 최근 특집기사에서 프랑스 추리 작가들이 투철한 정치관과 사회의식을 바탕으로 미국 추리문학과는 구별되는 작품세계를 개척하고 있다고 소개했다.

프랑스 문단에 불고 있는 탐정소설 붐은 갈리마르 출판사의 "누아르 시리즈"가 최근 프랑스 출신 신인작가 발굴에 과감히 나서고 있는 것에서 단적으로 드러난다. 50년 역사의 이 시리즈는 프랑스의 대표적인 탐정소설 문고로 지난해까지만 해도 하드보일드 스타일의 미국 작품이 주류를 이뤘다. 그러나 열렬한 마오주의자였던 평론가겸 작가 파트릭 레이날이 편집책임자로 부임하면서 프랑스 작가들에게도 과감히 문호를 개방하기 시작한 것이다. 지난 4월부터 누아르 시리즈는 마르크 빌라르의 '뒷문' 리샤르 궤강 (50)의 '게임 오버'등 매달 4권의 신간을 내놓고 있다.

쇠이유 출판사도 최근 '경찰들'이란 탐정문고를 신설했으며, 미국 탐정소설을 주로 펴내던 리바주 출판사 역시 편집 방향을 국내작품 쪽으로 대폭 수정했다.

대표적인 인기작가는 레이날 빌라르 궤강을 비롯해 티에리 종퀘, 세르주 콰드뤼파니, 장베르나르 푸이, 장 프랑수아 빌라르 등. 그 다음 세대로는 후세-루이보퀘, 파스칼 퐁트노, 로랑 페티 등이 선두주자로 꼽힌다.

이들은 재야운동가, 교수, 시나리오작가, 서점주인등 갖가지 직업경력을 갖고 있다. 정치적으로도 마오주의(레이날), 트로츠키주의(마그크 빌라트, 장 프랑수아 빌라르, 종퀘), 무정부주의(궤강, 콰드뤼파니, 푸이)등 다양하다.

특히 공산주의 연맹 회원이었던 장 프랑수아 빌라르는 트로츠키의 유명한 연설문 구절을 제목으로 인용한 '우리는 유령들의 호위를 받으며 구멍뚫린 전선을 향해 전진한다' (쇠이유刊)란 독특한 탐정소설로 화제를 일으키기도 했다.

19. 문화

철학

- le **bon sens** [bɔ̃sɑ̃s]   n. 상식, 이성.
- la **catégorie** [kategɔri]   n. 카테고리, 분야.
- **causer** [koze]   v. ~의 원인이 되다, ~을 야기하다.
- **concret, -ète** [kɔ̃krɛ, t]   adj. 구체적인.
- la **contradiction** [kɔ̃tradiksjɔ̃]   n. 모순.
- **définitif, -ive** [definitif, iv]   adj. 결정적인.
- l'**effet** m [efɛ]   n. 결과, 영향.
  Les causes et les *effets*. 원인과 결과.
- **élémentaire** [elemɑ̃tɛr]   adj. 기본적인, 초보적인.
- l'**esprit** m [ɛspri]   n. 정신.
  L'*esprit* critique. 비판 정신.
- l'**idée** [ide]   관념, 개념(concept).
- l'**individu** m [ɛ̃dividy]   n. 개인.
- le **mal** [mal]   n. 악.
  Le bien et le *mal*. 선과 악.
- la **méthode** [metɔd]   n. 방법, 방법론.
  La *méthode* cartésienne. 데카르트의 방법론.
- le **modèle** [mɔdɛl]   n. 모델, 형식.
- **moderne** [mɔdɛrn]   adj. 근대의, 현대의.
- la **mort** [mɔr]   n. 죽음.
- l'**œuvre** f [œvr]   n. 작품.
  L'*œuvre* complète. 전작품.
- l'**origine** f [ɔriʒin]   n. 근원, 근본.
  De l'*origine* des espèces. 종의 기원에 관하여.

- l'**ouvrage** *m* [uvraːʒ]   n. 작품, 저서.
- la **pensée** [pɑ̃se]   n. 생각, 사고.
- **penser** [pɑ̃se]   v. 생각하다.
  Je *pense* donc je suis.
  나는 사고한다 고로 존재한다.

- la **raison** [rɛzɔ̃]   n. 이성, 판단력.
- **raisonnable** [rɛzɔnabl]   adj. 이성적인, 합리적인.
- le, la **réaliste** [realist]   n. 현실주의자, 실재론자.
- **réel, le** [reɛl]   adj. 실재의.
- le **sens** [sɑ̃s]   n. 의미.
- la **théorie** [teɔri]   n. 이론.
- la **vérité** [verite]   n. 진리, 사실.
- la **volonté** [vɔlɔ̃te]   n. 의지.
- **vrai, e** [vrɛ]   adj. 실제의, 사실의.

---

l'**acte** *m* [akt]   n. 행위, 행동 (**action**).
la **conception** [kɔ̃sɛpsjɔ̃]   n. 개념, 생각하는 방식, 견해.
concevoir [kɔ̃səvwar]   v. 착상하다, 구상하다.
la **dimension** [dimɑ̃sjɔ̃]   n. 규모, 차원.
douter [dute]   v. 의심하다.
Le nihiliste *doute* de tout.
허무주의자는 모든 것을 의심하다.

l'**existence** *f* [ɛgzistɑ̃s]   n. 존재.
le **hasard** [ˈazar]   n. 우연.
l'**ignorance** *f* [iɲɔrɑ̃s]   n. 무지.
les **mœurs** *fpl* [mœr(s)]   n. 품성, 도덕 관념 (**morale**).
moral, e, -aux [mɔral, o]   adj. 도의적인, 도덕적인.
la **morale** [mɔral]   n. 도의, 윤리.
spirituel, le [spiritɥɛl]   adj. 정신적인.
le **symbole** [sɛ̃bɔl]   n. 상징.
le **terme** [tɛrm]   n. 술어, 용어.
vain, e [vɛ̃, ɛn]   adj. 헛된, 쓸데없는.

> Tout est *vain*.
> 모든 것은 헛된 것이다.
> Un *vain* espoir. 헛된 희망.

종교

- **catholique** [katɔlik] — adj. 카톨릭인.
- **chrétien, ne** [kretjɛ̃, ɛn] — adj. 기독교의.
- le **ciel** [sjɛl] — n. 하늘, 천국.
- le **clergé** [klɛrʒe] — n. (집합적) 성직자.
- **Dieu** [djø] — n. 신.
  Je crois en *Dieu*. 나는 신을 믿는다.
- l'**Eglise** *f* [egliz] — n. 교회, 성당.
  L'*Eglise* catholique. 카톨릭 교회.
- **Jésus-Christ** [ʒezykri(krist)] — 예수 그리스도.
- le **mariage** [marjaʒ] — n. 결혼.
  Le *mariage* à l'église.
  교회에서의 결혼식.
  Le *mariage* civil.
  민법상의 결혼식 (일반적으로 구청에서 행해짐).
- **Noël** *m* [nɔɛl] — n. 크리스마스.
  Joyeux *Noël*. 메리 크리스마스.
- **Pâques** *fpl* [pak] — n. 부활절.
- la **Pentecôte** [pɑ̃tkot] — n. 오순절.
- **prier** [prije] — v.t. ~에게 기도하다.
  Priez Dieu. 신에게 기도하시오.
  Priez pour les âmes en peine.
  고통받는 영혼들을 위해 기도하시오.
- **protestant, e** [prɔtɛstɑ̃, t] — adj. 개신교의.
- **religieux, -euse** [rəliʒjø, z] — adj. 종교에 관한, 성직자의.
- la **religion** [rəliʒjɔ̃] — n. 종교.

l'**ange** *m* [ɑ̃ʒ]	n. 천사. L'*ange* gardien. 수호 천사.
le **baptême** [batɛm]	n. 세례, 영세.
la **Bible** [bibl]	n. 성경.
confesser (se) [səkɔ̃fese]	v. 고백하다, 참회하다.
le **culte** [kylt]	n. 예배, 숭배.
le **curé** [kyre]	n. 주임 신부.
le **diable** [kjɑbl]	n. 악마. Je ne crois ni à Dieu ni au *diable*. 나는 신도 악마도 믿지 않는다.
l'**enfer** *m* [ɑ̃fɛr]	n. 지옥 (↔ **paradis**).
la **foi** [fwa]	n. 믿음, 신앙. La profession de *foi*. 믿음의 표명.
la **messe** [mɛs]	n. 미사.
le **miracle** [mirakl]	n. 기적.
le **pape** [pap]	n. 교황.
le **paradis** [paradi]	n. 천국 (↔ **enfer**).
le **pasteur** [pastœr]	n. 목사, 사제.
le **péché** [peʃe]	n. 죄, 죄악. Le *péché* originel. 원죄.
le **prêtre** [prɛtr]	n. 사제, 신부, 성직자.
sacré, e [sakre]	adj. 신성한, 성직자의.
saint, e [sɛ̃, t]	adj. 성스러운, 거룩한. La *Sainte* Vierge. 성모 마리아. Le *saint* Esprit. 성령.
solennel, le [sɔlanɛl]	adj. 엄숙한 (**grave**), 장중한 (**cérémonieux**).
la **Toussaint** [tusɛ̃]	n. 만성절 (11월1일).

역사

- **battre** [batr]   v. 싸워 이기다.
  Les Romains ont *battu* les Gaulois.
  로마인들은 고올인들을 싸워 이겼다.
- la **bourgeoisie** [burʒwazi]   n. 중산층, 부르주아 계급.
- le **château, x** [ʃato]   n. 성, 저택.
- la **colonie** [kɔlɔni]   n. 식민지.
- la **conquête** [kɔ̃kɛt]   n. 정복.
  La *conquête* du Nouveau Monde.
  신세계의 정복.
- la **constitution** [kɔ̃stitysjɔ̃]   n. 헌법, 헌법으로 정해진 정체.
- la **découverte** [dekuvɛrt]   n. 발견.
- l'**empire** *m* [ɑ̃pir]   n. 제국.
  L'*empire* romain. 로마 제국.
  L'*Empire*. 나폴레옹시대의 제정.
- la **Gaule** [gol]   n. 고올.
- le **gaulois**, la **gauloise**   n. 고올족.
  [golwa, z]
- la **guerre** [gɛr]   n. 전쟁.
- la **guillotine** [gijɔtin]   n. 기요틴, 단두대.
- la **légion** [leʒjɔ̃]   n. 군단, 외인부대.
  La *Légion*. 외인부대.
- la **liberté** [libɛrte]   n. 자유.
  Les *libertés* individuelles. 개인의 자유.
- la **Marseillaise** [marsɛjɛz]   n. 라 마르세이예즈, 프랑스 국가(國歌).
- la **monarchie** [mɔnarʃi]   n. 군주정치.
  La *monarchie* absolue. 절대 왕정.
- la **noblesse** [nɔblɛs]   n. 귀족의 신분.
- **occuper** [ɔkype]   v. 점거하다, 탈취하다.
- la **prise de la Bastille**   바스티유 감옥의 탈취 사건.
  [prizdəlabastij]
- la **reine** [rɛn]   n. 왕비, 여왕(souveraine).
- la **révolution** [revɔlysjɔ̃]   n. 혁명.

- la **Révolution** [revɔlysjɔ̃] n. 프랑스 대혁명.
- le **roi** [rwa] n. 왕.
- **romain, e** [rɔmɛ̃, ɛn] adj. 로마의.
- la **tradition** [tradisjɔ̃] n. 전통.

absolu, e [apsɔly]	adj. 절대적인.
l'**absolutisme** *m* [apsɔlytism]	n. 전제정치, 전제주의.
Charlemagne [ʃarləmaɲ]	샤를마뉴 대제**(742-814)**.
le **citoyen**, la **citoyenne** [sitwajɛ̃, ɛn]	n. 시민.
colonial, e, -aux [kɔlɔnjal, o]	adj. 식민지의.
le **combat** [kɔ̃ba]	n. 전투.
combattre [kɔ̃batr]	v. ~와 싸우다.
le **Débarquement** [debarkəmɑ̃]	노르망디 상륙작전.
dominer [dɔmine]	v. 지배하다.
les **droits de l'homme** *mpl* [drwadlɔm]	n. 인권.
l'**égalité** *f* [egalite]	n. 평등. Liberté, *Egalité*, Fraternité. 자유, 평등, 박애.
l'**empereur** *m* [ɑ̃prœr]	n. 황제. L'*empereur* Napoléon 3. 황제 나폴레옹 3세.
envahir [ɑ̃vair]	v. 침략하다. Guillaume le Conquérant a *envahi* l'Angleterre. 정복자 윌리암이 영국을 침략했다.
l'**esclave** *mf* [ɛsklav]	n. 노예.
les **Etats généraux** *mpl* [etaʒenero]	n. 삼부회(三部會).
l'**exécution** [ɛgzekysjɔ̃]	n. 실행, 실시.
fonder [fɔ̃de]	v. 창설하다(**créer**), 창립하다.

la **fraternité** [fratɛrnite]	n. 박애.
la **gloire** [glwar]	n. 영광.
l'**invasion** *f* [ɛ̃vɑzjɔ̃]	n. 침략, 침공.
libérer [libere]	v. 해방하다.
la **lutte** [lyt]	n. 투쟁. La *lutte* de la classe ouvrière. 노동계급의 투쟁.
misérable [mizerabl]	adj. 비참한.
la **misère** [mizɛr]	n. 비참, 곤궁. Le peuple a vécu dans la *misère*. 사람들은 비참하게 살았다.
le **plébiscite** [plebisit]	n. 국민투표. Louis-Napoléon a éte élu par *plébiscite*. 루이 나폴레옹은 국민투표를 통해 선출됐다.
la **population** [pɔpylasjɔ̃]	n. 국민, 주민.
la **Première guerre mondiale** [prəmjɛrgɛrmɔ̃djal]	1차 세계대전.
le **privilège** [privilɛʒ]	n. 특권, 특전.
le **règne** [rɛɲ] **régner** [reɲe]	n. 군림, 통치. v. 통치하다, 군림하다. Louis XIV a *régné* de 1643 à 1715. 루이14세는 1643년부터 1715년까지 통치했다.
la **Résistance** [rezistɑ̃s]	레지스탕스.
royal, e, -aux [rwajal, o]	adj. 왕의, 왕에 속하는.
le **royaume** [rwajom]	n. 왕국.
la **séparation des pouvoirs** [separasjɔ̃depuvwar]	권력의 분리.
le **siècle des lumières** [sjɛkləlymjɛr]	계몽주의 시대. Les philosophes ont marqué le *siècle des lumières*. 철학자들은 계몽주의시대를 만들었다.

le **tiers état** [tjɛrzeta]	제3계급, 부르주와지.
la **torture** [tɔrtyr]	n. 고문, 자책(**supplice**).
traditionnel, le [tradisjɔnɛl]	adj. 전통적인.
victorieux, -euse [viktɔjø, z]	adj. 승리의, 승리하는.

빠리스코프

빠리스코프(Pariscope)란 '빠리를 살피는 기계'란 뜻을 가진 빠리시내 공연안내 책자다. 매주 수요일 나오는 이 조그만 책자는 빠리에서 문화생활을 즐기려는 사람들의 필수품이다.

2백쪽 정도의 이 안내책자에는 빠리와 그 인근에서 벌어지는 크고 작은 문화, 예술행사가 빠짐 없이 소개된다. 이 책자 한권이면 한국영화 '서편제'가 어느 극장에서 몇시에 상영되고 상영시간은 몇분이며 입장료는 얼마고 하는 공연 안내에서 누가 언제 만들었고, 배우로는 누가 나오며, 영화 내용은 어떤 것이지 등 작품 자체에 대한 것까지 손바닥 들여다 보듯 훤히 알 수 있다.

약 6백원이면 신문가게든 서점이든, 거리의 가판대든 어디서나 쉽게 구할 수 있는 빠리스코프의 꼼꼼하고 정확한 안내를 받을수 있다. 행정구역으로 본 빠리는 서울보다 훨씬 작다. 동서로 12km, 남북으로 9km정도 넓이에 인구는 2백15만명에 불과하다. 그러나 빠리의 문화공간은 다른 대도시들과는 비교가 안될 정도로 많고 다양하다.

오페라 바스티유 같은 대형 공연장에서 각 동네 공연장에 이르기까지 크고 작은 공연장만 1백24개에 달하고 콘서트홀 84개, 영화관 3백49개, 미술관 3백20개, 박물관 76개등 문화공간은 수도 없이 많다. 이 많은 문화공간에서 1년내내 각종 문화행사가 그치지 않는다. 랩에서 심퍼니, 월츠에서 전위무용, 찰리 채플린에서 스티븐 스필버그, 고대 이집트 미술에서 피카소까지 원하는 대로 골라 즐길 수 있다.

그래서 사람들은 흔히 빠리를 문화의 도시라고 한다. 셀 수 없이 많은 문화, 예술행위가 쉴새 없이 펼쳐지기 때문에 2백 페이지가 넘는 빠리스코프를 1주일이 멀다하고 빈칸 없이 채울 수 있는 것이다. 빠리사람들의 문화에 대한 수요와 층이 그 만큼 크고 두텁다는 뜻이다.

사회생활

20. 사생활
21. 친교
22. 일
23. 교통
24. 우편, 은행

20. 사생활

─── 가족 ───

- l'**aîné, e** [ene] — n. 손위 형제, 자매.
- le **bébé** [bebe] — n. 아기.
- **cadet, te** [kadɛ, t] — adj. 어린, 손아래의, 막내인.
  C'est moi la *cadette*. 내가 제일 막내다.
- le **cousin**, la **cousine** [kuzɛ̃, in] — n. 사촌.
- **enceinte** [ãsɛ̃t] — n. 임신.
  Je suis *enceinte* de trois mois.
  나는 임신 3개월째다.
- l'**enfant** *mf* [ãfã] — n. 어린이, 자식.
- l'**enfant unique** *mf* [ãfãynik] — n. 유일한 자식.
- **faire partie de** [fɛrpartidə] — ~에 속하다.
  Le chien *fait partie de* la famille.
  그 개도 식구에 속한다.
- la **famille** [famij] — n. 가족.
- la **femme** [fam] — n. 아내.
- **fiancé, e** [fjãse] — adj. 약혼한 n. 약혼자.
- la **fille** [fij] — n. 딸.
- le **fils** [fis] — n. 아들.
- le **frère** [frɛr] — n. 남자 형제.
- le **garçon** [garsɔ̃] — n. 사내 아이.
- le, la **gosse** [gɔs] — n. 어린이.
- la **grand-mère** [grãmɛr] — n. 할머니.
- le **grand-père** [grãpɛr] — n. 할아버지.
- les **grands-parents** *mpl* [grãparã] — n. 조부모.
- l'**homme** *m* [ɔm] — n. 사람, 남자.

L'*homme* était le chef de la famille.
남자가 집안의 어른이었다.

- la **maman** [mamɑ̃]   n. 엄마.
- le **mari** [mari]   n. 남편.

Mon *mari* est malade.   내 남편이 아프다.

- le **membre** [mɑ̃br]   n. 구성원.
- la **mère** [mɛr]   n. 어머니.
- le **neveu, x** [nəvø]   n. 남자 조카.
- la **nièce** [njɛs]   n. 여자 조카.
- l'**oncle** *m* [ɔ̃kl]   n. 아저씨, 삼촌.
- le **papa** [papa]   n. 아빠.
- les **parents** *mpl* [parɑ̃]   n. 부모, 친척.
- le **père** [pɛr]   n. 아버지.
- la **petite-fille** [ptitfij]   n. 손녀.
- le **petit-fils** [ptifis]   n. 손자.
- les **petits-enfants** *mpl* [ptizɑ̃fɑ̃]   n. 손자들.
- la **sœur** [sœr]   n. 여자형제.
- la **tante** [tɑ̃t]   n. 아주머니, 숙모.

l'**ancêtre** *m* [ɑ̃sɛtr]	n. 조상.
le **beau-fils** [bofis]	n. 의붓 아들, 사위.
le **beau-père** [bopɛr]	n. 장인, 시아버지.
les **beaux-parents** *mpl* [boparɑ̃]	n. 시부모, 장인과 장모.
la **belle-fille** [bɛlfij]	n. 며느리.
la **belle-mère** [bɛlmɛr]	n. 시어머니, 장모.
la **famille nombreuse** [famijnɔ̃brøz]	n. 대가족. Ils ont trois enfants, c'est une *famille nombreuse*. 그들은 자식이 셋이다, 대가족이다.
la **génération** [ʒenerasjɔ̃]	n. 세대. Les gens de ma *génération* ont été élevés autrement. 내 세대의 사람들은 다르게 키워졌다.

la **mamie** [mami]	n. 할머니.
la **marraine** [marɛn]	n. 카톨릭의 대모.
la **mémé** [meme]	n. 할머니 (**mémère**).
mineur, e [minœr]	n. 미성년자.
	Le film est interdit aux *mineurs*.
	그 영화는 미성년자 관람금지이다.
le **papi** [papi]	n. 할아버지.
le **parrain** [parɛ̃]	n. 카톨릭의 대부.
le **pépé** [pepe]	n. 할아버지.

가정생활

- **abandonner** [abɑ̃dɔne]   v. 버리다. 유기하다.
  Janine a dû *abandonner* son bébé.
  자닌은 그의 아기를 포기해야만 했다.
- l'**amour** *m* [amur]   n. 사랑.
- l'**anniversaire** *m* [anivɛrsɛr]   n. 생일.
  Bon *anniversaire*. 생일 축하합니다.
- **attendre (s')** [satɑ̃dr]   v. ~을 기대하다.
  Je *m'attends* à tout.
  나는 모든 것을 기대한다.
  Je ne m'y suis pas *attendu*.
  나는 그것을 기대하지 않았다.
- le **cadeau, x** [kado]   n. 선물.
- le **cimetière** [simtjɛr]   n. 묘지.
- **commun, e** [kɔmœ̃, yn]   adj. 공통의, 공동의.
  Nous, on fait tout en *commun*.
  우리는 모든 것을 공동으로 한다.
- **Dieu** *m* [djø]   n. 신, 하느님.
- le **divorce** [divɔrs]   n. 이혼.
- l'**éducation** *f* [edykasjɔ̃]   n. 교육.

- ❏ **élever** [elve]   v. 자식을 키우다, 양육하다.
- ❏ **l'émotion** *f* [emosjɔ̃]   n. 감정, 감동.
  Mémé pleure d'*émotion*.
  할머니는 감동해서 우신다.
- ❏ **ému, e** [emy]   adj. 감동한 (touché), 감격한 (attendri), 흥분한.
- ❏ **l'enterrement** *m* [ɑ̃tɛrmɑ̃]   n. 매장.
- ❏ **l'excursion** *f* [ɛkskyrsjɔ̃]   n. 소풍.
- ❏ **la fête** [fɛt]   n. 축제, 잔치.
  Bonne *fête*, Paulette.
  좋은 축제가 되거라, 뽈레뜨.
- ❏ **l'intérêt** *m* [ɛ̃terɛ]   n. 이익, 이해관계.
- ❏ **le mariage** [marjaʒ]   n. 결혼.
- ❏ **marier (se)** [səmarje]   v. ~와 결혼하다.
  Odile s'est *mariée* avec son ami.
  오딜은 자기 친구와 결혼했다.
- ❏ **le ménage** [menaʒ]   v. 집안일, 살림살이.
  Scène de *ménage*. 부부 싸움.
- ❏ **la mort** [mɔr]   n. 죽음.
- ❏ **mort, e** [mɔr, t]   adj. 죽은.
- ❏ **mourir** [murir]   v. 죽다.
- ❏ **la naissance** [nɛsɑ̃s]   n. 출생.
- ❏ **obéir** [ɔbeir]   v. ~에 복종하다(à), 순종하다.
- ❏ **religieux, -euse** [rəliʒjø, z]   adj. 종교에 관한.
- ❏ **la religion** [rəliʒjɔ̃]   n. 종교.
- ❏ **la retraite** [rətrɛt]   n. 은퇴.
- ❏ **séparer** [separe]   v. 갈라놓다, 헤어지게 하다.
- ❏ **uni, e** [yni]   adj. 결합된.
  Stéphane et Berthe forment un couple *uni*.
  스테판과 베르뜨는 조화로운 커플이 된다.

le **baptême** [batɛm]	n. 세례, 영세.
baptiser [batize]	v. ~에게 세례하다, 영세하다.
la **cérémonie** [seremɔni]	n. 의식, 의례.
la **communion solennelle** [kɔmynjɔ̃sɔlanɛl]	n. 성체 배령, 신성과 인성의 일치.
conjugal, e, -aux [kɔ̃ʒygal, o]	adj. 부부의.
le **couple** [kupl]	n. 커플.
divorcer [divɔrse]	v. 이혼하다.

Si tu continues, je *divorce*.
네가 계속 그러면 이혼하겠다.

épouser [epuze]	n.t. ~를 배우자로 삼다.
fiancer (se) [səfjɑ̃se]	v. ~와 약혼하다.
l'**héritage** *m* [eritaʒ]	n. 유산, 상속 (**succession**).
hériter [erite]	v. ~을 상속받다, (**-de**) ~을 물려받다.

J'ai *hérité* de la maison.
나는 집을 물려받았다.
Il a tout *hérité* de son père.
그는 모든 것을 자기 아버지로부터 물려받았다.

marier [marje]	v.t. ~를 혼인시키다.

J'ai *marié* ma fille cadette.
나는 막내딸을 시집보냈다.

parent, e [parɑ̃, t]	adj. 가까운, 친족의.
la **première communion** [prəmjɛrkɔmynjɔ̃]	n. 친교, 영적 교섭.
rompre [rɔ̃pr]	v. 끊다. 깨뜨리다.

J'ai *rompu* mes fiançailles avec Guy.
나는 기와의 약혼을 파혼했다.

la **séparation** [separɑsjɔ̃]	n. 헤어짐.
séparer (se) [səsepare]	v. 헤어지다, 갈라서다.

인간 관계

- **aimer** [eme]   v. 사랑하다.
  J'*aime* les bébés.
  나는 아기들을 사랑한다.
- **l'ambiance** [ãbjãs]   n. 환경(atmosphère), 분위기.
- **l'ami, e** *m, f* [ami]   n. 친구.
- **l'amitié** *f* [amitje]   n. 우정.
- **amoureux, -euse** [amurø, z]   adj. 사랑의, 사랑하는.
  Je suis *amoureuse* de Gérard Départdieu.
  나는 제라르 드빠르디유를 사랑한다.
- le **camarade** [kamarad]   n. 동무, 친구.
- la **connaissance** [kɔnɛsãs]   n. 앎, 면식, 교우.
  J'ai fait la *connaissance* d'une jolie fille.
  나는 예쁜 아가씨를 알게 됐다.
- **connaître** [kɔnɛtr]   v. 알다, 사귀다.
- le **contact** [kɔ̃takt]   n. 접촉, 교제.
  Je ne suis plus en *contact* avec Joëlle.
  나는 조엘과 더 이상 접촉이 없다.
- le **copain,** la **copine** [kɔpɛ̃, kɔpin]   n. 친구, 동무.
- **détester** [detɛste]   v. 싫어하다.
- **embrasser** [ãbrase]   v. 껴안다. 포옹하다.
- **l'ennemi, e** *m.f* [ɛnmi]   n. 적, 원수.
- **être bien avec qqn** [ɛtrəbjɛ̃navɛkkɛlkœ̃]   ~와 사이가 좋다.
  Je voudrais l'épouser, je suis *bien avec* lui.
  나는 그와 결혼하고 싶다, 그와 잘 지낸다.
- **faire la cour** [fɛrlakur]   ~의 마음에 들려고 애쓰다.
- **froid, e** [frwa, d]   adj. 차가운.
- **proche** [prɔʃ]   adj. 가까운.
- la **relation** [rəlasjɔ̃]   n. 관계.
- le **sentiment** [sãtimã]   n. 감정.

- **sympa(thique)** [sɛ̃patik] sdj. 사람이 좋은.
  C'est un type *sympa*. 참 좋은 사람이다.
- **tomber amoureux, -euse de** [tɔ̃beamurø, zdə] ~와 사랑에 빠지다.
- **tutoyer** [tytwaje] v. 서로 tu를 쓰다.
- le **voisin**, la **voisine** [vwazɛ̃, in] n. 이웃 사람.

affectif, -ive [afɛktif, iv]	adj. 감정의, 애정을 나타내는.
amical, e, -aux [amikal, o]	adj. 우정의.
chaleureux, -euse [ʃalœrø, z]	adj. 열렬한, 열심인.
cordial, e, -aux [kɔrdjal, o]	adj. 마음으로 부터의, 다정한. *Cordialement* vôtre. 충심으로(편지의 끝 부분).
courir après qqn [kuriraprɛkɛlkœ̃]	~를 쫓아다니다. Il *court après* toutes les filles. 그는 모든 여자들을 쫓아다닌다.
faire la bise [fɛrlabiz]	볼에 뽀뽀하다. *Fais la bise* à la dame. 부인께 뽀뽀해 드려라.
la **haine** [ˈɛn]	n. 증오, 혐오.
hostile [ɔstil]	adj. 적대적인. Nous sommes *hostiles* à toute répression. 우리는 모든 억압에 반대한다.
l'**hostilité** *f* [ɔstilite]	n. 적대 관계.
la **liaison** [ljɛzɔ̃]	n. 호감, 호의.
vouvoyer [vuvwaje]	v. 서로 **vous**를 사용하다.

좋은 경험

- **avoir confiance en qqn** [avwarkɔ̃fjɑ̃sɑ̃kɛlkœ̃] ~를 믿다, 신뢰하다.
  J'*ai confiance en* ma femme.
  나는 내 아내를 믿는다.
- **avoir de la chance** [avwardlaʃɑ̃s] 운이 좋다.
- **avoir de la veine** [avwardlavɛn] 행운이 있다.
- **avoir du succès** [avwardysyksɛ] 성공을 거두다.
- **avoir envie de** [avwarɑ̃vidə] ~하고 싶다.
  Tu n'*as* pas *envie de* faire une belote?
  너는 블롯 카드놀이를 하고 싶지 않니?
- **avoir la chance de** [avwarlaʃɑ̃sdə] ~할 기회가 있다.
  J'*ai la chance de* passer une semaine à Paris.
  나는 1주일 동안 빠리를 다녀올 기회가 있다.
- **avoir pitié** [avwarpitje] ~를 동정하다, 가엾게 여기다.
  Aie pitié de moi. 나를 가엾게 여겨다오.
- **le bonheur** [bɔnœr] n. 행운.
- **la chance** [ʃɑ̃s] n. 행운, 기회(보통 복수).
- **la confiance** [kɔ̃fjɑ̃s] n. 신뢰, 믿음.
- **désirer** [dezire] v. 원하다, 바라다.
  Que *désirez*-vous? 무엇을 원하세요?
  Elle *désire* qu'il vienne la voir.
  그녀는 그가 그녀를 만나러 오길 바란다.
- **espérer** [ɛspere] v. 희망하다.
- **l'espoir** [ɛspwar] n. 희망.
- **être dans la lune** [ɛtrədɑ̃lalyn] 정신을 딴데 팔고 있다.
- **faire fortune** [fɛrfɔrtyn] 성공하다, 재산을 만들다.
- **fidèle** [fidɛl] adj. 성실한, 충실한.
- **gai, e** [gɛ] adj. 즐거운.

- **heureux, -euse** [œrø, z]   adj. 행복한 (↔ malheureux).
- **indépendant, e**   adj. 독립적인.
  [ɛ̃depɑ̃dɑ̃, t]
- **libre** [libr]   adj. 자유로운.
- la **patience** [pasjɑ̃s]   n. 참을성, 인내, 끈기(persévérance).
- **patient, e** [pasjɑ̃, t]   a. 참을성 있는, 끈기 있는.
- le **plaisir** [plezir]   n. 쾌락.
  Avec *plaisir*. 기꺼이.
- la **responsabilité**   n. 책임, 책임감.
  [rɛspɔ̃sabilite]
- **responsable** [rɛspɔ̃sabl]   adj. 책임을 지는.
  Tu es *responsable* de tout.
  너는 모든 것의 책임을 진다.
- **riche** [riʃ]   adj. 부유한, 부자인.
- **satisfait, e** [satisfɛ, t]   adj. 만족해 하는.
  Je suis *satisfait* de ton travail à l'école.
  나는 너의 학업에 만족해 한다.

la **beauté** [bote]	n. 아름다움.
le **bien-être** [bjɛ̃nɛtr]	n. 복지, 행복.
épanouir (s') [sepanwir]	꽃이 피다, 개화하다.
être à l'aise [ɛtralɛz]	편안하다, 안락하다.
la **gaieté** [gɛte]	n. 즐거움, 쾌활함.
la **joie** [ʒwa]	n. 즐거움, 쾌락.
l'**optimiste** *mf* [ɔptimist]	n. 낙관주의자.
le **prestige** [prɛstiʒ]	n. 위신, 위세.
la **richesse** [riʃɛs]	n. 부, 부유함.
la **vertu** [vɛrty]	n. 덕성, 미덕.

── 나쁜 경험 ──

- **avoir de la peine**　　애쓰다, 고생하다.
  [avwardlapɛn]　　J'ai eu *de la peine* à comprendre.
  　　　　　　　　　나는 이해하느라고 애썼다.
- **avoir des histoires**　　~와 말썽이 생기다.
  [avwardezistwar]
- **avoir du mal à**　　~하기 어렵다, 힘들다.
  [avwardymala]　　J'ai *du mal à* comprendre ça.
  　　　　　　　　나는 그것을 이해하기 힘들었다.
- **avoir honte**　[avwarˈɔ̃t]　창피해 하다.
- **avoir peur**　[avwarpœr]　겁내다.
  　　　　J'*ai peur* qu'il soit trop tard.
  　　　　나는 그가 너무 늦을까봐 겁이난다.
- le **chagrin**　[ʃagrɛ̃]　n. 슬픔, 괴로움.
- la **charge**　[ʃarʒ]　n. 책임, 부담.
- le **conflit**　[kɔ̃fli]　n. 갈등.
- **être de mauvaise humeur**　기분이 나쁘다.
  [ɛtrədəmovɛzymœr]
  　　　　Je ne l'aime pas trop, il est souvent *de mauvaise humeur*. 나는 그를 별로 좋아하지 않는다. 그는 늘 언짢아 하고 있다.
- la **déception**　[desɛpsjɔ̃]　n. 실망.
- **décevoir**　[desəvwar]　v. 실망시키다.
- **décourager**　[dekuraʒe]　v. 낙담하게 하다.
- **désespéré, e**　[dezɛspere]　adj. 절망한, 매우 유감스러운.
- l'**embarras**　*m*　[ɑ̃bara]　n. 곤경, 궁지(difficulté), 난처한 처지(gêne).
- **embarrassé, e**　[ɑ̃barase]　adj. 난처한, 당황한.
- **énerver (s')**　[senɛrve]　v. 신경질을 내다.
  　　　　Ça ne vaut pas la peine de *s'énerver*.
  　　　　신경질 낼 필요는 없다.
  　　　　Ne *t'énerve* pas! 신경질 내지마!
- l'**ennui**　*m*　[ɑ̃nɥi]　n. 권태, 지루함.
- **ennuyer (s')**　[sɑ̃nɥije]　v. 지루해 하다, 싫증을 내다.
- l'**épreuve**　*f*　[eprœv]　n. 시험, 테스트, 시련.

- **être à plaindre** [ɛtraplɛ̃dr] 불쌍히 여기다, 한탄하다.
- **fâcher (se)** [səfɑʃe] v. 화내다.
  Corinne s'est *fâchée* avec son ami.
  코린은 자기 친구에게 화냈다.
- **faire de la peine à qqn** ~을 괴롭히다, ~에게 걱정을 끼치다.
  [fɛrdəlapɛnakɛlkœ̃]
- **faire des scènes** 싸움을 걸다.
  [fɛrdesɛn]
- **faire pitié à qqn** 동정하다, 불쌍히 여기다.
  [fɛrpitjeakɛlkœ̃]
- **faire une gaffe** [fɛryngaf] 실수하다.
  Jean a *fait une gaffe* et maintenant il a honte. 쟝은 실수했고 지금은 챙피해 한다.
- **furieux, -euse** [fyrjø, z] adj. 격노한, 분노한.
- **inquiet, -iète** [ɛ̃kjɛ, t] adj. 초조해 하는.
- **jaloux, -ouse** [ʒalu, z] adj. 질투하는.
  Je suis *jaloux* de Paul.
  나는 뽈에 대해 질투한다.
- le **malheur** [malœr] n. 불행.
- **malheureux, -euse** adj. 불행한.
  [malœrø, z]
- **mécontent, e** [mekɔ̃tɑ̃, t] adj. 불만스러운.
  Je suis *mécontent* de ton travail à l'école.
  나는 너의 학업에 만족해 하지 않는다.
- **pauvre** [povr] adj. 가난한, 불쌍한.
- la **peur** [pœr] n. 공포, 두려움.
- **seul, e** [sœl] adj. 유일한(unique), 하나의.
- le **souci** [susi] n. 걱정.
- **triste** [trist] adj. 슬픈.

---

bouleversé, e [bulvɛrse] adj. 아연실색한.
le **désespoir** [dezɛspwar] n. 실망.

l'**excès** [εksε]	n. 과도한 행위, 지나침.
la **faiblesse** [fεblεs]	n. 나약함, 허약함.
imprudent, e [ε̃prydã, t]	adj. 신중하지 못한.
l'**inquiétude** f [ε̃kjetyd]	n. 불안, 근심.
la **jalousie** [ʒaluzi]	n. 질투.
maladroit, e [maladrwa, t]	adj. 서툰 (**gauche**), 어설픈 (**inhabile**).
la **misère** [mizεr]	n. 비참함.
la **pauvreté** [povrəte]	n. 가난.
le **regret** [rəgrε]	n. 후회, 유감. Je te quitte sans *regret*. 나는 아쉬움 없이 너와 헤어진다.
la **solitude** [sɔlityd]	n. 고독. Beaucoup de vieux vivent dans la *solitude*. 많은 노인들이 고독하게 살고 있다.
la **terreur** [tεrœr]	n. 공포 (**effroi**), 고뇌 (**angoisse**).
tromper [trɔ̃pe]	v. 속이다. Robert a *trompé* sa femme. 로베르는 자기 아내를 속였다.

—— 생활 환경 ——

❑ la **conscience** [kɔ̃sjãs]	n. 의식, 지각. J'ai bonne *conscience*. 나는 양심에 거리낌이 없다.
❑ **courir un risque** [kurirœ̃risk]	위험을 무릅쓰다.
❑ l'**expérience** f [εksperjãs]	n. 경험.
❑ l'**expression** [εksprεsjɔ̃]	n. 표현.
❑ **familier, -ère** [familje, εr]	adj. 친숙한 (liant), 친밀한 (amical).
❑ **garder** [garde]	v. 지키다, 유지하다. Paul a *gardé* son sang froid.

	뽈은 냉정함을 유지했다.
	Qui *garde* les enfants?
	누가 아이들을 돌보지?
❏ l'**habitude** *f* [abityd]	n. 습관.
	J'ai l'*habitude* de faire la sieste.
	나는 낮잠 자는 습관이 있다.
	D'*habitude*, c'est moi qui fait la vaisselle.
	보통, 내가 설거지 한다.
❏ **habituel, le** [abityɛl]	adj. 습관적인.
❏ **jeune** [ʒœn]	adj. 젊은, 어린.
❏ la **jeunesse** [ʒœnɛs]	n. 젊은이들(집합적), 청춘 시대.
❏ l'**obligation** *f* [ɔbligɑsjɔ̃]	n. 의무, 규정, 책임.
❏ l'**occasion** *f* [ɔkazjɔ̃]	n. 기회.
❏ s'**occuper de** [sɔkypədə]	~을 맡아서 하다.
	Je *m'occupe* des enfants.
	내가 아이들을 돌본다.
❏ **prendre des risques** [prɑ̃drədərisk]	위험을 무릎쓰다.
❏ **privé, e** [prive]	adj. 개인적인.
	C'est ma vie *privée*, ça ne te regarde pas.
	내 사생활이니, 너와는 상관없는 일이다.
❏ le **rêve** [rɛv]	n. 꿈, 몽상.
❏ le **vieillard** [vjɛjar]	n. 노인, 늙은이.
❏ la **vieillesse** [vjɛjɛs]	n. 노년기, 노인들(집합적).
❏ **vieillir** [vjɛjir]	v. 늙다, 나이 먹다.

l'**adolescent, e** [adɔlɛsɑ̃, t]	n. 청년.
l'**attitude** *f* [atityd]	n. 태도.
avoir des rapports [avwardərapɔr]	관계를 갖다, 어울리다.
la **carrière** [karjɛr]	n. 경험.
le **comportement** [kɔ̃pɔrtəmɑ̃]	n. 행동, 태도.

le **moral** [mɔral]	n. 도덕, 마음, 기력. Je n'ai pas le *moral*. 나는 기가 죽어 있다.
particulier, -ère [partikylje, ɛr]	adj. 특이한, 개인의.
la **prise de conscience** [prizdəkɔ̃sjɑ̃s]	n. 깨달음.
propre [prɔpr]	adj. 고유한, 본래의. Je n'aurais pas attendu ça de mes *propres* enfants. 내 자식들에게서는 그것을 기대하지 못했을 것이다.
le **rapport** [rapɔr]	n. 관계.
le **troisième âge** [trwazjɛmɑʒ]	n. 노년기. Les gens du *troisième âge* sont de plus en plus nombreux. 노인들이 점점 많아지고 있다.

프랑스의 결혼

프랑스의 신세대들은 일단 살아보고 결혼하는 것이 보편화돼 있다. 일종의「시험동거」인 이 과정을 거치지 않고 정식 결혼식후 바로 살림을 시작하는 것은「극히 드문 일」이다.

1~2년 동거를 하다보면 살림살이와 세간은 저절로 마련된다. 정도 차이는 있겠지만 동거할 때 하나둘 사들인 두사람의 살림살이가 자연스럽게 혼수의 근간이 되는 셈이다.

이들의 결혼에서 독특한 것은「리스트 드 마리아쥬」라는 선물목록 겸 세간품목표를 작성한다는 점이다. 직역하면「결혼목록」이다. 신랑 신부 후보들은 일단 혼인날짜가 정해지면 큰 백화점의 혼수코너나 혼수 전문상점 등을 찾아가서「리스트 드 마리아쥬」를 작성한다. 조금 비싸면 1천프랑(16만원)정도에서부터 작게는 몇십프랑(몇 천원)짜리에 이르기까지 결혼생활에 필요한 물품들을 선택, 리스트를 만든다. 커피 세트도 있을 수 있고, 식탁보, 유리컵 세트, 장식 촛대, 은쟁반 등 평소에 갖고 싶었으나 동거기간중 마련하지 못한 것중 그리 비싸지 않은 물품으로 목록으로 만든다. 대략 30~50가지. 컴퓨터회사에 다니는 베르나르와 책방에서 일하는 올리비에도 결혼목록을 만들었다. 시가쪽은 변호사 집안이고, 친정은 의사 집안이지만 이 목록에 보석류를 포함시킨다는 것은 생각조차 해본 일이 없다.

결혼식 초청장이 날아오면 하객들은 먼저 신랑신부측에게 어느 백화점 혹은 어느 전문상점에「리스트 드 마리아쥬」를 작성해 놓았는지를 묻는게 예의에 속한다. 하객들은 결혼전까지 이 목록이 작성돼 있는 상점을 찾아가 자신이 신혼부부를 위해 사줄 수 있는 품목의 대금을 지불한다. 봉투에 축의금을 넣어서 결혼식장에서 전달하는 것은 있을 수 없는 일이다. 필요한 품목을 본인들 손으로 선택하게 한다는 합리성, 그리고 현금전달이 아니고 선물을 사준다는 인간적인면, 신혼부부를 상대로 한 혼수 상인들의 판매전략 등이 복합돼 있는 것이 오늘날 프랑스 결혼식에 등장하는「리스트 드 마리아쥬」인 셈이다.

그러나 어떤 경우든 아주 부잣집 자손들을 제외하곤. 냉장고 세탁기 전기오븐 텔레비전 비디오 전축 자동차 등 부족함 없이 완전하게 갖춰 출발하는 신혼부부는 거의 없다고 보아도 옳다. 동거하면서 하나둘씩 사거나 결혼식 때 친구와 친척들이 보태주고 그리고 아이를 낳아 기르면서 장만해 나간다. 그리고 무엇보다 값비싼 세간이나 장롱 따위는 부모에게서 물려받은 것을 최고로 친다. 신혼주부가 친구를 집으로 초대. 자랑하는 품목은 대부분 시부모로부터 물려받은 가구류다.

결혼식은 원칙적으로 시청에서 갖는다. 대개 토요일 등 주말에 시장 혹은 시장 대리인이 결혼식을 주례한다. 결혼식에 걸리는 시간은 대략 30분 정도. 이 자리에 법률적으로 꼭 참석해야 하는 사람은 결혼 당사자와 양측의 증인 등 4명이다. 4명만 있으면 시청은 결혼을 인정하고 서류를 만들어준다.

21. 친교

일반어휘

- **aller voir** [alevwar]　~를 방문하다, 만나다.
- **attendre** [atɑ̃dr]　v. 기다리다.
- **chercher** [ʃɛrʃe]　v. 찾다.
- **choisir** [ʃwazir]　v. 선택하다, 고르다.
- **le choix** [ʃwa]　n. 선택.
- **concerner** [kɔ̃sɛrne]　v. ~에 관련되다.
  Ça nous *concerne*.　그것은 우리와 관련된다.
- **diriger** [diriʒe]　v. 지휘하다, 지도하다.
- **emmener** [ɑ̃məne]　v. ~로 데려가다.
- **inviter** [ɛ̃vite]　v. 초대하다.
- **montrer** [mɔ̃tre]　v. 보여주다.
- **placer** [plase]　v. 자리 잡아주다.
  On était mal *placés*.
  우리는 자리가 좋지 않았다.
- **présenter** [prezɑ̃te]　v. 소개하다.
- **ramener** [ramne]　v. 다시 데려오다.
  Tu me *ramènes*?　나를 집에 데려다 주겠니?
- **recevoir** [rəsvwar]　v. 맞이하다.
  On a été bien *reçus*.　우리는 환영 받았다.
- **la rencontre** [rɑ̃kɔ̃tr]　n. 만남.
- **rencontrer** [rɑ̃kɔ̃tre]　v. 만나다.
- **le rendez-vous** [rɑ̃devu]　n. (복수불변)약속, 데이트.
- **rendre qqc à qqn** [rɑ̃drkɛlkəʃozakɛlkœ̃]　~을 ~에게 돌려주다.
- **retenir** [rətnir]　v. 잡아두다.
  Je ne vous *retiens* pas plus longtemps.
  나는 당신들을 더 이상 잡아두지는 않겠다.

- **retrouver** [rətruve] v. 다시 만나다.
- **sauver** [sove] v. 구원하다.
- **supporter** [sypɔrte] v. 참다 (endurer), 버티다 (soutenir).
- la **surprise** [syrpriz] n. 놀라움, 뜻밖의 일.
- **tirer** [tire] v. 잡아당기다.
- **trouver** [truve] v. ~라고 생각하다.
  Comment tu *trouves* le nouveau prof?
  너는 새 선생님을 어떻게 생각하니?

intéresser [ɛ̃terese]	v. 관심을 끌다, 흥미롭게 하다.
rattraper [ratrape]	v. 따라잡다 (**rejoindre**), 만회하다.
rechercher [rəʃɛrʃe]	v. 추구하다, 연구하다.
réclamer [reklame]	v.t. 요구하다 (**solliciter**), v.i. ~에 항의하다 (**-contre**).
réveiller [reveje]	v. 잠을 깨우다.
revoir [rəvwar]	v. 다시 보다.
le **sacrifice** [sakrifis]	n. 희생.
surprendre [syrprɑ̃dr]	v. ~를 놀라게 하다.
traiter [trete]	v. 다루다, 취급하다. On s'est fait *traiter* d'imbéciles. 우리는 바보로 여겨졌다. Jean-Luc *traite* sa femme comme une bonne. 쟝 뤽은 자기 아내를 하녀로 여긴다.

좋은 행동

- **aider** [ede]   v. 도와주다.
  Il faut *aider* Marie Christine.
  마리 크리스틴을 도와줘야 한다.
- **aimer** [eme]   v. 사랑하다, 좋아하다.
- **cacher** [kaʃe]   v. 감추다 (masquer), 가리다 (voiler).
- **calmer** [kalme]   v. 가라 앉히다, 차분하게 하다.
- **caresser** [karese]   v. 쓰다듬다, 어루만지다.
- **couvrir** [kuvrir]   v. 덮다, 커버하다.
- **donner** [dɔne]   v. ~에게 주다.
- **donner un coup de main** [dɔneœ̃kudmɛ̃]   ~를 도와주다.
- **embrasser** [ɑ̃brase]   v. 껴안다, 포옹하다.
- **louer** [lwe]   v. 칭찬하다.
- **protéger** [prɔteʒe]   v. 보호하다.
- **serrer** [sere]   v. 조이다, 밀착시키다.
  Serre-moi dans les bras.
  나를 팔안에 안아다오.
- **serrer la main** [serelamɛ̃]   악수하다.
- **soutenir** [sutnir]   v. 받쳐주다, 지원하다.
- **tolérer** [tɔlere]   v. 참다 (endurer), 묵인하다 (permettre).

---

adopter [adɔpte]   v. 채택하다, 양자로 삼다.
attirer [atire]   v. 끌어당기다, 유인하다.
Je me sens *attiré* par Nicole.
나는 니꼴에게 끌린다고 느낀다.
délivrer [delivre]   v. ~에서 석방시키다, 교부하다.
libérer [libere]   v. ~를 자유롭게 하다.
respecter [rɛspɛkte]   v. 존경하다, 존중하다.

나쁜 행동

- **battre** [batr]   v. 싸우다.
- le **coup** [ku]   n. 일격, 때림.
  Un *coup* de poing. 주먹질.
  Un *coup* de pied. 발길질.
- **enfermer** [ãfɛrme]   v. 가두다, 감금하다.
- **faire du mal à qqn** [fɛrdymalakɛlkœ̃]   ~를 괴롭히다.
- **faire marcher** [fɛrmarʃe]   ~를 속이다.
  Tu m'as *fait marcher*.
  너는 나를 속였다.
- **frapper** [frape]   v. 때리다, 두드리다 (battre).
- **gêner** [ʒene]   v. ~에게 폐를 끼치다.
- la **gifle** [ʒifl]   n. 따귀 치기.
- **imiter** [imite]   v. 모방하다, 흉내내다.
- **lâcher** [lɑʃe]   v. 느슨하게 하다, 풀어주다.
  Lâche-moi. 나를 풀어다오.
- **laisser** [lese]   v. 두고가다, 남겨두다.
- **mettre à la porte** [mɛtralapɔrt]   쫓아내다.
- **perdre de vue** [pɛrdrədvy]   시야에서 놓치다.
- **pousser** [puse]   v. 밀다, 부추기다.
- **punir** [pynir]   v. 벌하다, 처벌하다.
- **quitter** [kite]   v. ~를 떠나다.
- **remplacer** [rãplase]   v. 대체하다.
- **renvoyer** [rãvwaje]   v. 해고하다, 쫓아내다.
  J'ai été *renvoyé*.
  나는 해고 당했다.
- **repousser** [rəpuse]   v. 떠밀다, 물리치다, 격퇴하다.
- **salir** [salir]   v. 더럽히다.
- **séparer** [separe]   v. 분리시키다, 갈라놓다.
- **tuer** [tɥe]   v. 죽이다.

contraindre [kɔ̃trɛ̃dr]	v. 강요하다 (**forcer**), 억지로 시키다 (**obliger**). On m'a *contraint* à démissionner. 나는 사임을 강요당했다.
la **contrainte** [kɔ̃trɛ̃t]	n. 강제, 구속, 억압.
dominer [domine]	v. 지배하다.
humilier [ymilje]	v. 창피를 주다, 모욕을 주다.
inquiéter [ɛ̃kjete]	v. 불안하게 하다, 걱정시키다.
maltraiter [maltrete]	v. 학대하다, 구박하다.
négliger [negliʒe]	v. 무시하다.
la **perte** [pɛrt]	n. 손실, 분실.
poursuivre [pursɥivr]	v. 뒤쫓다, 추격하다.
presser [prese]	v. 누르다, 압박하다.
priver [prive]	v. 빼앗다, 박탈하다. Je vais te *priver* de dessert. 너에게서 디저트는 제외시키겠다.
provoquer [prɔvɔke]	v. 야기하다, 고발하다.
sacrifier [sakrifje]	v. 희생하다, 바치다. Je t'ai *sacrifié* les meilleures années de ma vie. 나는 내 인생의 황금기를 네게 바쳤다.
secouer [səkwe]	v. 흔들다, ~에게 충격을 주다.
tromper [trɔ̃pe]	v. 속이다 (**abuser**), 배신하다.
vexer [vɛkse]	v. 약올리다, 화나게 하다.

필요인력 나눠쓰는 '노동 풀'

프랑스에서는 노동비를 절감하고 동시에 실업을 예방할 수 있는 새로운 형태의 고용제도가 유행하고 있다.

일명「노동풀」과「기업시장」이라고 불리는 이 고용방식은 기업이 한 노동자의 노동력을 독점하는 전통적인 고용계약에서 벗어나 여러 기업이 노동력을 공유한다는 점이 특징이다.

우리나라 농촌에서 농번기에 일손을 나눠쓰던 두레와 유사하나 산업체와 서비스업에서 시행되고 있다는 점에서 다르다고 할 수 있다.

노동풀 제도는 여러 기업이 필요한 노동력을 산정한 뒤 공동으로 노동자를 고용하고 기업의 필요에 따라 노동력을 나눠쓰는 것이다.

일례로 프랑스 도르도뉴지방에서는 보일러회사와 통조림회사등 각기 다른 분야의 8개 중소기업이 지난 7월 별도 법인을 만들어 이 집단 고용제를 운영하고 있다.

이 회사는 연간 필요한 노동시간을 80명분에 해당하는 14만시간으로 책정하고 정규직 30만명과 임시직 320명을 채용. 한 노동자가 보통 2~3개 기업체에서 일하도록 하고 있다.

노동력을 빌려가는 기업은 이 별도 법인에 임대료로 시간당 1유로 내외를 내고 사용한 노동시간만큼의 임금을 지불하게 된다. 물론 노동자는 이 임대회사로부터 정상적인 월급을 받는다.

또 빠리의 중소전자업체에서 활발한「기업시장」제도는 노동조합을 복덕방으로 해 기업간에 노동력을 임대하는 독특한 방식이다. 일손이 남아도는 기업이 인건비 부담을 줄이기 위해 복덕방에 노동력을 내놓으면 인력이 필요한 다른 기업이 이 노동력을 임차하는 것이다.

임대기업은 임차기업으로부터 빌려준 노동력만큼 돈을 받아 노동자에게 월급을 지불한다. 현재 빠리와 근교에서 347개 기업이 이 시장에서 노동력 임대차를 통해 1만8,000명에게 일자리를 마련해주고 있다.

22. 일

─ 일터 ─

- la **banque** [bɑ̃k]   n. 은행.
- le **bureau, x** [byro]   n. 사무실, 행정관서.
  Je travaille dans un *bureau*.
  나는 사무실에서 일한다.
- les **chemins de fer** *mpl*   n. 철도.
  [ʃmɛ̃dfɛr]
- l'**école** *f* [ekɔl]   n. 학교.
- l'**hôpital, -aux** *m*   n. 병원.
  [ɔpital, o]
- l'**hôtel** [ɔtɛl]   n. 호텔.
- le **magasin** [magazɛ̃]   n. 가게.
- la **poste** [pɔst]   n. 우체국(P.T.T.).
  Je travaille à la *poste*.
  나는 우체국에서 일한다.
- le **restaurant** [rɛstɔrɑ̃]   n. 레스토랑.
- la **société** [sɔsjete]   n. 회사.
  Je travaille pour une *société* commerciale.
  나는 회사에서 일한다.
- l'**usine** *f* [yzin]   n. 공장.

---

l'**atelier** *m* [atəlje]   n. 작업장, 공장, 화실.
le **chantier** [ʃɑ̃tje]   n. 작업장, 조선소.
l'**exploitation** *f* [ɛksplwatɑsjɔ̃]   n. 농장, 광산.
Je travaille dans une *exploitation* agricole.
나는 농장에서 일한다.

la **ferme** [fɛrm]	n. 농장 (**domaine**), 농가.
la **grande surface** [grɑ̃dsyrfas]	n. 쇼핑센터.
la **mine** [min]	n. 광산.
les **P.T.T.** *fpl* [petete]	n. 우체국 (**Postes, Télégraphes et Téléphones**).
la **S.N.C.F. (Société Nationale des chemins de fer Français)** [ɛsɛnseɛf]	n. 프랑스 철도청.

—— 일의 분야 ——

❏ le **bâtiment** [bɑtimɑ̃]   n. 건물, 건축, 건립.
Je travaille dans le *bâtiment*.
나는 건물 안에서 일한다.

❏ le **commerce** [kɔmɛrs]   n. 상업.
❏ l'**enseignement** *m* [ɑ̃sɛɲəmɑ̃]   n. 교육, 지도.
❏ l'**entreprise** *f* [ɑ̃trəpriz]   n. 기업.
❏ l'**industrie** *f* [ɛ̃dystri]   n. 산업.
❏ le **spectacle** [spɛktakl]   n. 공연.

l'**administration** *f* [administrasjɔ̃]	n. 행정.
l'**agriculture** *f* [agrikyltyr]	n. 농업.
l'**hôtellerie** *f* [ɔtɛlri]	n. 호텔 경영.
l'**informatique** *f* [ɛ̃fɔrmatik]	n. 전산, 컴퓨터 과학, 정보 처리.
la **marine** [marin]	n. 항해, 해상 근무.
les **services publics** *mpl* [sɛrvispyblik]	n. 공공 서비스.
le **textile** [tɛkstil]	n. 직물, 직물 공업.
le **tourisme** [turism]	n. 관광.
les **transports** *mpl* [trɑ̃spɔr]	n. 수송.

작업

- **actif, -ive** [sktif, iv] adj. 능동적인, 활동적인.
- **l'activité** *f* [aktivite] n. 활동.
- **l'affaire** *f* [afɛr] n. 일, 사업.
- **le chef** [ʃɛf] n. 우두머리, 대표.
- **le chômage** [ʃomaʒ] n. 실업 상태.
  Je suis au *chômage*. 나는 지금 실업자다.
- **le concours** [kɔ̃kur] n. 경쟁, 경쟁 시험.
- **le congé** [kɔ̃ʒe] n. 휴가.
  Les *congés* payés existent depuis 60 ans.
  유급 휴가가 생겨난 지 60년째이다.
  Je suis en *congé* de maladie.
  나는 질병 휴가 중이다.
- **l'emploi** *m* [ɑ̃plwa] n. 고용.
- **l'employé, e** [ɑ̃plwaje] n. 피고용인.
- **employer** [ɑ̃plwaje] v. 고용하다, 채용하다.
- **engager** [ɑ̃gaʒe] v. 고용하다.
- **être pris, e** [ɛtrəpri, z] 바쁘다, 스케줄이 있다.
  Je *suis pris* toute l'après-midi.
  나는 오후내내 스케줄이 있다.
- **être reçu, e** [ɛtrərəsy] 시험에 합격하다.
- **exporter** [ɛkspɔrte] v. 수출하다.
- **la fonction** [fɔ̃ksjɔ̃] n. 기능, 직능.
- **le, la fonctionnaire** [fɔ̃ksjɔnɛr] n. 공무원.
- **gagner** [gaɲe] v. 돈을 벌다, 이기다.
- **gagner de l'argent** [gaɲedlarʒɑ̃] 돈을 벌다.
- **gagner sa vie** [gaɲesavi] 생활비를 벌다.
- **l'heure supplémentaire** *f* [œrsyplemɑ̃tɛr] 추가 근무시간.
- **importer** [ɛ̃pɔrte] v. 수입하다.
- **livrer** [livre] v. 인도하다, 배달하다.

- l'**ouvrier, -ère** [uvrije, ɛr] n. 일꾼.
- le **patron**, la **patronne** n. 고용주, 사장.
  [patrɔ̃, ɔn]
- le **personnel** [pɛrsɔnɛl] n. (집합적) 전직원.
- le **poste** [pɔst] n. 지위.
- **prendre** [prɑ̃dr] v. 일을 맡다.
- **produire** [prɔdɥir] v. 생산하다, 제조하다.
- le **produit** [prɔdɥi] n. 제품, 생산품.
- le **salaire** [salɛr] n. 봉급.
- **taper à la machine** 타이핑 하다.
  [tapealamaʃin]
- le **travail, -aux** [travaj, o] n. 일.
- **travailler** [travaje] v. 일하다.
- le **travailleur immigré** 외국에서 온 노동자.
  [travajœrimigre]
- la **vente** [vɑ̃t] n. 판매.

l'**apprentissage** *m* [aprɑ̃tisaʒ]	n. 도제 기간, 연수, 수습.
le **boulot** [bulo]	n. 일 (**travail**).
le **cadre moyen** [kadrmwajɛ̃]	n. 중간 간부.
le **cadre supérieur** [kadrəsyperjœr]	n. 고급 간부.
le **chômeur**, la **chômeuse** [ʃomœr, øz]	n. 실업자.
contrat [kɔ̃tra]	n. 계약, 계약서.
le **curriculum vitae** [kyrikylɔmvitɛ]	n. 이력서.
les **débouchés** *mpl* [debuʃe]	n. 취직자리, 판로 (**marché**), 돌파구. Il n'y a pas de *débouchés* dans le bâtiment. 건축업에 판로가 없다.
la **demande d'emploi** [dəmɑ̃ddɑ̃plwa]	n. 구직(求職). Il y a de plus en plus de *demandes*

	d'emploi. 구직자는 점점 들어간다.
embaucher [ãboʃe]	v. 고용하다 (**engager**).
être au chômage [ɛtroʃomaʒ]	실업 상태이다.
expérimenté, e [ɛksperimãte]	adj. 숙련된, 경험 있는.
faire le pont [fɛrlpɔ̃]	연휴를 만들다. Vendredi, je ne viens pas, je *fais le pont*. 나는 금요일에 출근하지 않고 연휴를 만든다.
le **jour de congé** [ʒurdəkɔ̃ʒe]	n. 휴가. Le lundi est mon *jour de congé*. 월요일은 나의 휴무일이다.
la **main d'œuvre** [mɛ̃dœvr]	n. 노동력.
la **qualification** [kalifikɑsjɔ̃]	n. 자격 취득.
qualifié, e [kalifje]	adj. 자격 있는.
les **revenus** *mpl* [rəvny]	v. 수입.
le **salarié**, la **salariée** [salarje]	n. 봉급 생활자.
le **siège social** [sjɛʒsɔsjal]	n. 본사, 본점.
le, la **spécialiste** [spesjalist]	n. 전문가.
le **stage** [staʒ]	n. 연수.
le, la **stagiaire** [staʒjɛr]	n. 연수생, 수습 사원.
le **travail manuel** [travajmanɥɛl]	n. 수공업, 육체 노동.

── 노동문제 ──

- l'**action** [aksjɔ̃]   n. 활동, 소송.
- **assister** [asiste]   v. 참석하다(-à), 도와주다.
- **augmenter** [ɔgmãte]   v. 올리다, 인상하다.
Le taux de chômage a *augmenté*.
실업률이 증가했다.

- **automatique** [ɔtɔmatik]   adj. 자동적인.
- **contester** [kɔ̃tɛste]   v. 이의를 제기하다, 항의하다.
  Les mesures du gouvernement sont très *contestées*.
  정부조치는 많은 논란을 야기했다.
- la **difficulté** [difikylte]   n. 어려움.
- **économique** [ekɔnɔmik]   adj. 경제적인.
- **économiser** [ekɔnɔmize]   v. 절약하다.
- **être en rapport** [ɛtrɑ̃rapɔr]   회합하다.
  M. le directeur *est en réunion*.
  사장은 회의에 참석했다.
- la **grève** [grɛv]   n. 파업.
- **licencier** [lisɑ̃sje]   v. 해산하다, 해고하다.
- la **manifestation** [manifɛstasjɔ̃]   n. 시위.
- **mener** [məne]   v. 이끌다, 주도하다.
  Il faut *mener* une campagne contre les licenciements.
  해고 반대운동을 이끌어야 한다.
- l'**organisation** [ɔrganizasjɔ̃]   n. 조직.
- **responsable** [rɛspɔ̃sabl]   adj. ~에 책임을 진.
  Je suis responsable de tout.
  내가 모든 일의 책임을 진다.
- la **réunion** [reynjɔ̃]   n. 모임, 미팅.
- la **revendication** [rəvɑ̃dikasjɔ̃]   n. 청구, 요구.
- **social, e, -aux** [sɔsjal, o]   adj. 사회적인.
- le **syndicat** [sɛ̃dika]   n. 노동 조합, 기업 조합.
- le **tarif** [tarif]   n. 정가, 가격, 임금.

l'**accroissement** *m* [akrwasmɑ̃] n. 증가.

le **clochard**, la **clocharde** [klɔʃar, d] n. 부랑자, 거지 (**mendiant**).

la **démarche** [demarʃ] n. 교섭, 운동, 진행 과정.
Il faut faire des *démarches* auprès du préfet.
도지사와 교섭해야 한다.

l'**expansion** [ɛkspɑ̃sjɔ̃] n. 확장.

la **faillite** [fajit] n. 파산.
Cette banque privée a fait *faillite*.
이 개인은행은 파산했다.

le **licenciement** [lisɑ̃simɑ̃] n. 해고.
lutter [lyte] v. 싸우다, 투쟁하다.
le **niveau de vie** [nivodvi] n. 생활 수준.
le **pouvoir d'achat** [puwardaʃa] n. 구매력.
les **ressources** *fpl* [rəsurs] n. 자원, 재원, 생활 수단, 수입원.
revendiquer [rəvɑ̃dike] v. 요구하다, 요청하다.
le **S.M.I.C.** [smik] n. 최저 임금 (**Salaire minimum interprofessionnel de croissance**).

syndical, e, -aux [sɛ̃dikal, o] adj. 조합의.

le **taux de chômage** [todʃomaʒ] n. 실업률.
En 1986, le *taux de chômage* était de 11,25%.
1986년, 실업률은 11.25%였다.

프랑스와 트뤼포 감독의 말

다음과 같은 이유로 나는 내가 행복한 남자라고 생각한다. 꿈을 현실화하고 그것으로 돈을 버는 연출가이기 때문에. 영화를 만든다는 것은 삶을 발전시키고 정리하는 것이기도 하고, 어린시절의 놀이를 계속 즐기는 것이기도 하다.

좋은 영화란 아마도 의식적이건 아니건 그 안에서 우리의 삶에 대한 개념과 영화에 대한 개념을 동시에 표현할 수 있는 영화일 것이다.

우리는 영화를 촬영하는 동안 무엇을 바라는가?

장 르느와르와 일하면서 이런 얘길 들은 적이 있다.

"요컨대 삶을 통해 예술에 작은 기여라도 해야 한다."

연출한다는 것은 아침부터 저녁까지, 촬영에 들어가기 전, 촬영하는 동안, 그 이후에도 끊임없이 결정을 내리는 것이다. 결정사항들이 세부적일수록 그 영화는 잘 다듬어진 독자적인 양상을 보여주게 된다.

우리는 영화를 어떤 내용으로 만들어야 할지 자주 토론한다. 단지 오락에 그치게 할것인지, 당연한 사회의 커다란 문제를 관객에게 인지 시킬지에 관해, 하지만 이런 토론을 피하고 싶다.

나는 다음과 같이 생각한다. 모든 개성적 특징들이 표현되어야 한다. 모든 영화는 유용하다. 형식주의적이건 사실주의적이건 내용이 이상야릇하거나 명백하거나, 비극적이거나 경쾌하거나, 시대에 걸맞든 뒤떨어졌든, 컬러건 흑백이건, 35밀리이거나 대형스크린이거나, 유명배우가 출연했든 안했든 상관없이. 50년 전 한 극작가가 이렇게 말했다.

"지루한 것을 제외하고는 모든 장르가 허용되어 있다"고.

무엇이 지루한 것이고 불가능한 것인지에 의견이 일치한다면 나는 기꺼이 이 정의를 받아들일 수 있다.

우리가 어떤 인터뷰에서 우리 일에 대한 정의를 내리고자 할 때 결정적인 선언을 하는 것은 위험한 일이다.

영화란 이런 것이다라고 단언을 하면서 어떤 종류의 영화는 훌륭하고 나머지는 형편없다는 것을 은연중에 암시하는 결과가 되기 때문이다.

우리는 자신의 편협이나 질투심, 거부감 따위로 스스로를 위태롭게 만든다.

따라서 우리안에 있는 이런 성향을 물리치도록 해야 한다.

23. 교통

── 승용차 ──

- l'**assurance** *f* [asyrɑ̃s]　　n. 보험.
- **assurer** [asyre]　　v. 보험에 가입하다.
- l'**autobus** *m* [ɔtɔbys]　　n. 버스.
- l'**avion** *m* [avjɔ̃]　　n. 비행기.
  Je suis allé en *avion* à Munich.
  나는 뮌헨에 비행기로 갔다.
- le **bateau, x** [bato]　　n. 배.
- le **bus** [bys]　　n. 버스.
  Pour aller à la gare, il faut prendre le *bus*.
  기차역까지 버스를 타고 가야 한다.
- le **camion** [kamjɔ̃]　　n. 트럭.
- le **car** [kar]　　n. 고속버스, 관광버스.
- le **chauffeur** [ʃofœr]　　n. 운전 기사.
- **conduire** [kɔ̃dɥir]　　v. 운전하다.
  Tu me laisses *conduire* la voiture?
  내가 운전해도 되겠니?
- **lent, e** [lɑ̃, t]　　adj. 느린, 완만한.
- la **machine** [maʃin]　　n. 기계, 엔진.
- la **moto** [mɔto]　　n. 오토바이.
- le **moyen de transport** [mwajɛ̃dətrɑ̃spɔr]　　n. 교통 수단.
- **neuf, neuve** [nœf, nœv]　　adj. 새로운.
  Mais tu as une voiture toute *neuve*.
  너는 새 차를 갖고 있구나.
- **nouveau, -vel, -velle** [nuvo, nuvɛl]　　adj. 새, 새로운.
  Voilà ma *nouvelle* voiture, elle n'a que 10.000km.
  내 차는 1만 km밖에 주행하지 않은 새 차다.

- ❏ le **permis** [pɛrmi]   n. 면허증.
- ❏ **rapide** [rapid]   adj. 빠른.
- ❏ le **taxi** [taksi]   n. 택시.
- ❏ le **train** [trɛ̃]   n. 열차.
- ❏ le **vélo** [velo]   n. 자전거.
  Je vais au travail en *vélo*.
  나는 자전거로 출근한다.
- ❏ la **voiture** [vwatyr]   n. 승용차.
- ❏ la **voiture d'occasion**   n. 중고차.
  [vwatyrdɔkazjɔ̃]

l'**auto** *f* [ɔto]	n. 승용차.
l'**automobiliste** *mf* [ɔtɔmɔbilist]	n. 드라이버, 운전자.
la **bicyclette** [bisiklɛt]	n. 자전거.
le **break** [brɛk]	n. 소형 웨건, 라이트 밴.
la **camionnette** [kamjɔnɛt]	n. 소형 트럭, 봉고차.
la **caravane** [karavan]	n. 캠핑용 트레일러.
la **carte grise** [kartəgriz]	n. 자동차 등록증.
la **décapotable** [dekapɔtabl]	n. 지붕을 걷을수 있는 차.
l'**hélicoptère** *m* [ɛlikɔptɛr]	n. 헬리콥터.
la **mobylette** [mɔbilɛt]	n. 오토바이.
le **T.G.V.** [teʒeve]	n. 고속철도 (**train à grande vitesse**). Le *T.G.V.* roule à 270 km à l'heure. T.G.V.는 시속 270km로 달린다.
le **tram** [tram]	n. 전차.
le **véhicule** [veikyl]	n. 교통 수단, 탈 것.
le **vélomoteur** [velɔmɔtœr]	n. 모터 사이클.
le **wagon** [vagɔ̃]	n. 철도 차량.
le **wagon-lit** [vagɔ̃li]	n. 침대차.
le **wagon-restaurant** [vagɔ̃rɛstɔrɑ̃]	n. 식당차.

도로와 신호

- l'**agent** *m* [aʒɑ̃] n. 교통 순경.
- l'**autoroute** *f* [ɔtɔrut] n. 고속도로.
- le **carrefour** [karfur] n. 4거리, 교차로.
- le **chemin** [ʃmɛ̃] n. 길(route), 도로.
- le **code de la route** [kɔdəlarut] n. 도로 교통법.
- le **danger** [dɑ̃ʒe] n. 위험.
  Danger de mort. 대단히 위험함.
- **dangereux, -euse** [dɑ̃ʒrø, z] adj. 위험한.
- le **feu, x** [fø] n. 신호등.
  Tounez au *feu* à droite.
  신호등에서 오른쪽으로 도시오.
- **limiter** [limite] v. 제한하다.
- la **nationale** [nasjɔnal] n. 국도(route nationale).
- **obligatoire** [ɔbligatwar] adj. 의무적인.
  Sens *obligatoiire*. 의무적인 방향.
- le **panneau, x** [pano] n. 게시판, 표지판.
- le **parking** [parkiŋ] n. 주차장.
- le **passage** [pɑsaʒ] n. 통행, 통로.
  Passage à niveau. 건널목.
  Passage interdit. 통행 금지.
- la **priorité** [prijɔrite] n. 우선권.
  Vous n'avez pas la *priorité*.
  당신은 우선권이 없습니다.
  Priorité à droite. 우측차선 우선.
- le **règlement** [rɛgləmɑ̃] n. 규칙, 규정.
- la **route** [rut] n. 도로.
  La *route* de Strasbourg passe par Saverne.
  스트라스부르로 가는 길은 사베르느를 지난다.
- la **rue** [ry] n. 길, 가(街).

	J'habite *rue* de Strasbourg.
	나는 스트라스부르가(街)에 산다.
❏ **sens interdit**	n. 진입 금지.
[sɑ̃sɛtɛrdi]	
❏ **sens unique** [sɑ̃synik]	n. 일방 통행.
❏ la **sortie** [sɔrti]	n. 출구.
❏ le **stationnement**	n. 주차.
[stɑsjɔnmɑ̃]	*Stastionnement* réglementé.
	순환주차 시스템.
❏ le **verglas** [vɛrgla]	n. 빙판.
	Verglas fréquent. 자주 빙판이 생기는 길.
❏ le **virage** [viraʒ]	n. 회전, 선회.

le **chantier** [ʃɑ̃tje]	n. 공사장.
chaussée déformée	n. 일그러진 차도.
[ʃosedefɔrme]	
la **déviation** [devjasjɔ̃]	n. 빗나감, 벗어남.
les **gravillons** *mpl* [gravijɔ̃]	n. 작은 자갈.
la **limitation de vitesse**	n. 속도 제한.
[limitɑsjɔ̃dvitɛs]	
le **parcomètre** [parkɔmɛtr]	n. 주차요금 미터기.
le **péage** [peaʒ]	n. 통행료 징수소, 톨게이트.
sans issue [sɑ̃zisy]	막다른 길.
le **sentier** [sɑ̃tje]	n. 오솔길.
stationnement interdit	n. 주차 금지.
[stɑsjɔnmɑ̃ɛtɛrdi]	
la **voie rapide** [vwarapid]	n. 고속도로.
la **zone bleue** [zonblø]	n. 단시간 주차구역.

── 정비소, 주유소 ──

❏ **arrêter le moteur**   모터를 정지 시키다.
  [aretelmotœr]
❏ la **ceinture** [sɛ̃ntyr]   n. 벨트.
❏ la **clé** [kle]   n. 열쇠, 키.
❏ l'**essence** *f* [esãs]   n. 가솔린, 휘발유.
❏ **faire le plein** [fɛrləplɛ̃]   가득 채우다.
❏ le **feu, x** [fø]   n. 라이트.
     Mon *feu* arrière ne marche pas.
     내 뒤쪽 라이트가 작동하지 않는다.

❏ le **frein** [frɛ̃]   n. 브레이크.
❏ le **garage** [garaʒ]   n. 차고, 정비소.
❏ **gonfler** [gɔ̃fle]   v. 부풀리다.
❏ l'**huile** *f* [ɥil]   n. 오일.
     Vérifiez l'*huile* s.v.p.
     오일을 체크해 주십시오.

❏ la **marche arrière** [marʃarjɛr]   n. 후진 기어.
❏ la **marche avant** [marʃavã]   n. 전진 기어.
❏ le **moteur** [mɔtœr]   n. 모터.
❏ l'**ordinaire** *m* [ɔrdinɛr]   n. 보통유, 일반 가솔린.
❏ la **panne** [pan]   n. 고장.
     Je suis tombé en *panne*.
     내 차가 고장났다.

❏ le **pneu** [pnø]   n. 타이어.
     J'ai changé de marque de *pneus*.
     나는 타이어 브랜드를 교환했다.

❏ la **roue** [ru]   n. 바퀴, 휠.
❏ la **roue de secours**   n. 스페어 휠.
  [rudsəkur]
❏ **sans plomb** [sãplɔ̃]   휴즈가 없는.
❏ la **station-service**   n. 주유소.
  [stasjɔ̃sɛrvis]
❏ le **super** [sypɛr]   n. 고급유, 고급 가솔린.

- **vérifier** [verifje]   v. 점검하다.
- la **vitesse** [vitɛs]   n. 속도, 변속.
  Le nouveau modèle a cinq *vitesses*.
  새 모델은 5단 변속으로 되어있다.
- le **volant** [vɔlɑ̃]   n. 핸들.

la **banquette arrière** [bɑ̃kɛtariɛr]	n. 차의 뒷자리.
la **boîte de vitesses** [bwatdəvitɛs]	n. 기어 박스, 변속기.
la **bougie** [buʒi]	n. 실린더.
le **capot** [kapo]	n. 후드.
le **carburateur** [karbyratœr]	n. 기화기.
le **clignotant** [kliɲɔtɑ̃]	n. 깜빡이, 점멸등.
consommer [kɔ̃sɔme]	v. 사용하다, 소비하다.
le **démarreur** [demarœr]	n. 시동 장치.
l'**essuie-glace** *m* [esɥiglas]	n. 와이퍼.
J'ai crevé. [ʒekrəve]	타이어가 펑크났다.
le **lave-glace** [lavglas]	n. 와이퍼의 살수 장치.
le **niveau d'huile** [nivodɥil]	n. 오일 수준.
le **pare-brise** [parbriz]	n. 앞 유리.
le **pare-chocs** [parʃɔk]	n. 범퍼.
le **phare** [far]	n. 헤드라이트.
le **pot d'echappement** [podeʃapmɑ̃]	n. 머플러, 배기관.
la **précaution** [prekosjɔ̃]	n. 조심, 주의.
le **radiateur** [radjatœr]	n. 라지에터.
la **vidange** [vidɑ̃ʒ]	n. 오일 교환. Faites la *vidange* s.v.p. 오일을 교환해 주세요.

운전

- l'**accident** *m* [aksidɑ̃]   n. 사고.
- **arrêter (s')** [sarete]   v. 차를 세우다.
- **attacher** [ataʃe]   n. 매다, 묶다.
  Attachez vos ceintures.
  벨트를 매십시오.
- **bloquer** [blɔke]   v. 봉쇄하다.
  La route est complètement *bloquée*.
  길이 완전히 막혔다.
- le **bouchon** [buʃɔ̃]   n. 교통 체증.
  Sur la RN7, il y a un *bouchon* de 10 km.
  7번 국도에, 10km에 걸친 교통체증이 있다.
- le **commissariat** [kɔmisarja]   n. 경찰서.
- le **contrôle** [kɔ̃trol]   n. 통제, 감독.
- **courir un risque** [kurirɛ̃risk]   위험을 무릎쓰다.
- **démarrer** [demɑre]   v. 출발하다, 시동을 걸다.
  Démarrez. 출발하시오.
- **dépasser** [depɑse]   v. 추월하다.
- le **détour** [detur]   n. 우회, 우회로.
- **doubler** [duble]   v. 추월하다.
- **éclairer** [eklere]   v. 라이트를 켜다.
  Mes phares *éclairent* mal.
  내 차의 헤드라이트가 밝지 않다.
- l'**embouteillage** *m* [ɑ̃butɛjaʒ]   n. 교통 체증, 병목 현상.
- l'**énergie** *f* [enɛrʒi]   n. 에너지.
- **être au volant** [ɛtrovɔlɑ̃]   핸들을 잡다.
  Arrête! C'est moi qui *suis au volant*.
  그만해! 운전하는 사람은 나다.
- **faire un détour** [fɛrœ̃detur]   우회하다.

- ❏ **freiner** [frene] v. 브레이크를 밟다.
- ❏ **garer** [gare] v. 주차시키다.

  Il vaut mieux *garer* la voiture dans un parking. 주차장에 주차시키는 것이 낫다.

- ❏ **mettre en marche** [mɛtrãmarʃ] 작동시키다, 기어를 넣다.
- ❏ **passer** [pɑse] v. 지나가다.
- ❏ **le plan** [plã] n. 지도.
- ❏ **la police** [pɔlis] n. 경찰.
- ❏ **le poste (de police)** [pɔst dəpɔlis] n. 파출소.
- ❏ **prendre des risques** [prãdrəderisk] 위험을 무릅쓰다.

  Tu *prends* trop *de risques* au volant. 너는 너무 위험하게 운전한다.

- ❏ **prendre le volant** [prãdrəlvɔlã] 핸들을 잡다.
- ❏ **ralentir** [ralãtir] v. 감속하다.
- ❏ **rouler** [rule] v. 굴리다, 운행하다.

  Ma voiture *roule* à 160 km à l'heure. 내 차는 시속 160 km로 주행한다.

- ❏ **la sécurité** [sekyrite] n. 안전.
- ❏ **tenir la route** [tənirlarut] 길을 따라가다.
- ❏ **tourner** [turne] v. 돌다.
- ❏ **tourner à droite** [turneadrwat] v. 우회전하다.
- ❏ **tourner à gauche** [turneagoʃ] v. 좌회전하다.
- ❏ **tout droit** [tudrwa] 직진, 스트레이트, 똑바로.

  Continuez *tout droit*. 계속 직진하시오.

- ❏ **le transport** [trãspɔr] n. 운송.
- ❏ **transporter** [trãspɔrte] v. 실어 나르다.
- ❏ **traverser** [travɛrse] v. 가로 지르다.
- ❏ **le trou** [tru] n. 구멍.
- ❏ **la victime** [viktim] n. 희생자.

Il y a trop de *victimes* de la circulation.
교통사고 희생자가 너무 많다.

accélérer [akselere]	v. 속도를 높이다.
l'**amende** *f* [amɑ̃d]	n. 벌금.
l'**avertissement** *m* [avɛrtismɑ̃]	n. 예고, 경고.
la **contravention** [kɔ̃travɑ̃sjɔ̃]	n. 위반 (**infraction**).
donner un coup de frein [dɔneœ̃kudfrɛ̃]	브레이크를 밟다.
écraser [ekraze]	v. 치다, 짓밟다. Chaque matin, je vois un chat *écrasé* sur la route. 매일 아침 나는 도로에서 차에 치인 고양이를 본다.
l'**encombrement** *m* [ɑ̃kɔ̃brəmɑ̃]	n. 혼잡, 붐빔.
l'**excès de vitesse** *m* [ɛksɛdvitɛs]	n. 과속. J'ai eu une amende pour *excès de vitesse*. 나는 과속으로 벌금을 내게 됐다.
faire demi-tour [fɛrdəmitur]	U턴 하다.
le **procès verbal** [prɔsɛvɛrbal]	교통 위반 통지서, 딱지. Alors l'agent m'a collé un P.V. 그래서 경찰관은 내게 교통위반 통지서를 주었다.
rater le virage [ratelviraʒ]	커브에 실패하다.
serrer à droite [sereadrwat]	우측으로 바짝대다. Vehicules lents, *serrez à droite*. 차들은 천천히, 우측으로 붙으시오.
stationner [stasjɔne]	v. 주차하다.
tenir sa droite [tənirsadrwat]	오른쪽 차선을 유지하여 가다.

대중교통

- **l'arrêt d'autobus** *m* [arɛdɔtɔbys]   n. 버스 정류장.
- **attendre** [atɑ̃dr]   v. 기다리다.
- **le carnet** [karnɛ]   n. 회수권, 10매 묶음.
- **changer** [ʃɑ̃ʒe]   v. 갈아타다.
  Il faut *changer* à Châtelet.
  샤뜰레에서 갈아타야 한다.
- **descendre** [desɑ̃dr]   v. 내리다.
  Tous les voyageurs *descendent* du train.
  모든 승객이 열차에서 내린다.
- **la direction** [dirɛksjɔ̃]   n. 방향, ~행.
  Direction Mairie d'Issy. 메리디씨 행.
- **la gare** [gar]   n. 기차 역.
- **les gens** *mpl* [ʒɑ̃]   n. 사람들.
- **la ligne** [liɲ]   n. 노선.
- **le métro** [metro]   n. 지하철.
- **monter** [mɔ̃te]   v. 타다.
  Je suis *monté* dans le bus.
  나는 버스에 탔다.
- **le passager, la passagère** [pɑsaʒe, ɛr]   n. 승객, 통행자.
- **le passant, la passante** [pɑsɑ̃, t]   n. 지나가는 사람, 통행자.
- **le piéton** [pjetɔ̃]   n. 보행자.
- **presser (se)** [səprese]   v. 서두르다.
- **le quai** [ke]   n. 플랫폼.
- **rater** [rate]   v. 차를 놓치다.
  J'ai *raté* le bus. 나는 버스를 놓쳤다.
- **la station de métro** [stasjɔ̃dmetro]   n. 지하철 역.
- **le ticket** [tikɛ]   n. 티켓.
- **le trajet** [traʒɛ]   n. 통행, 여정.

❏ **valable** [valabl]

Chaque matin j'ai une heure de *trajet* pour aller au travail.
나는 매일 아침 출근하는데 한 시간을 보낸다.
adj. 유효한.
En dehors de cette limite, les tickets ne sont plus *valables*.
이 제한구역 밖에서 티켓은 효력이 없다.

❏ **accès interdit** *m* [aksɛɛ̃tɛrdi]
n. 접근 금지.

❏ **composter** [kɔ̃pɔste]
v. 표에 체크하다. 스탬프를 찍다.

❏ la **correspondance** [kɔrɛspɔ̃dɑ̃s]
n. 갈아 타기, 환승.

❏ le **R.E.R.** [ɛrəɛr]
수도권 고속전철(Réseau Express Régional).

❏ le **terminus** [tɛrminys]
n. 종착 역.

❏ les **transports en commun** [trɑ̃spɔrɑ̃kɔmœ̃]
n. 대중 교통.

CARTE ORANGE

15개 노선의 지하철과 도시고속전철(RER), 버스등 빠리의 모든 대중교통 수단을 이용하려면 '까르뜨 오랑쥬'(황색승차권)만 있으면 된다. '까르뜨 오랑쥬'의 가격은 시내 1 - 2구간의 경우 월 52.5유로(약 6만3천원). 구간내에서는 횟수에 관계없이 무제한 승차할 수 있다. 1회 요금 1.4유로(약 1천7백원)에 비하면 엄청난 '가격파괴 세일'이다. 게다가 '까르뜨 오랑쥬'로 출퇴근하는 근로자들은 구입액의 절반을 회사로부터 돌려받을 수 있다. 그래서 빠리 대중교통 이용자들의 60%이상이 '까르뜨 오랑쥬'를 이용한다.

'까르뜨 오랑쥬'는 대중 교통을 위한 기업주 고통분담의 산물이다. 1천백만 빠리 수도권역의 대중교통을 맡고 있는 빠리운수조합은 '까르뜨 오랑쥬' 운영 적자를 메워주기 위해 기업들이 낸 교통세(연간 16억유로, 약1조6천억원) 전액을 지원한다고 밝혔다.

71년부터 시행된 교통세는 빠리권역의 9인 이상 고용업체로부터 근로자 월급의 0.8 ~ 2.2%를 거두는 제도이다.

기업주들이 직장 근처에 사택을 짓거나 통근버스 등을 제공하는 경우엔 세금을 되돌려 받는다.

'까르뜨 오랑쥬'가 도입된 것은 75년 7월. 일정 구역내 무제한 환승과 파격적인 요금할인은 1년만에 빠리권역 버스 승객을 하루 75만명에서 1백1만명으로 늘려 놓았다. 빠리는 이외에도 '카르네'(10장 구입시 반액할인), '포르뮐 엥'(온종일 무제한 승차), '쿠폰 엡도마데르'(1주일 무제한 승차) 등 다양한 상품을 서비스한다.

빠리의 경우 승차요금은 운영비의 40%에도 못미쳐 중앙정부와 수도권 8개 자치단체가 매년 12억유로(약 1조1천2백억원)을 지원한다.

24. 우편, 은행

── 우편 ──

- l'**adresse** *f* [adrɛs] n. 주소.
  C'est à quelle *adresse*?
  어느 주소로 보내는 거지?
- la **boîte aux lettres** n. 우편함.
  [bwatolɛtr]
- la **cabine (téléphonique)** n. 전화 박스, 공중 전화.
  [kabin telefɔnik] Les nouvelles *cabines* fonctionnent toutes par carte.
  새 공중 전화는 모두 카드로 작동된다.
- le **cachet** [kaʃɛ] n. 인장, 스템프.
- la **carte postale** n. 우편 엽서.
  [kartpɔstal]
- le **courrier** [kurje] n. 우편물.
  J'ai reçu un tas de *courrier* ce matin.
  나는 오늘 아침에 많은 우편물을 받았다.
- **écrire** [ekrir] v. 쓰다, 편지 쓰다.
- l'**enveloppe** *f* [ãvlɔp] n. 봉투.
- **envoyer** [ãvwaje] v. 보내다, 우송하다.
- le **facteur**, la **factrice** n. 우체부, 집배원.
  [faktœr, tris]
- **faire part** [fɛrpar] 알리다, 통보하다.
  Claudine nous *fait part* de son mariage.
  끌로딘은 우리에게 청첩을 보낸다.
- le **guichet** [giʃɛ] n. 창구.
  Adressez-vous au *guichet* trois.
  3번 창구에 문의하시오.
- la **lettre** [lɛtr] n. 편지, 서신.
- **Ne quittez pas.** [nəkitepa] 잠깐만 기다리세요(전화에서).

- ❏ le **paquet** [pakɛ]   n. 소포.
- ❏ la **poste** [pɔst]   n. 우편.
  Le bureau de *poste* est fermé à six heures.
  우체국은 6시에 닫는다.
- ❏ le **tarif** [tarif]   v. 요금, 요금표.
- ❏ le **téléphone** [telefɔn]   n. 전화.
  J'ai reçu un coup de *téléphone* de Paul.
  나는 뽈의 전화를 받았다.
- ❏ **téléphoner** [telefɔne]   v. 전화하다.
  J'ai *téléphoné* à ta mère.
  나는 너의 어머니께 전화했다.
- ❏ le **timbre** [tɛ̃mbr]   n. 우표(timbre-poste), 수입인지.
  On peut acheter des *timbres* au bureau de tabac. 담배 가게에서 우표를 살수 있다.
- ❏ **urgent, e** [yrʒɑ̃, t]   adj. 다급한, 긴급을 요하는, 「지급」.
- ❏ les **vœux** *mpl* [vø]   n. 기원, 희망.
  Meilleurs *vœux*. 새해 복 많이 받으세요.

la **boîte postale** [bwatpɔstal]	n. 우편함, 우체통.
le **colis** [kɔli]	n. 소포.
le **compte chèque postal** [kɔ̃tʃɛkpɔstal]	n. 우편대체 예금 계좌.
l'**expéditeur** *m* [ɛkspeditœr]	n. 발송인.
la **lettre express** [lɛtrɛksprɛs]	n. 속달.
le **mandat** [mɑ̃da]	n. 우편환.
poste restante [pɔstrɛstɑ̃t]	n. 우체국 유치 우편(수취인이 찾아가는).
recommandé, e [rəkɔmɑ̃de]	adj. 등기로 된.
le **télégramme** [telegram]	n. 전보.
télégraphier [telegrafje]	v. 전보를 보내다, 타전하다.

은행

- l'**addition** [adisjɔ̃] n. 계산서, 합산.
  L'*addition* s.v.p. 계산서 주세요(식당에서).
- l'**argent** [arʒɑ̃] n. 돈, 은.
- **avoir de la monnaie** [avwardlamonɛ] 잔돈이 있다.
- la **banque** [bɑ̃k] n. 은행.
- le **billet** [bijɛ] n. 지폐.
  Un *billet* de cent euros.
  100유로짜리 지폐.
- la **caisse** [kɛs] n. 카운터, 계산대.
  Passez à la *caisse*. 계산대로 가세요.
- le **centime** [sɑ̃tim] n. 1/100프랑.
- **changer** [ʃɑ̃ʒe] v. 환전하다.
  Je voudrais *changer* des dollars en euros.
  나는 달러를 유로화로 환전하고 싶습니다.
- le **chèque** [ʃɛk] n. 수표.
- le **compte** [kɔ̃t] n. 계좌, 구좌.
  Vous avez un *compte* en banque?
  은행에 구좌가 있습니까?
- **compter** [kɔ̃te] v. 계산하다.
- **coûter** [kute] v. 값이 나가다, 비용이 들다.
  Ça *coûte* combien?
  얼마죠?
- le **crédit** [kredi] n. 신용.
- **dépenser** [depɑ̃se] v. 돈을 쓰다.
- la **dette** [dɛt] n. 빚.
  Je n'aime pas faire des *dettes*.
  나는 빚지는 것을 싫어한다.
- **devoir** [dəvwar] v. ~를 빚지고 있다. 지불해야 한다.
  Combien je vous *dois*?
  얼마 드려야 됩니까?
- **emprunter** [ɑ̃prœ̃te] v. 빌리다.

- ❑ **faire des économies** 아끼다, 절약하다.
  [fɛrdezekɔnɔmi]
- ❑ la **fortune** [fɔrtyn]   n. 재산.
  J.R. a fait *fortune* dans le pétrole.
  J.R.은 오일 사업으로 큰 돈을 벌었다.
- ❑ les **frais** *mpl* [frɛ]   n. 비용(coût), 경비(dépense).
  Les *frais* de voyage.   여행 경비.
  On partage les *frais*?
  우리 비용을 분담할까?
- ❑ le **franc** [frɑ̃]   n. 프랑화.
- ❑ **gratuit, e** [gratɥi, t]   adj. 무료인, 공짜인.
- ❑ la **monnaie** [mɔnɛ]   n. 잔돈, 동전, 화폐.
  L'ECU est la *monnaie* européenne.
  ECU는 유럽의 화폐 단위다.
- ❑ **payer** [peje]   v. 지불하다.
- ❑ **payer comptant**   현찰로 지불하다.
  [pejekɔ̃tɑ̃]
  Vous *payez comptant*?
  현찰로 내실겁니까?
- ❑ la **pièce de monnaie**   n. 동전.
  [pjɛsdəmɔnɛ]
- ❑ le **portefeuille** [pɔrtəfœj]   n. 지갑.
- ❑ le **porte-monnaie**   n. 동전 지갑.
  [pɔrtmɔnɛ]
- ❑ **prêter** [prete]   v. 돈을 빌려주다.
  Tu me *prêtes* dix mille balles?
  내게 만프랑을 빌려주겠니?
- ❑ le **prix** [pri]   n. 가격, 물가(복수형).
- ❑ **rembourser** [rɑ̃burse]   v. 환불하다, 상환하다 (rendre).
- ❑ la **somme** [sɔm]   n. 합계, 총액.
- ❑ **valable** [valabl]   adj. 유효한, 효력있는.
- ❑ la **valeur** [valœr]   n. 가치.

la **carte de crédit** [kartdəkredi]	n. 신용카드. Vous acceptez les *cartes de crédit*? 여기 신용카드 받습니까?
le **change** [ʃɑ̃ʒ]	n. 환전, 환전소.
le **chèque de voyage** [ʃɛkdəvwajaʒ]	n. 여행자수표 (**TC**).
le **chéquier** [ʃekje]	n. 수표책 (**carnet de chèques**).
coûteux, -euse [kutø, z]	adj. 비용이 드는, 값이 싼.
les **devises** *fpl* [dəviz]	n. 외국 어음, 외국 통화.
l'**eurochèque** *m* [ørɔʃɛk]	n. 유러 체크. Il y a des maisons qui n'acceptent pas les *eurochèques*. 유러체크는 받지 않는 가게들이 있다.
le **livret d'épargne** [livrɛdepar]	n. 저금 통장.
les **recettes** *fpl* [rəsɛt]	n. 수입.
le **sou** [su]	n. 일전, 한푼. Je n'ai pas de *sous*. 나는 한푼도 없다.
le **taux d'intérêt** [todɛ̃tere]	n. 이자율.
la **tirelire** [tirlir]	n. 저금통.

정보통신

빠리 시내를 걷다보면 여기저기 짤막한 문구와 함께 전화번호가 적힌 커다란 광고가 자주 눈에 띈다.「당신의 신문을 펴십시오 3615」「3614 물건을 가장 쉽게 구입하는 방법」

알쏭달쏭한 이 광고들은 프랑스가 자랑하는 정보통신 서비스 미니텔(MINITEL)의 서비스 안내다. 날씨나 열차시각 같은 기초적인 정보는 물론 뉴스·운세·쇼핑, 심지어 세금안내·음식점 예약·어린이 과외·섹스산업에 이르기까지 2만여 종의 정보 서비스가 전화선에 연결된 단말기를 통해 제공되고 있다. 말이 2만여 종이지 사실상 일상생활에서 상상할 수 있는 거의 모든 종류의 정보를 24시간 손쉽게 검색해볼수 있는 것이다.

프랑스 가정에도 아담한「요술상자」미니텔 단말기가 갖춰져 있었다. 키를 두드리면 백과사전처럼 상세한 색인표가 나온다.『현재 6백만여 대의 미니텔이 전국에 보급돼 이젠 전화기 정도로 여겨진다』는 것이 미니켈을 운영하고 있는 국영회사 프랑스 텔레콤 설명이다. 이 시스템이 프랑스에서 개발된 것은 70년대 후반.

그러나 미니텔이 프랑스 정보통신의 핵심이자 전부라고 보면 큰 잘못이다. 프랑스가 앞서간 정보통신분야는 미니텔이 아니라 산업·기술부문을 잇는 첨단통신망이기 때문이다.

프랑스에서 세 번째로 크다는 과학도시 뚤루즈.

남불 특유의 아름다운 풍광과 포도밭, 밀밭으로 둘러싸여 언뜻 보기엔 과학도시라기보다 목가적인 느낌이 드는 도시다.

그러나 이 도시 바닥에는 놀랍게도 현재 세계에서 가장 앞선 수준의 종합연구소들을 잇는 전용 통신망 REMIP(Recherches Midi-Pyrénées), 기업들을 연결하는 OCTARES등 통신망이 뚤루즈의 22개 주요 연구소와 5개 거대기업을 신경망처럼 구석구석 연결시키고 있다. 게다가 REMIP, OCTARES는 프랑스 전역의 4백개 연구기관에서 1만5천여명이 동시에 같은 자료를 이용할수 있는 전국적인 통신망 RENATER에 연결돼, 뚤루즈에 앉아 프랑스내 모든 주요 연구소의 자료를 검색할수도 있다.

정치, 경제

25. 정치
26. 매스미디어

25. 정 치

── 의회 ──

- l'**Assemblée nationale** *f* n. 국회, 하원의원.
  [asɑ̃blenasjɔnal] L'*Assemblée nationale* et le Sénat constituent le Parlement.
  하원과 상원이 국회를 구성한다.
- **central, e, -aux** [sɑ̃tral, o] adj. 중앙의, 중도적인.
- le **conseil** [kɔ̃sɛj] n. 자문회, 심의회, 협의회.
- la **constitution** n. 헌법.
  [kɔ̃stitysjɔ̃]
- la **déclaration** [deklarasjɔ̃] n. 선포.
- **démocratique** adj. 민주주의의.
  [demokratik]
- l'**élection** *f* [elɛksjɔ̃] n. 선거.
- **élire** [elir] v. 선출하다.
  Le Président est *élu* au suffrage universel direct.
  대통령은 보통 직접 선거를 통해 선출된다.
- le **gouvernement** n. 행정부.
  [guvɛrnmɑ̃]
- l'**individu** *m* [ɛ̃dividy] n. 개인.
- **légal, e, -aux** [legal, o] adj. 합법적인.
- la **liberté** [libɛrte] n. 자유.
- la **loi** [lwa] n. 법률.
- le **membre** [mɑ̃br] n. 회원, 구성원.
- le **ministre** [ministr] n. 장관.
  Le *ministre* de l'Intérieur.
  내무부 장관.
  Le *ministre* des Finances.
  재부부 장관.

Le *ministre* de la Défense Nationale.
국방부 장관.
Le *ministre* de la Santé Publique.
보건부 장관.
Le *ministre* de l'Education Nationale.
교육부 장관.

- ❑ la **nationalité** [nasjɔnalite]   n. 국적.
- ❑ le **Premier ministre**   n. 수상, 총리.
  [prəmjeministr]
- ❑ le **président**,   n. 의장, 대통령.
  la **présidente** [prezidã, t]
- ❑ la **république** [repyblik]   n. 공화국.
- ❑ la **séance** [seãs]   n. 회의(réunion), 회기(session).

La *séance* publique. 공개 회의.
La *séance* est ouverte.
회의가 개회되었다.

- ❑ la **société** [sɔsjete]   n. 사회.
- ❑ le **système** [sistɛm]   n. 체계, 시스템.
- ❑ la **voix** [vwa]   n. 발언권, 투표, 투표권.
- ❑ le **vote** [vɔt]   n. 투표.

Les Françaises ont le droit de *vote* depuis 1944.
프랑스 여인들은 1944년부터 투표권을 가졌다.

- ❑ **voter** [vɔte]   v. 투표하다.
- ❑ **voter une loi** [vɔteynlwa]   법률안을 표결하다.

---

l'**autorité** *f* [ɔtɔrite]   n. 권위.
le **chef d'Etat** [ʃɛfdeta]   국가 원수.
                                       Le *chef d'Etat*, c'est le Président.
                                       국가 원수는 대통령이다.

le **citoyen**, la **citoyenne**   n. 시민.
[sitwajɛ̃, ɛn]

dissoudre [disudr]
v. 해산하다.
Le Président peut *dissoudre* l'Assemblée.
대통령은 의회를 해산시킬 수 있다.

le **drapeau, x** [drapo]
n. 깃발.

l'**égalité** *f* [egalite]
n. 평등.

les **élections législatives** *fpl* [elɛksjɔ̃leʒislativ]
n. 국회의원 선거.

l'**élection présidentielle** *f* [elɛksjɔ̃prezidɑ̃sjɛl]
n. 대통령 선거.

l'**indépendance** *f* [ɛ̃depɑ̃dɑ̃s]
n. 독립.

la **législative** [leʒislativ]
n. 입법 의회.

nommer [nɔme]
v. 임명하다.
M. Gross e été *nommé* ambassadeur à Paris.
그로스씨는 빠리주재 대사로 임명되었다.

le **parlement** [parləmɑ̃]
n. 국회.

parlementaire [parləmɑ̃tɛr]
adj. 의회의, 국회의.

le **pouvoir exécutif** [puvwarɛksekytif]
n. 행정부.

le **pouvoir judiciaire** [puvwarʒydisjɛr]
n. 사법부.

le **pouvoir législatif** [puvwarleʒislatif]
n. 입법부.

proclamer [prɔklame]
v. 선언하다, 선포하다.
Charles de Gaulle a *proclamé* la Cinquième République.
샤를르 드골은 제5공화국을 선포했다.

ratifier [ratifje]
v. 비준하다, 재가하다.

le **Sénat** [sena]
n. 상원.

le **Sénateur** [senatœr]
n. 상원 의원.

le **siège** [sjɛʒ]
n. 의석.

| le **suffrage universel** [syfraʒynivɛrsɛl] | Le Parti Communiste a obtenu 35 *sièges*. 공산당은 35석을 차지했다. n. 보통 선거. Le Président est élu au *suffrage universel* direct. 대통령은 보통직접 선거로 선출된다. |

— 행정 —

- la **capitale** [kapital] n. 수도.
- le **département** [departəmɑ̃] n. 도(道), 프랑스는 본토 95도, 해외 5도로 구성됨.
- l'**Etat** *m* [eta] n. 국가, 정부, 정체.
- la **mairie** [meri] n. 시청, 구청, 동사무소.
- **officiel, le** [ɔfisjɛl] adj. 공식적인.
- l'**organisation** *f* [ɔrganizɑsjɔ̃] n. 조직, 구성.
- le **pays** [pei] n. 나라, 지방.
- le **règlement** [rɛgləmɑ̃] n. 규칙, 법규.

administratif, -ive [administratif, iv]	adj. 행정의.
l'**administration** *f* [administrasjɔ̃]	n. 행정.
l'**arrondissement** *m* [arɔ̃dismɑ̃]	n. 구(빠리는 20개의 구로 구성되어 있음).
la **bureaucratie** [byrokrasi]	n. 관료 정치, 관료적 방식.
bureaucratique [byrokratik]	adj. 관리의, 관료적인.
la **centralisation** [sɑ̃tralisɑsjɔ̃]	n. 중앙 집권화, 중앙 집중. La *centralisation* a diminuée

	depuis 1982.
	1982년 이후 중앙집권화가 약해졌다.
la **collectivité** [kɔlɛtivite]	n. 집단, 단체 (↔ **individu**).
communal, e, -aux [kɔmynal, o]	adj. 군, 면, 동의.
la **commune** [kɔmyn]	n. 읍, 면(프랑스에서 제일 작은 행정단위).
le **conseil municipal** [kɔ̃sɛjmynisipal]	n. 시의회.
le **conseil régional** [kɔ̃sɛjreʒɔnal]	n. 지방 의회.
la **décentralisation** [desɑ̃tralizasjɔ̃]	n. 지방 분권화.
décentraliser [desɑ̃tralize]	v. 지방 분권을 실시하다.
les **D.O.M.-T.O.M.** *mpl* [dɔmtɔm]	n. 해외 도(道), 해외 영토.
	La Nouvelle Calédonie est un territoire d'outre-mer.
	뉴 칼레도니아는 TOM이다.
	La Martinique est un département d'outre-mer.
	마르띠니끄는 DOM이다.
l'**institution** *f* [ɛ̃stitysjɔ̃]	n. 기관, 기구, 제도.
la **métropole** [metrɔpɔl]	n. 수도, 주요 도시, 본토.
le **ministère** [ministɛr]	n. 정부의 부, 성.
municipal, e, -aux [mynisipal, o]	adj. 시의.
la **préfecture** [prefɛktyr]	n. 도, 도청 소재지.
le **préfet** [prefɛ]	n. 도지사.
	Le *préfet* est nommé par le ministre de l'Intérieur.
	도지사는 내무장관에 의해 임명된다.
régional, e, -aux [reʒɔnal, o]	adj. 지방의.
la **régionalisation** [reʒɔnalizasjɔ̃]	n. 지방 분권.

정치

- la **bourgeoisie** [burʒwazi]　n. 중산층, 부르주아 계급.
  La *bourgeoisie* est au pouvoir depuis la Révolution.
  중산층은 프랑스대혁명 이후 권력을 갖는다.
- le **candidat**, la **candidate** [kɑ̃dida, t]　n. 입후보자.
- le **changement** [ʃɑ̃ʒmɑ̃]　n. 변화.
- le, la **communiste** [kɔmynist]　n. 공산주의자.
- **diriger** [diriʒe]　v. 지도하다, 이끌다.
- la **droite** [drwat]　n. 우파.
- **efficace** [efikas]　adj. 효력있는, 유효한.
- **être de droite** [ɛtrədədrwat]　우파이다.
  Le Figaro *est de droite*.
  피가로는 우파신문이다.
- **être de gauche** [ɛtrədgoʃ]　좌파이다.
- **fonctionner** [fɔ̃ksjɔne]　v. 수행하다, 일하다.
- la **gauche** [goʃ]　n. 좌파.
- les **gens** *mpl* [ʒɑ̃]　n. 사람들.
- le **groupe** [grup]　n. 그룹.
  Le Front National est un *groupe* politique minoritaire.
  국민전선은 소수파 정치 그룹이다.
- l'**homme d'Etat** *m* [ɔmdeta]　n. 주요 지위에 있는 정치가.
- **indépendant, e** [ɛ̃depɑ̃dɑ̃, t]　adj. 독립적인.
- **industriel, le** [ɛ̃dystrijɛl]　adj. 산업의.
  La France est un pays *industriel*.
  프랑스는 산업국가이다.
- l'**initiative** *f* [inisjativ]　n. 이니셔티브, 솔선.
- la **majorité** [maʒɔrite]　n. 다수.
  Au sein de la *majorité*. 다수당의 가운데서

- la **minorité** [minɔrite] n. 소수.
L'Assemblée a mis le gouvenement en *minorité*.
국회는 집권당을 소수파로 만들었다.
- **national, e, -aux** [nasjɔnal, o] adj. 국가의.
- l'**opposition** f [ɔpozisjɔ̃] n. 반대, 야당.
- le **parti** [parti] n. 정당.
- **politique** [pɔlitik] adj. 정치의.
- le **programme** [prɔgram] n. 프로그램, 정당의 강령.
- le **résultat** [rezylta] n. 결과.
- la **réunion** [reynjɔ̃] n. 회의, 회합.
- la **revendication** [rəvɑ̃dikasjɔ̃] n. 권리의 요구.
- le, la **secrétaire** [səkretɛr] n. 비서, 사무처장.
Le *secrétaire* d'Etat.
프랑스의 정무차관, 미국의 국무장관.
- le, la **socialiste** [sɔsjalist] n. 사회주의자.
- la **solution** [sɔlysjɔ̃] n. 해결책.
- le **sujet** [syʒɛ] n. 주제.
- le **syndicat** [sɛ̃dika] n. 노동조합.
Les négociations avec les *syndicats* n'ont pas encore abouti.
노조와의 협상은 아직 타결되지 않았다.
- la **victoire** [viktwar] n. 승리.

adhérer [adere]	v. 가입하다. J'ai *adhéré* au parti socialiste. 나는 사회당에 입당했다.
adopter [adɔpte]	v. 채택하다. L'Assemblée nationale a *adopté* une loi importante. 국회는 중요한 법안을 채택했다.

l'**adversaire** *mf* [advɛrsɛr]	n. 반대자, 상대방.
analyser [analize]	v. 분석하다.
assumer la responsabilité [asymɛlarɛspɔ̃sabilite]	책임을 맡다.
l'**autonomie** *f* [ɔtɔnɔmi]	n. 자치제, 자율, 자립.
l'**autonomiste** *mf* [ɔtɔnɔmist]	n. 자치론자.
le **budget** [bydʒɛ]	n. 예산, 예산안. L'Assemblée a voté le *budget*. 국회는 예산안을 통과시켰다.
le **capitalisme** [kapitalism]	n. 자본주의.
le, la **capitaliste** [kapitalist]	n. 자본주의자.
consulter [kɔ̃sylte]	v.t. ~을 참조하다.
la **contestation** [kɔ̃tɛstɑsjɔ̃]	n. 이의, 이론, 논쟁.
le **débat** [deba]	n. 토론, 토의.
la **démission** [demisjɔ̃]	n. 사직, 사임.
démissionner [demisjɔne]	v. 사임하다.
le **député** [depyte]	n. 국회의원, 하원의원. M. Lecanuet, *député*-maire de Rouen. 국회의원이자 루앙시 시장인 르까뉘에씨.
gouverner [guvɛrne]	v. 통치하다.
le **leader** [lidɛr]	n. 지도자. M. Marchais est le *leader* du parti communiste. 마르셰씨는 공산당 지도자이다.
manifester [manifɛste]	v. 시위하다.
le **message** [mesaʒ]	n. 메시지. Il faut que le *message* passe. 메시지가 전달되어야 한다.
négocier [negɔsje]	v. 교섭하다, 협상하다. Le traité a été *négocié* avec soin. 조약은 신경을 쓰며 교섭되었다.
le **patronat** [patrɔna]	n. (집합적) 고용주, 고용주의 지위.

la **population** [pɔpylɑsjɔ̃]   주민, 인구.
la **population active**   n. 활동 인구.
[popylɑsjɔ̃aktiv]
le **projet de loi** [prɔʒɛdlwa]   n. 법률안.
le **racisme** [rasism]   n. 인종 차별주의.
La lutte anti-*racisme*.
인종차별 반대 투쟁.
le, la **raciste** [rasist]   n. 인종 차별주의자.
rassembler (se) [sərasɑ̃ble]   v. 모이다, 회합하다, 집결하다.
la **subvention** [sybvɑ̃ble]   n. 보조금, 장려금.
succéder (se) [səsyksede]   v. 계속해서 일어나다.
le **sympathisant,**   n. 동조자.
la **sympathisante** [sɛ̃patizɑ̃, t]

── 국제정치 ──

❑ l'**échange** *m* [eʃɑ̃ʒ]   n. 교환.
On s'est contenté d'un *échange* de vues.
우리는 의견 교환에 만족해 했다.
❑ les **Etats-Unis** *mpl* [etazyni]   n. 미국.
❑ l'**étranger** *m* [etrɑ̃ʒe]   n. 외국.
❑ **étranger, -ère** [etrɑ̃ʒe, ɛr]   adj. 외국의.
❑ l'**Europe** *f* [ørɔp]   n. 유럽.
❑ **européen, ne** [ørɔpeɛ̃, ɛn]   adj. 유럽의.
❑ **franco-allemand, e**   adj. 프랑스와 독일간의.
[frɑ̃kɔalmɑ̃, d]
❑ **international, e, -aux**   adj. 국제적인.
[ɛ̃tɛrnasjɔnal, o]
❑ **mondial, e, -aux** [mɔ̃djal, o]   adj. 세계의.
❑ la **paix** [pɛ]   n. 평화.
La *paix* par le désarmement.

무장 해제를 통한 평화.
Le traité de *paix*. 평화 조약.

- la **puissance** [pɥisɑ̃s]　　n. 강대국.
- **puissant, e** [pɥisɑ̃, t]　　adj. 강력한, 힘이 있는.
- le **régime** [reʒim]　　n. 정체, 체제.
- la **relation** [rəlasjɔ̃]　　n. 관계.

Les *relations* internationales sont tendues. 국제관계가 긴장되어있다.

- la **réunion au sommet** [reynjɔ̃sɔmɛ]　　n. 정상(頂上)회담.
- le **tiers monde** [tjɛrmɔ̃d]　　n. 제3 세계.

l'**accord** *m* [akɔr]	n. 합의. Les deux pays sont arrivés à un *accord*. 두 나라는 합의에 도달했다.
l'**ambassadeur**, l'**ambassadrice** [ɑ̃basadœr, dris]	n. 대사.
l'**amélioration** *f* [ameljorɑsjɔ̃]	n. 개선. L'*amélioration* des relations est considérable. 상당한 관계개선이 이뤄졌다.
asiatique [azjatik]	adj. 아시아의.
l'**Asie** *f* [azi]	n. 아시아.
l'**Australie** *f* [ɔstrali]	n. 호주.
australien, ne [ɔstraliɛ̃, ɛn]	adj. 호주의.
avoir des rapports [avwarderapɔr]	관계를 갖다.
la **C.E.E.** [seəə]	EC. Communauté économique européenne. 유럽경제공동체.
la **Chine** [ʃin]	n. 중국.
chinois, e [ʃinwa, z]	adj. 중국의.

la **coopération** [kɔɔperasjɔ̃]	n. 협력.
la **détente** [detɑ̃t]	n. 데땅뜨, 긴장 완화. La politique de *détente*. 긴장 완화정책.
l'**évolution** *f* [evɔlysjɔ̃]	n. 진전 (**progression**), 발전 (**développement**).
francophone [frɑ̃kɔfɔn]	adj. 프랑스어를 사용하는.
la **francophonie** [frɑ̃kɔfɔni]	n. 프랑스어 사용권.
le **Marché Commun** [marʃekɔmœ̃]	n. 공동 시장.
l'**ONU** *f* [ɔny]	n. UN. 국제연합.
l'**OTAN** *f* [ɔtɑ̃]	n. NATO, 북대서양 조약기구.
la **pression** [prɛsjɔ̃]	n. 압력, 압박.
la **Russie** [rysi]	n. 러시아.
l'**Allemagne** [almaɲ]	n. 독일.
le **traité** [trete]	n. 조약. Le *traité* de Versailles. 베르사이유 조약.

위기

❏ le **conflit** [kɔ̃fli]	n. 갈등, 분쟁, 대립. Un *conflit* a éclaté au Liban. 레바논에서 분쟁이 일어났다.
❏ le **coup d'Etat** [kudeta]	n. 쿠데타.
❏ la **crise** [kriz]	n. 위기.
❏ le **danger** [dɑ̃ʒe]	n. 위험.
❏ la **dictature** [diktatyr]	n. 독재, 독재 정치.
❏ la **difficulté** [difikylte]	n. 어려움.
❏ la **révolution** [revɔlysjɔ̃]	n. 혁명, 변혁.
❏ la **violence** [vjɔlɑ̃s]	n. 폭력.

aggraver (s') [sagrave]	v. 상태가 악화되다, 심각해지다.
l'**agitation** *f* [aʒitasjɔ̃]	n. 소요 사태, 소란.
l'**attentat** *m* [atɑ̃ta]	n. 테러 기도.
intervenir [ɛ̃tɛrvənir]	v. 간섭하다, 관여하다.
la **provoation** [prɔvokasjɔ̃]	n. 도발, 사태의 야기.
renverser [rɑ̃vɛrse]	v. 전복시키다. *Renverser* le gouvernement. 정부를 전복시키다.
répandre (se) [sərepɑ̃dr]	v. 확산되다.
la **révolte** [revɔlt]	n. 폭동, 반란, 모반.
révolter [revɔlte]	n. 폭동을 일으키다.
la **terreur** [tɛrœr]	n. 공포.
le **terrorisme** [tɛrɔrism]	n. 테러리즘, 공포 정치.

영불 해저터널

94년 5월 6일 정오. 프랑수아 미테랑 프랑스대통령과 엘리자베스2세 영국여왕이 공식 개통식을 마치고 오후3시 「르 셔틀」이라는 이름의 왕복열차를 타고 프랑스의 칼레를 출발. 해저터널을 지나 영국의 포크스톤에 도착한 이후 영국을 더이상 섬나라라고 부를수 없는 시대가 시작되었다.

영불해협을 지나는 터널은 모두 3개. 양쪽에 기차가 다니는 터널이 있고 중간에 유지 보수및 사고발생시 인력과 장비를 투입할 수 있는 서비스 터널이 자리를 잡고 있다. 각 터널의 길이는 50.5km. 이중 바다밑을 지나는 구간이 37km이며 나머지는 바다밑으로 진입하기 위한 터널구간이다.

모두 4가지의 다른 기능을 가진 기차가 운행된다. 먼저 르 셔틀이라는 이름의 터널전용 열차는 승용차 수송용과 대형화물차 수송용의 두 가지로 구분된다. 르 셔틀은 길이가 7백 75m나 되는 어마어마한 크기로 최고 2천1백t까지 견인할수 있으며 터널 내부를 시속 1백40km로 달린다.

승용차를 몰고 여행하는 사람들은 차를 몰고 기차 안으로 들어가 승용차 안에 머무른채 터널을 통과하게 된다. 다른 두가지 열차는 빠리~브뤼셀을 연결하는 유러스타라는 이름의 TGV와 화물전용열차. TGV는 프랑스 구간에서는 시속 3백km로, 영국과 벨기에 구간에서는 시속 1백60km로 달린다. 선박을 이용할 경우 2시간이나 걸리는 프랑스의 칼레와 영국의 포크스톤 사이를 단 35분만에 주파하기 때문에 파리~런던이 3시간, 런던~브뤼셀이 3시간10분으로 단축됐다.

매년 약 3천만명이 해저터널을 이용할 것으로 예상되고 있다.

26. 매스미디어

언론

- **à suivre** [asɥivr] 다음호에 계속.
- **l'affiche** *f* [afiʃ] n. 포스터, 벽보.
- **l'annonce** *f* [anɔ̃s] n. 공고, 예고, 광고.
- **annoncer** [anɔ̃se] n. 알리다, 예고하다.
- **l'article** *m* [artikl] n. 기사.
- **assister à** [asistea] ~에 참석하다, 입회하다.
- **l'auteur** *m* [otœr] n. 저자, 필자.
- **le concurrent,**
  la concurrente [kɔ̃kyrɑ̃, t] n. 경쟁자.
- **critique** [kritik] adj. 비판적인.
  Le Canard Enchaîné est un journal *critique*.
  "까나르 앙셰네"는 비판적인 신문이다.
- **la critique** [kritik] n. 비평.
- **critiquer** [kritike] v. 비판하다, 비난하다.
- **le détail** [detaj] n. 세부적인 것, 상세한 내용.
  C'est expliqué en *détail*.
  상세히 설명되어 있다.
- **l'hebdomadaire** *m* [ɛbdɔmadɛr] n. 주간지.
- **illustré, e** [ilystre] adj. 삽화가 들어있는.
- **l'influence** *f* [ɛ̃flyɑ̃s] n. 영향, 영향력.
- **influencer** [ɛ̃flyɑ̃se] n. ~에게 영향을 주다.
- **l'information** *f* [ɛ̃fɔrmasjɔ̃] n. 보도, 정보, 소식.
- **informer** [ɛ̃fɔrme] v. ~에게 알리다, 통지하다.
- **le journal, -aux** [ʒurnal, o] n. 신문, 저널.
- **le, la journaliste** [ʒurnalist] n. 신문기자, 방송기자.

- la **nouvelle** [nuvɛl]   n. 소식, 뉴스.
- l'**opinion** f [ɔpinjɔ̃]   n. 의견.
  L'*opinion* publique change vite.
  여론은 빨리 바뀐다.
- la **page** [paʒ]   n. 페이지, 면.
  Un journal à la *page*.   최신 뉴스.
- **paraître** [parɛtr]   v. 발간되다, 간행되다.
  Le Monde *paraît* tous les soirs sauf le dimanche.
  르몽드는 일요일을 제외한 매일 저녁 발간된다.
- le **point de vue** [pwɛ̃dvy]   n. 관점.
- la **position** [pozisjɔ̃]   n. 입장.
- la **presse** [prɛs]   n. 프레스, 언론.
- le **reportage** [rəpɔrtaʒ]   n. 르뽀, 현지보고 기사.
- **résumer** [rezyme]   v. 요약하다.
- la **revue** [rəvy]   n. 잡지.
- la **série** [seri]   n. 시리즈.
- la **suite** [sɥit]   n. 속편, 계속.
- le **sujet** [syʒɛ]   n. 주제.
- le **texte** [tɛkst]   n. 본문.
- le **titre** [titr]   n. 타이틀, 제목.

l'**agence de presse** f [aʒɑ̃sdəprɛs]	n. 통신사.
l'**audace** f [odas]	n. 대담함 (**hardiesse**), 뻔뻔스러움.
le **correspondant**, la **correspondante** [kɔrɛspɔ̃dɑ̃, t]	n. 상주 주재원, 특파원.
l'**éditeur, -trice** [editœr, tris]	n. 편집자.
l'**envoyé spécial** m [ɑ̃vwajespesjal]	n. 특파원.

les **faits divers** *mpl* [fɛdivɛr]	n. 사회면 기사.
fonder [fɔ̃de]	v. 창립하다, 세우다 (**créer**).
imprimer [ɛ̃prime]	v. 인쇄하다.
l'**imprimerie** *f* [ɛ̃primri]	n. 인쇄.
le **lecteur**, la **lectrice** [lɛktœr, tris]	n. 독자.
la **lecture** [lɛktyr]	n. 독서.
le **magazine** [magazin]	n. 잡지.
la **maison d'édition** [mɛzɔ̃dedisjɔ̃]	n. 출판사.
le **mensuel** [mɑ̃sɥɛl]	n. 월간지.
objectif, -ive [ɔbʒɛktif, iv]	adj. 객관적인.
l'**objectivité** *f* [ɔbʒɛktivite]	n. 객관성.
le **périodique** [perjɔdik]	n. 정기 간행물.
le, la **photographe** [fɔtɔgraf]	n. 사진 기자, 사진 작가.
la **publication** [pyblikɑsjɔ̃]	n. 발간, 출판.
publier [pyblije]	v. 출판하다, 간행하다.
le **quotidien** [kɔtidjɛ̃]	n. 일간지.
le **rédacteur**, la **rédactrice** [redaktœr, tris]	n. 편집자.
le **rédacteur en chef** [redaktœrɑ̃ʃɛf]	n. 편집장, 편집 책임자.
rédiger [rediʒe]	v. 글을 작성하다, 편집하다.
la **rubrique** [rybrik]	n. 제목, 표제, ~란.
la **sensation** [sɑ̃sɑsjɔ̃]	n. 센세이션.
le **tirage** [tiraʒ]	n. 발행 부수. Ouest-France a le plus grand *tirage* en France. "서부 프랑스"는 프랑스에서 발행 부수가 가장 많다.

라디오와 TV

- l'**actualité** *f* [aktɥalite] n. 시사 문제, 뉴스.
- **actuel, le** [aktɥɛl] adj. 현재의, 현행의(présent).
- **au courant** [okurã] ~을 알고 있는.
- la **chaîne** [ʃɛn] n. 채널.
  Les Dossiers de l'Ecran, c'est sur quelle *chaine*?
  "스크린 보고서"는 어느 채널에서 하지?
- l'**écran** *m* [ekrã] n. 스크린.
  Sur le petit *écran*. TV 화면에서.
- l'**émission** [emisjɔ̃] n. 방송.
- **être au courant de** [ɛtrokurãdə] ~에 관해 알고 있다.
- l'**interview** [ɛ̃tɛrvju] n. 인터뷰.
- la **météo** [meteo] n. 일기예보 (météorologie).
- le **micro** [mikro] n. 마이크.
  Léon Zitrone au *micro*.
  레옹 지트론이 마이크를 잡고 있다.
- le **programme** [prɔgram] n. 프로그램.
- **public, -ique** [pyblik] adj. 공공의.
- la **pub(licité)** [pyblisite] n. 광고, CF.
  Je ne regarde que la *pub*.
  나는 상업 광고만 본다.
- le **son** [sɔ̃] n. 소리, 음향.
- le **studio** [stydjo] n. 스튜디오.
- la **télé(vision)** [televizjɔ̃] n. TV.
- la **voix** [vwa] n. 사람의 목소리.

---

l'**antenne** *f* [ãtɛn] n. 안테나, 방송국.
Je vous rends l'*antenne*.
마이크를 스튜디오로 넘깁니다.

l'**audience** f [odjɑ̃s]	n. 청취, (집합적)방청객.
audio-visuel, le [odjovisɥɛl]	adj. 시청각의.
l'**auditeur, -trice** [oditœr, tris]	n. 청취자.
le **débat** [deba]	n. 토론.
diffuser [difyze]	v. 방송하다.
l'**émetteur** m [emɛtœr]	n. 방송사, 중계소. L'*émetteur* pour la Bretagne est en panne. 브리따뉴지역을 위한 중계소에 고장이 났다.
le **feuilleton** [fœjtɔ̃]	n. 연속극. Les Français raffolent des *feuilletons* comme Dallas. 프랑스인들은 "달라스"같은 연속극을 무척 좋아한다.
l'**héroïne** f [erɔin]	n. 여자 주인공.
le **héros** [ˈero]	n. 남자 주인공.
publicitaire [pyblisitɛr]	adj. 광고의. Slogan *publicitaire*. 광고 구호.
la **réception** [resɛpsjɔ̃]	n. 수신.
le **téléspectateur,** la **téléspectatrice** [telespɛktatœr, tris]	n. 시청자.
les **variétés** fpl [varjete]	n. 버라이어티 쇼.

전쟁

- ❏ l'**action** [aksjɔ̃]   n. 행동.
- ❏ **attaquer** [atake]   v. 공격하다 (↔ défendre).
- ❏ la **bataille** [bataj]   n. 전투, 교전(combat).
- ❏ **bloquer** [blɔke]   v. 봉쇄하다, 차단하다.
- ❏ la **bombe** [bɔ̃b]   n. 폭탄.

- **brutal, e, -aux** [brytal, o]   adj. 난폭한(↔ doux), 거친.
- **le chef** [ʃɛf]   n. 우두머리.
- **le conflit** [kɔ̃fli]   n. 분쟁, 갈등.
- **la conséquence** [kɔ̃sekɑ̃s]   n. 결과(effet), 귀결(résultat).
- **le coup de feu** [kudfø]   n. 사격.
  Le *coup de feu* a tué un manifestant.
  사격으로 시위대 1명이 피살됐다.
- **déclarer** [deklare]   v. 선언하다, 선포하다.
  Le gouvernement a *déclaré* la guerre au terrorisme.
  정부는 테러에 대한 전쟁을 선포했다.
- **défendre** [defɑ̃dr]   v. 지키다(↔ attaquer), 방어하다.
- **la défense** [defɑ̃s]   n. 수호, 방어.
  Le ministre de la *Défense* Nationale.
  국방부 장관.
- **efficace** [efikas]   adj. 효력있는, 효과적인.
- **l'ennemi, e** [ɛnmi]   n. 적.
- **grave** [grav]   adj. 심각한, 대단한(sérieux).
  Un incident *grave* s'est produit à la frontière.
  대단한 사고가 국경지대에서 터졌다.
- **le groupe** [grup]   n. 그룹, 무리.
- **la guerre** [gɛr]   n. 전쟁.
- **l'incident** [ɛ̃sidɑ̃]   n. 우발적인 사건.
- **mener** [məne]   v. 이끌다, 리드하다.
- **militaire** [militɛr]   adj. 군사적인.
- **nucléaire** [nyklɛɛr]   adj. 핵의.
  La guerre *nucléaire* n'aura pas lieu.
  핵전쟁은 일어나지 않을 것이다.
- **l'occupation** [ɔkypasjɔ̃]   n. 점령, 점거.
- **occuper** [ɔkype]   v. 점령하다.
- **l'ordre** *m* [ɔrdr]   n. 명령, 지시.

❏ la **paix** [pɛ]	n. 평화.	
❏ le **pays** [pei]	n. 국가, 지방.	
❏ le **plan** [plã]	n. 계획.	
❏ la **province** [prɔvɛ̃s]	n. 수도에 대한 지방, 시골.	
❏ la **région** [reʒjɔ̃]	n. 지방, 지역.	
❏ **rétablir** [retablir]	v. 복구하다, 회복시키다.	

L'armée syrienne a *rétabli* l'ordre.
시리아 군대는 질서를 회복시켰다.

❏ le **soldat** [sɔlda]   n. 사병.
❏ **tuer** [tɥe]   v. 죽이다.
❏ la **victime** [viktim]   n. 희생자.

L'attentat de la rue de Rennes a fait de nombreuses *victimes*.
렌느거리의 폭탄테러는 많은 희생자를 만들었다.

❏ la **victoire** [viktwar]   n. 승리.

l'**adversaire** *mf* [advɛrsɛr]	n. 상대방, 적.
l'**arme** *f* [arm]	n. 무기.
l'**armée** *f* [arme]	n. 군대.
armer [arme]	v. 무장시키다.
l'**armistice** *m* [armistis]	n. 휴전(**trêve, cessez-le-feu**).

L'*armistice* a été respecté pendant trois jours.
휴전은 3일동안 지켜졌다.

l'**avertissement** *m* [avɛrtismã]	n. 통지(**avis**), 경고.
les **blessés** *mpl* [blese]	n. 부상자.
capituler [kapityle]	v. 항복하다 (**se rendre**), 굴복하다.
la **défaite** [defɛt]	n. 패배.
le **défilé** [defile]	n. 퍼레이드.
envahir [ãvair]	v. 침략하다.
l'**exécution** [ɛgzekysjɔ̃]	n. 실행, 시행.
l'**expansion** *f* [ɛkspãsjɔ̃]	n. 확장.

la **force de frappe** [fɔrsdəfrap]	n. 기동 타격대.
la **fuite** [fɥit]	n. 도망, 도주.
hostile [ɔstil]	adj. 적대적인.
l'**invasion** *f* [ɛ̃vɑzjɔ̃]	n. 침입, 침략.
les **morts** *mpl* [mɔr]	n. 사망자, 시신.
l'**objecteur de conscience** *m* [ɔbʒɛktœrdkɔ̃sjɑ̃s]	n. 신앙 또는 사상에 따른 병역 기피자.
le **service militaire** [sɛrvismilitɛr]	n. 군복무. Guy a fait son *service militaire* en Allemagne. 기는 독일에서 군복무를 했다.
la **torture** [tɔrtyr]	n. 고문. Le prisonnier a parlé sous la *torture*. 포로는 고문에 못이겨 말했다.
la **trahison** [traizɔ̃]	n. 배반, 배신.
le **traître**, la **traîtresse** [trɛtr, ɛs]	n. 배신자.
la **troupe** [trup]	n. 군 부대.
le **vainqueur** [vɛ̃kœr]	n. 정복자.
volontaire [vɔlɔ̃tɛr]	adj. 자의에 의한. Jean s'est porté *volontaire*. 쟝은 자원했다.

— 사법 —

- **accuser** [akyze]   v. 기소하다, 비난하다.
On vous *accuse* de vol.
당신은 절도혐의로 기소되었습니다.
- la **bagarre** [bagar]   n. 싸움판, 소동.
- le **cas** [kɑ]   n. 범죄 사실, 소송 사유.
- **compliqué, e** [kɔ̃plike]   adj. 복잡한, 복합적인.

- ❏ **condamner** [kɔ̃dane]   v. 선고하다, ~에게 유죄판결을 내리다.
- ❏ **coupable** [kupabl]   adj. 유죄의.
- ❏ le **crime** [krim]   n. 범죄.
- ❏ le **droit** [drwa]   n. 권리.
- ❏ **enlever** [ɑ̃lve]   v. 유괴하다, 납치하다.
- ❏ l'**enquête** f [ɑ̃kɛt]   n. 탐문, 조사.

La police mène l'*enquête* sur ce hold-up. 경찰은 무장강도 사건에 대한 탐문을 실시한다.

- ❏ l'**injustice** f [ɛ̃ʒystis]   n. 불의, 부정행위.
- ❏ **innocent, e** [inɔsɑ̃, t]   adj. 무죄의.
- ❏ **interroger** [ɛ̃tɛrɔʒe]   v.t. ~를 심문하다.
- ❏ le **juge** [ʒyʒ]   n. 재판관, 판사.
- ❏ **jurer** [ʒyre]   v. 선서하다, 서약하다, 단언하다.
- ❏ **juste** [ʒyst]   adj. 올바른, 정의로운.
- ❏ la **justice** [ʒystis]   n. 정의, 공평, 재판.

Je demande *justice*. 나는 시비를 가려줄 것을 요청한다.
On m'a traîné en *justice*. 나는 재판에 끌려갔다.

- ❏ la **liberté** [libɛrte]   n. 자유.
- ❏ la **loi** [lwa]   n. 법률.

Il a passé sa vie à violer la *loi*. 그는 법을 어기는데 일생을 보냈다.

- ❏ **majeur, e** [maʒœr]   adj. 성년의 (↔ mineur).
- ❏ la **police** [pɔlis]   n. 경찰.
- ❏ le **poste (de police)** [pɔstdəpɔlis]   n. 파출소.
- ❏ la **preuve** [prœv]   n. 증거.
- ❏ le **prison** [prizɔ̃]   n. 감옥.
- ❏ **prouver** [pruve]   v. 증명하다, 입증하다.
- ❏ **punir** [pynir]   v. 처벌하다.
- ❏ la **question** [kɛstjɔ̃]   n. 질문.
- ❏ le **témoin** [temwɛ̃]   n. 증인, 목격자.

- la **violence** [vjɔlɑ̃s]   n. 폭력.
- **violent,e** [vjɔlɑ̃, t]   adj. 폭력적인.
- le **vol** [vɔl]   n. 절도.
- le **voleur**, la **voleuse** [vɔlœr, øz]   n. 절도범.

l'**accusé, e** [akyze]	n. 피고인.
l'**assassin** *m* [asasɛ̃]	n. 살인자 (**meurtrier**), 암살자.
la **bande** [bɑ̃d]	n. 무리 (**clan**), 집단 (**troupe**).
le **délit** [deli]	n. 위법 행위.
le **dossier** [dosje]	n. 서류, 소송기록.
la **drogue** [drɔg]	n. 마약.
l'**escroc** *m* [ɛskro]	n. 사기꾼.
le **gangster** [gɑ̃gstɛr]	n. 깡패, 강도, 악당 (**crapule**).
l'**interrogatoire** *m* [ɛ̃tɛrɔgatwar]	n. 신문 조서, 질문.
le **juge d'instruction** [ʒyʒdɛ̃stryksjɔ̃]	n. 예심 판사.
le **meurtre** [mœrtr]	n. 살인.
le **mobile** [mɔbil]	n. 행동의 동기.
l'**otage** *m* [ɔtaʒ]	n. 인질. Les bandits ont pris un vendeur en *otage*. 범인들은 상인 한명을 인질로 잡았다.
le **paragraphe** [paragraf]	n. 문단, 절, 항.
la **piste** [pist]	n. 발자취, 흔적. La police est sur la *piste* des malfaiteurs. 경찰은 범인들을 뒤쫓고 있다.
la **Police judiciaire** [pɔlisʒydisjɛr]	n. 사법 경찰.
le **procès** [prɔsɛ]	n. 소송. On lui a fait le *procès*. 그는 재판 받았다.

la **rafle** [rafl]	n. 일제 검거, 소탕.
rechercher [rəʃɛrʃe]	v. 수색하다, 탐색하다.
suspect, e [syspɛ, ɛkt]	adj. 혐의를 받고 있는.
la **trace** [tras]	n. 흔적. Le cambrioleur n'a pas laissé de *traces*. 가택침입 절도범들은 흔적을 남기지 않았다.
le **tribunal, -aux** [tribynal, o]	n. 재판소.
le **verdict** [vɛrdikt]	n. 평결, 의결.

—— 정치 ——

❏ **améliorer** [ameljɔre]　v. 개선되다.
❏ **contester** [kɔ̃tɛste]　v. ~에 이의를 제기하다.
　Les syndicats *contestent* ce projet de loi.
　노조들은 법률안에 이의를 제기했다.
❏ l'**équilibre** *m* [ekilibr]　n. 균형.
❏ l'**étape** *f* [etap]　n. 단계.
❏ l'**événement** *m* [evɛnmɑ̃]　n. 사건, 이벤트.
❏ **il se passe** [ilsəpas]　일어나다, 벌어지다.
　Il se passe des événements graves.
　큰 사건들이 벌어진다.
❏ la **manif(estation)** [manifɛstasjɔ̃]　n. 시위.
❏ **officiel, le** [ɔfisjɛl]　adj. 공식적인.
❏ le **progrès** [prɔgrɛ]　n. 진보, 발전.
❏ la **radio** [radjo]　n. 라디오.
❏ le **résultat** [rezylta]　n. 결과, 성과.
❏ la **situation** [sityasjɔ̃]　n. 환경.
❏ la **solution** [sɔlysjɔ̃]　n. 해결책.

- **supprimer** [syprime] v. 폐지하다, 제거하다.
  On a *supprimé* les plus grandes injustices.
  가장 불공정한 것들이 폐지됐다.
- **l'union** *f* [ynjɔ̃] n. 결합, 화합.

aggraver (s') [sagrave]	v. 상태가 악화되다. La situation du tiers monde *s'aggrave*. 제3세계의 환경은 악화되고 있다.
l'Hexagone *m* [ɛkzagɔn]	n. 프랑스 (6각형의 나라라는 뜻).
l'intrigue *f* [ɛ̃trig]	n. 음모, 책략.
le message [mesaʒ]	n. 메시지.
le militant, la militante [militɑ̃, t]	n. 투사, 열성분자.
occidental, e, -aux [ɔksidɑ̃tal, o]	adj. 서구의.
opposé, e [ɔpoze]	adj. 반대하는.
provoquer [prɔvɔke]	v. 야기하다, 도발하다.
le scandale [skɑ̃dal]	n. 스캔들, 추문.
secret, -ète [səkrɛ, t]	adj. 비밀의.
le symbole [sɛ̃bɔl]	n. 상징.

—— 재난 ——

- **l'accident** *m* [aksidɑ̃] n. 사고.
- **brûler** [bryle] v.t. 불에 태우다 v.i. 타다.
- **la catastrophe** [katastrɔf] n. 재난(calamité), 큰 불행.
- **la chimie** [ʃimi] n. 화학.
- **le danger** [dɑ̃ʒe] n. 위험.
- **les dégâts** *mpl* [degɑ] n. 손해, 손실.

- **dramatique** [dramatik]   adj. 극적인.
- **l'élément** *m* [elemã]   n. 구성 요소, 부품.
- **l'explosion** *f* [ɛksplozjɔ̃]   n. 폭발, 파열.
- **inattendu, e** [inatɑ̃dy]   adj. 예상치 못한.
- **l'incendie** *m* [ɛ̃sɑ̃di]   n. 화재.
- **pollué, e** [pɔlɥe]   adj. 오염된.
- **la pollution** [pɔlysjɔ̃]   n. 오염.
  La *pollution* chimique du Rhin a tué tous les poissons. 라인강의 화학물질 오염은 모든 물고기를 죽였다.
- **prendre feu** [prɑ̃drəfø]   불이 붙다, 발화하다.
- **tragique** [traʒik]   adj. 비극적인, 비참한.

---

l'avalanche *f* [avalɑ̃ʃ]   n. 눈사태.

les besoins *mpl* [bəzwɛ̃]   n. 필요한 것, 필수품.

la centrale nucléaire [sɑ̃tralnykleɛr]   n. 원자력 발전소.

le choc [ʃɔk]   n. 충격, 쇼크.

la coulée de lave [kuledlav]   n. 용암의 분출.
La *coulée de lave* a détruit St. Pierre.
용암의 분출이 쎙 삐에르를 파괴했다.

le désastre [dezastr]   n. 재난 (**calamité**), 재해.
Le *désastre* de Lisbonne a coûté 60000 morts.
리스본의 재난은 6만명의 목숨을 앗아갔다.

la dimension [dimɑ̃sjɔ̃]   n. 차원.

distribuer [distribɥe]   v. 분배하다, 배급하다.

la distribution [distribysjɔ̃]   n. 분배, 배급.

l'épidémie *f* [epidemi]   n. 전염병.
Le SIDA est en train de devenir

une *épidémie*.
에이즈는 전염병이 되고 있는 중이다.

l'éruption *f* [erypsjɔ̃] n. 분출, 분화.
héroïque [erɔik] adj. 영웅적인.
imprévu, e [ɛ̃prevy] adj. 뜻밖의, 의외의.
l'inondation *f* [inɔ̃dɑsjɔ̃] n. 홍수, 침수.
intervenir [ɛ̃tɛrvənir] v. 개입하다, 중재하다.
la marée noire [marenwar] n. 바닷물의 기름 오염, 흑조.
le nuage radioactif [nɥaʒradjɔaktif] n. 방사능 구름.
Le *nuage radioactif* de Tchernobyl a traversé toute l'Europe.
체르노빌의 방사능 구름은 전 유럽을 가로 질러갔다.

le nuage toxique [nɥaʒtɔksik] n. 유독물 구름.
la précaution [prekosjɔ̃] n. 조심, 주의.
la radioactivité [radjɔaktivite] n. 방사능.
la tempête [tɑ̃pɛt] n. 폭풍우.
On annonce une *tempête* sur la Manche.
영불해협에 폭풍우가 예고 되었다.

la tornade [tɔrnad] n. 회오리 바람, 선풍.
le tremblement de terre [trɑ̃bləmɑ̃dtɛr] n. 지진.

사회문제

- le **chômage** [ʃomaʒ]　　n. 실업.
　　Le taux de *chômage* ne cesse d'augmenter.
　　실업률이 끊임없이 증가한다.

- la **civilisation** [sivilizɑsjɔ̃]　　n. 문명.
- la **difficulté** [difikylte]　　n. 어려움.
- **diminuer** [diminɥe]　　v. 감소하다, 줄어들다.
　　Le taux de croissance *diminue*.
　　성장률이 감소한다.

- l'**économie** [ekɔnɔmi]　　n. 경제.
- **économique** [ekɔnɔmik]　　adj. 경제적인.
- **faire partie de** [fɛrpartidə]　　~에 속하다.
　　La France *fait partie des* pays riches.
　　프랑스는 부유한 나라에 속한다.

- les **gens** *mpl* [ʒɑ̃]　　n. 사람들(단수형 없음).
- l'**impôt** *m* [ɛ̃po]　　n. 세공, 조세.
- les **jeunes** *mpl* [ʒœn]　　n. 젊은이들.
- la **jeunesse** [ʒœnɛs]　　n. (집합적) 젊은이들, 청춘기.
- **mériter** [merite]　　v. ~받을 만하다, ~할 자격이 있다.
- le **monde** [mɔ̃d]　　n. 세계, 사람들.
- le **mouvement** [muvmɑ̃]　　n. 운동.
　　Le *mouvement* ouvrier existe depuis plus d'un siècle.
　　노동운동은 1세기 이상 존재해 왔다.

- l'**ouvrier, -ère** [uvrije, ɛr]　　n. 일꾼, 노동자.
- **pauvre** [povr]　　adj. 가난한.
- **positif, -ive** [pozitif, iv]　　adj. 긍정적인.
- la **possibilité** [pɔsibilite]　　n. 가능성.
- **possible** [pɔsibl]　　adj. 가능한.
- **réaliste** [realist]　　adj. 현실적인.
- la **réalité** [realite]　　n. 현실.
　　La *réalité* dépasse souvent la fiction.

현실은 종종 픽션을 능가한다.
- ❏ la **réduction** [redyksjɔ̃]   n. 할인.
- ❏ la **réforme** [refɔrm]   n. 개혁, 개선.
- ❏ **riche** [riʃ]   adj. 부유한.
- ❏ **scandaleux, -euse**   adj. 스캔들을 일으키는, 언어도단의.
  [skɑ̃dalø, z]
- ❏ la **société** [sɔsjete]   n. 사회.
- ❏ **soulever un problème**   n. 문제를 일으키다.
  [sulveœ̃prɔblɛm]
- ❏ la **vieillesse** [vjɛjɛs]   n. 노년기.

accroître [akrwatr]	v. 늘어나다, 증가하다.
les **conditions de vie** *fpl* [kɔ̃disjɔ̃dvi]	n. 생의 조건들.
dépeupler (se) [sədepœple]	v. 인구가 줄어들다. L'Allemagne se *dépeuple* rapidement. 독일은 급격히 인구가 줄고 있다.
l'**exode rural** *m* [ɛgzɔdryral]	농촌을 떠나기.
l'**exode urbain** *m* [ɛgzɔdyrbɛ̃]	도시를 떠나기.
immigré, e [imigre]	adj. 이주해 온.
la **lutte** [lyt]	n. 투쟁 (**conflit**), 싸움 (**combat**).
lutter [lyte]	v. 싸우다. Nous *luttons* pour un meilleur monde. 우리는 더 나은 세상을 위해 싸운다.
le **milieu, x** [miljø]	n. 주위, 환경.
le **niveau, x** [nivo]	n. 수준.
la **pauvreté** [povrəte]	n. 가난함, 빈곤.

영상뉴스

M6 - 아르테, 앵커없이 화면으로만 보도. 빠른시간에 객관적 뉴스전달.

1987년 9월 프랑스의 M6는 영상으로만 뉴스를 전달하는 TV영상뉴스 '6분' 을 최초로 방송했다. 거의 말이 없고 영상 위주인 이 뉴스는 시청자들의 관심을 끌기에 충분했고 이후 단순하고 신속한 뉴스보도를 선호하는 시청자들의 기호에 편승하여 인기를 끌고 있다. 새로운 시도로 평가되는 M6의 영상뉴스 '6분' 은 이제는 프랑스의 대표적인 뉴스프로그램으로 자리잡고 있고 시청률면에서도 TF1의 종합뉴스 프로그램인 '20시 뉴스' 다음으로 인기있는 프로가 됐다. 저녁8시에 방영되는 '6분' 영상뉴스의 성공에 힘입어 M6는 오후 6시54분에 '6분' 을 추가로 방송하기 시작했다. '6분' 은 영상보도로만 방영되고 뉴스보도의 내용은 대부분 한 단어 또는 하나의 감탄사로 요약되며 아이로니컬한 소제목들이 화면 아래쪽에 처리된다.

M6가 영상뉴스를 방송하게 된 이유에 대해 제작자들은 '보다 빠른 시간에 강한 인상의 뉴스를 군살없이 객관적으로 전달해주기 위해서' 라고 말하고 있다.

M6의 '6분' 외에도 프랑스, 독일 문화채널인 아르테(Arte)가 앵커없이 화면으로만 보도를 진행하는 영상뉴스 '8과 2분의1' 을 방송하고 잇다. 매일 밤 8시 30분에 8분30초동안 진행되는 이 뉴스는 '6분' 의 뉴스 형식을 이용하기는 했지만 국내 뉴스만을 선호하는 '6분' 과는 내용상 차이가 있다. '8과 2분의1' 은 국내 사건들보다 지구촌 소식을 선호하며 프랑스와 독일 스위스 또는 벨기에 방송국의 영상들 가운데 핫이슈들을 건져낸다. 매일밤 방영되는 7, 8개의 기사중 단 하나만이 아르테의 취재진이 취재한 것뿐 나머지는 외국방송사의 화면을 이용해 보도한다. '8과 2분의1' 의 영상구성은 국내 소식에 관한 기사가 둘, 20초짜리 짧은 해외 뉴스가 서너개, 그리고 프랑스 및 독일과 관련된 뉴스에 대해 서로 다른 관점에서 보도하는 1분30초짜리 기획보도 두 개로 구성되어 있다.

M6의 성공과 함께 '8과 2분의1' 역시 프랑스에서 고무적인 시청률을 기록하고 있는데 주중에는 평균 50만명, 주말에는 1백만명의 시청자를 확보하고 있다. 영상뉴스인 '6분' 과 '8과 2분의1' 은 복잡한 사건을 신속하고 객관적으로 보도할 수 있다는 점에서 프랑스 시청자들에게 사랑받고 있다.

환경

27. 기후
28. 자연
29. 도시환경

27. 기 후

—— 일반어휘 ——

- **améliorer (s')** [sameljɔre]
  v. 더 좋아지다.
  Le temps s'améliore.
  날씨가 점점 더 좋아지고 있다.
- **le changement** [ʃɑ̃ʒmɑ̃]
  n. 변화.
  Je ne supporte pas le changement de temps.
  나는 기후의 변화를 견디지 못한다.
- **le ciel** [sjɛl] n. 하늘.
- **le climat** [klima] n. 기후, 풍토.
- **coucher (se)** [səkuʃe] v. 잠자리에 들다.
- **le degré** [dəgre] n. 온도.
  Il fait 25 degrés. 날씨가 25도이다.
- **diminuer** [diminɥe] v.t. 줄이다, v.i. 줄다, 짧아지다.
- **faible** [fɛbl] adj. 약한, 나약한.
- **fort, e** [fɔr, t] adj. 강인한.
- **lever (se)** [səlve] v. 일어서다.
  Le soleil se lève à six heures.
  태양은 6시에 뜬다.
  Le vent se lève. 바람이 인다.
- **la météo** [meteo] n. 일기예보.
- **moyen, ne** [mwajɛ̃, ɛn] adj. 보통의, 중간의.
- **l'ombre** f [ɔ̃br] n. 그늘, 그림자, 음달.
- **prévoir** [prevwar] v. 예견하다, 미리 알다.
- **souffler** [sufle] v. 바람이 불다.
  Le vent souffle fort. 바람이 세게 분다.
- **la température** [tɑ̃peratyr]
  n. 기온, 기후.
- **le temps** [tɑ̃] n. 날씨.
- **le vent** [vɑ̃] n. 바람.

l'**anticyclone** *m* [ɑ̃tisiklɔn]	n. 역선풍, 고기압권.
l'**arc-en-ciel** *m* [arkɑ̃sjɛl]	n. 무지개.
la **bourrasque** [burask]	n. 돌풍, 광풍.
la **brise** [briz]	n. 미풍, 산들바람.
la **dépression** [deprɛsjɔ̃]	n. 저기압.
les **prévisions** *fpl* [previzjɔ̃]	n. 일기예보.

—— 좋은 날씨 ——

- **agréable** [agreabl]   adj. 기분좋은, 유쾌한.
- **beau, bel, belle** [bo, bɛl]   adj. 날씨가 좋은.
  Il fait *beau.* 날씨가 좋다.
- **briller** [brije]   v. 빛나다.
  Le soleil *brille.* 태양이 빛나다.
- la **chaleur** [ʃalœr]   n. 열, 뜨거움, 더위.
- **clair, e** [klɛr]   adj. 밝은, 맑은.
- **doux, douce** [du, dus]   adj. 부드러운.
- **en plein soleil** [ɑ̃plɛ̃sɔlɛj]   태양이 한창 때인.
- **favorable** [favɔrabl]   adj. 호의적인.
- **Il fait chaud.** [ilfɛʃo]   날씨가 덥다.
- le **rayon** [rɛjɔ̃]   n. 광선, 빛, 복사선.
- **sec, sèche** [sɛk, sɛʃ]   adj. 마른, 건조한.
- le **soleil** [sɔlɛj]   n. 태양.
  Il fait du *soleil.* 햇빛이 비친다.
- **tiède** [tjɛd]   adj. 미지근한.

la **canicule** [kanikyl]	n. 삼복, 한여름.
l'**éclaircie** *f* [eklɛrsi]	n. 구름 사이에 트인 하늘, 일시적인 갬.
éclaircir (s') [seklɛrsir]	v. 밝아지다, 날씨가 개다.
Le soleil tape. [ləsɔlɛjtap]	햇볕이 쨍쨍 내리쬐다.

궂은 날씨

- **baisser** [bese]   v. 기온이 내려가다.
  La température *baisse*.
  날씨가 추워진다.
- **bas, se** [bɑ, s]   adj. 낮은.
- le **courant d'air** [kurɑ̃dɛr]   adj. 바람.
- **dur, e** [dyr]   adj. 굳은, 힘든.
- **frais, fraîche** [frɛ, frɛʃ]   adj. 신선한.
- le **froid** [frwa]   n. 추위, 냉기, 감기.
- **froid, e** [frwa, d]   adj. 추운.
- **geler** [ʒle]   v. 얼다.
  Il *gèle*. 날씨가 얼어붙는다.
- la **glace** [glas]   n. 얼음.
- **Il fait du vent.** [ilfɛdyvɑ̃]   바람이 분다.
- **Il fait frais.** [ilfɛfrɛ]   날씨가 신선하다.
- **Il fait froid.** [ilfɛfrwa]   춥다.
- la **neige** [nɛʒ]   n. 눈.
- **neiger** [neʒe]   v. 눈이 오다.
  Il *neige*. 눈이 온다.
- le **verglas** [vɛrgla]   n. 빙판.

---

le **blizzard** [blizar]   n. 큰 눈보라.
le **flocon de neige** [flɔkɔ̃dnɛʒ]   n. 눈송이.
fondre [fɔ̃dr]   v. 녹다.
le **gel** [ʒɛl]   n. 결빙.
la **gelée** [ʒle]   n. 서리, 얼음이 어는 추위.
la **givre** [ʒivr]   n. 서리, 성애.
la **grêle** [grɛl]   n. 우박.
le **brouillard** [brujar]   n. 짙은 안개.
Il fait du *brouillard*.
안개가 짙게 낀다.

épais, se [epɛ, s]	adj. 짙은, 빽빽한. Quel *brouillard* épais! 웬 짙은 안개냐!
la goutte [gut]	n. 물방울.
humide [ymid]	adj. 축축한, 습기찬.
Il fait mauvais. [ilfɛmɔvɛ]	날씨가 나쁘다.
Il fait meilleur. [ilfɛmɛjœr]	날씨가 더 나아진다.
le nuage [nɥaʒ]	n. 구름.
l'orage *m* [ɔraʒ]	n. 천둥치는 비바람, 뇌우.
pleuvoir [plœvwar]	v. 비오다. Il *pleut*. 비가 온다.
la pluie [plɥi]	n. 비.
tomber [tɔ̃be]	v. 떨어지다.
le tonnerre [tɔnɛr]	n. 천둥, 우뢰.
variable [varjabl]	adj. 변하는, 다양한.
l'averse *f* [avɛrs]	n. 소나기 (**ondée**).
la brume [brym]	n. 안개 (**brouillard**).
le ciel couvert [sjɛlkuvɛr]	n. 구름으로 덮힌 하늘.
le crachin [kraʃɛ̃]	n. 이슬비, 가랑비.
l'éclair *m* [eklɛr]	n. 번개.
être trempé, e [ɛtrətrɑ̃pe]	흠뻑 젖은.
la foudre [fudr]	n. 벼락. La *foudre* s'est abattue sur un arbre. 나무위에 벼락이 떨어졌다.
la tempête [tɑ̃pɛt]	n. 폭풍우.

의상박물관

빠리 에펠탑 부근의 의상 박물관은 2백50년전인 18세기 초반부터 현재에 이르기까지 역사적 또는 예술적 가치를 지닌 3만점의 옷과 7만점의 장신구 등 10만여점을 보여주는 곳으로 유명하다.

나폴레옹의 황후 조세핀의 드레스, 로즈 드카가 세기적 여배우 마를렌느 디트리히를 위해 만든 날렵한 모자, 어느 시대의 어떤 나라 여성도 흠뻑 빠질 수밖에 없을 장신구들, 살아있는 디자이너지만 이미 「신화」의 경지로 인식되는 여러 명장들의 세련된 의상앞에서 방문객들의 탄성은 그칠줄 모른다.

이 소장품들을 보노라면 옷이란 것이 생활용품임과 동시에 어느 장르의 예술과도 견줄 수 있는 당당한 예술이라는 생각이 든다. 또 프랑스인의 옷에 관한 자긍심, 빠리가 세계 패션의 본산으로 흔들리지 않는 지위를 얻은 이유등을 실감케 된다.

1천평 남짓한 대지위에 세워진 아담한 옛 궁전에 세워진 이 박물관은 우선 건물 자체가 건축미와 조각이 어울려 정감을 느끼게한다. 1894년 갈리에라 공작부인의 요청으로 당대 최고의 건축가 폴 렌느기냉이 세운 이 「팔레 갈리에라」(갈리에라궁)건물의 당초 용도는 공작부인의 수집품을 보존 전시하기 위한 것이었다.

1907년 화가이며 역사가였던 모리스 르와르가 의상의 중심지인 빠리에 의상박물관이 있어야한다고 주장하며 「의상의 역사를 위한 연구회」를 설립했는데 그가 모은 옷 2천점이 훗날 빠리시에 기증됐고 1954년 「사육제박물관」 의상컬렉션이 됐다. 1977년 빠리시는 갈리에라궁을 의상모드박물관으로 정해 이 컬렉션을 공개하기 시작했다.

이 박물관의 홍보책 장 프랑소아 바니에르는 『옛 귀족들의 호사스런 옷과 당시 서민들의 옷을 견주며 느낄 수있는 역사의식으로부터 복식의 흥미로운 변천, 인체의 아름다움을 그려내려한 거장들의 치열한 예술혼등 어느 박물관보다 흥미롭고 가치있는 점을 얻을수 있다』고 자랑한다.

의상학자나 학생에게 다시 없는 연구의 대상이고 일반인에게는 옷의 역사와 함께 의미를 생각하게 하는 시설인 셈이다. 옛 의상뿐 아니라 지방시 라크르와 디오르 랑방 샤넬 쿠레쥬 프와레 발렌시아가 골티에 몽타나 리키엘등 일류 디자이너의 옷과 사진등 자료가 풍부하다.

28. 자 연

동물

- l'**animal, -aux** *m* [animal, o]   n. 동물.
- la **bête** [bɛt]   n. 동물, 짐승.
- le **canard** [kanar]   n. 오리.
- le **chat** [ʃa]   n. 고양이.
- le **cheval, -aux** [ʃval, o]   n. 말.
- le **chien** [ʃjɛ̃]   n. 개.
- le **cochon** [kɔʃɔ̃]   n. 돼지(porc).
- l'**insecte** *m* [ɛ̃sɛkt]   n. 곤충.
- le **lapin** [lapɛ̃]   n. 집토끼.
- le **lion** [ljɔ̃]   n. 사자.
- le **loup** [lu]   n. 늑대.
- la **mouche** [muʃ]   n. 모기.
- le **mouton** [mutɔ̃]   n. 양.
- l'**oiseau, x** *m* [wazo]   n. 새.
- le **papillon** [papijɔ̃]   n. 나비.
- le **poisson** [pwasɔ̃]   n. 물고기.
- la **poule** [pul]   n. 암탉.
- le **serpent** [sɛrpɑ̃]   n. 뱀.
- le **singe** [sɛ̃ʒ]   n. 원숭이.
- la **souris** [suri]   n. 생쥐.
- le **tigre** [tigr]   n. 호랑이.
- la **vache** [vaʃ]   n. 암소, 젖소.
- le **veau, x** [vo]   n. 송아지.

l'**abeille** *f* [abɛj]	n. 꿀벌.
l'**agneau, x** *m* [aɲo]	n. 새끼 양.

l'**aigle** *m* [εgl]	n. 독수리.
l'**alouette** *f* [alwεt]	n. 종달새.
l'**âne** *m* [ɑn]	n. 당나귀.
la **baleine** [balεn]	n. 고래.
la **chèvre** [ʃεvr]	n. 염소.
la **cigogne** [sigɔɲ]	n. 황새.
la **coccinelle** [kɔksinεl]	n. 무당벌레.
le **coq** [kɔk]	n. 수탉.
la **femelle** [fəmεl]	n. 암컷.
la **fourmi** [furmi]	n. 개미.
la **guêpe** [gεp]	n. 말벌.
le **hareng** [ˈarɑ̃]	n. 청어.
l'**hirondelle** *f* [irɔ̃dεl]	n. 제비.
le **mâle** [mɑl]	n. 수컷.
le **merle** [mεrl]	n. 티티새.
le **moustique** [mustik]	n. 모기.
l'**ours** *m* [urs]	n. 곰.
le **pigeon** [piʒɔ̃]	n. 비둘기.
la **queue** [kø]	n. 짐승의 꼬리.
la **race** [ras]	n. 종, 품종.
le **rat** [ra]	n. 쥐.
le **renard** [rənar]	n. 여우.
le **requin** [rəkɛ̃]	n. 상어.
le **taureau, x** [tɔro]	n. 투우용 황소.
la **trace** [tras]	n. 흔적, 발자취.
le **troupeau, x** [trupo]	n. 떼, 무리.
la **truite** [trɥit]	n. 송어.
la **vipère** [vipεr]	n. 살모사.

식물

- l'**arbre** *m* [arbr] n. 나무.
- le **blé** [ble] n. 밀.
- le **bouton** [butɔ̃] n. 싹 (bourgeon), 봉우리.
- la **branche** [brɑ̃ʃ] n. 나뭇가지.
- la **cerise** [səriz] n. 체리.
- le **champignon** [ʃɑ̃piɲɔ̃] n. 버섯.
- la **feuille** [fœj] n. 나뭇잎.
- la **fleur** [flœr] n. 꽃.
- la **fraise** [frɛz] n. 딸기.
- le **fruit** [frųi] n. 과일.
- l'**herbe** *f* [ɛrb] n. 풀, 초본식물.
- **mûr, e** [myr] adj. 익은, 숙성한.
- la **plante** [plɑ̃t] n. 식물.
- la **poire** [pwar] n. 배.
- la **pomme** [pɔm] n. 사과.
- la **pomme de terre** [pɔmdətɛr] n. 감자 (복수는 pommes de terre).
- la **prune** [pryn] n. 자두.
- la **rose** [roz] n. 장미.
- la **vigne** [viɲ] n. 포도나무.

l'**avoine** *f* [avwan]	n. 귀리.
la **betterave** [bɛtrav]	n. 사탕무우.
le **bouleau, x** [bulo]	n. 자작나무.
la **bruyère** [brųjɛr]	n. 히드, 히드 뿌리.
le **cassis** [kasis]	n. 카시스, 까막까치밥 나무(열매).
le **cerisier** [sərizjə]	n. 벚나무.
le **chêne** [ʃɛn]	n. 떡갈나무.
le **colza** [kɔlza]	n. 평지, 평지씨.
le **coquelicot** [kɔkliko]	n. 개양귀비.
fâner [fɑne]	v.t. 시들게하다, 퇴색시키다.
fleurir [flœrir]	v. 꽃이 피다, 개화하다.

la **framboise** [frãbwaz]	n. 나무딸기.
le **froment** [frɔmã]	n. 밀, 소맥.
le **genêt** [ʒnɛ]	n. 금작화.
le **glaïeul** [glajœl]	n. 글라디올러스.
la **groseille** [grosɛj]	n. 까치밥나무 열매.
le **hêtre** [ˈɛtr]	n. 너도밤나무.
le **jonc** [ʒɔ̃]	n. 골풀, 등심초.
le **jonquille** [ʒɔ̃kij]	n. 황수선.
le **lilas** [lilɑ]	n. 라일락.
le **maïs** [mais]	n. 옥수수.
le **muguet** [mygɛ]	n. 은방울꽃.
la **mûre** [myr]	n. 뽕나무 열매, 나무딸기 열매.
la **noisette** [nwazɛt]	n. 개암나무.
la **noix** [nwa]	n. 호두, 견과.
l'**œillet** *m* [œjɛ]	n. 카네이션.
l'**olivier** *m* [ɔlivje]	n. 올리브 나무.
l'**orge** *f* [ɔrʒ]	n. 보리.
l'**orme** *m* [ɔrm]	n. 느릅나무.
le **palmier** [palmje]	n. 종려나무.
la **pâquerette** [pɑkrɛt]	n. 데이지.
le **pêcher** [peʃe]	n. 복숭아나무.
le **peuplier** [pøplije]	n. 포플라나무.
le **pin** [pɛ̃]	n. 소나무.
le **platane** [platan]	n. 플라타너스.
le **pommier** [pɔmje]	n. 사과나무.
la **racine** [rasin]	n. 뿌리.
la **ronce** [rɔ̃s]	n. 나무딸기.
le **sapin** [sapɛ̃]	n. 전나무.
le **seigle** [sɛgl]	n. 호밀, 쌀보리.
le **tilleul** [tijœl]	n. 보리수.
le **tournesol** [turnəsɔl]	n. 해바라기.
la **tulipe** [tylip]	n. 튤립.
la **violette** [vjɔlɛt]	n. 제비꽃.

자연환경

- **abandonner** [abɑ̃dɔne]
  v. 버리다, 포기하다.
  Sur les terres *abandonnées* poussent les ronces.
  버려진 땅위에 나무 딸기가 자란다.

- **agricole** [agrikɔl]   adj. 농업의.
- le **champ** [ʃɑ̃]   n. 밭.
- **cueillir** [kœjir]   v. 꺾다, 따다.
- la **culture** [kyltyr]   n. 경작, 경작지.
  La *culture* du colza progresse.
  평지씨 재배가 늘어나고 있다.

- l'**élevage** *m* [ɛlvaʒ]   n. 목축.
- **élever** [elve]   v. 짐승을 키우다.
- l'**environnement** *m* [ɑ̃virɔnmɑ̃]   n. 환경.
  La protection de l'*environnement* est primordiale.
  환경보호는 근본적인 문제다.

- le **jardin** [ʒardɛ̃]   n. 정원, 마당.
- le **légume** [legym]   n. 야채.
- le **parc** [park]   n. 공원.
- le **paysan,** la **paysanne** [peizɑ̃, an]   n. 농부.
- **planter** [plɑ̃te]   v. 풀, 식물을 심다.
- **pollué, e** [pɔlɥe]   adj. 오염된.
- la **pollution** [pɔlysjɔ̃]   n. 오염.
  La *pollution* cause la mort des forêts.
  환경오염은 숲의 죽음을 야기한다.

- le, la **propriétaire** [prɔprijetɛr]   n. 주인.
- **protéger** [prɔteʒe]   v. 보호하다, 지키다.
- la **récolte** [rekɔlt]   n. 수확.
- **semer** [səme]   v. 씨뿌리다.

le **bétail** [betaj]	n. (집합적) 가축.
les **céréales** *fpl* [sereal]	n. 곡식, 곡물.
la **coopérative** [kɔɔperativ]	n. 협동 조합. Les *coopératives* agricoles sont très répandues en France. 농업 협동조합은 프랑스에 널리 퍼져 있다.
cultiver [kyltive]	v. 재배하다.
l'**écologie** *f* [ekɔlɔʒi]	n. 생태학.
l'**écologiste** *mf* [ekɔlɔʒist]	n. 환경보호 운동가. Les *écologistes* sont une minorité en France. 환경보호 운동가들은 프랑스에서 아직 소수파이다.
l'**engrais** *m* [ãgrɛ]	n. 가축을 살찌우기, 비료.
irriguer [irige]	v. 관개하다, ~에 물을 대다.
la **protection de la nature** [prɔtɛksjɔ̃dlanatyr]	n. 자연 보호.
le **remembrement** [rəmãbrəma]	n. 농지정리에 의한 농토 통합. Le *remembrement* est la cause de beaucoup d'ennuis. 농토통합은 많은 문제의 원인이다.
rural, e, -aux [ryral, o]	adj. 농촌의, 시골의. Le nombre des exploitations *rurales* est en baisse. 농가의 수가 계속 줄고 있다.
le **verger** [vɛrʒe]	n. 과수원.

땅

- les **Alpes** *fpl* [alp]   n. 알프스 산맥.
- l'**Amérique** *f* [amerik]   n. 아메리카, 미국.
- l'**Europe** *f* [ørɔp]   n. 유럽.
- **européen, ne** [ørɔpeɛ̃, ɛn]   adj. 유럽의.
- la **Forêt-Noire** [fɔrɛnwar]   n. 독일 서남부의 슈바르츠발트.
- le **Midi** [midi]   n. 남불지방.
- le **monde** [mɔ̃d]   n. 세계.
- le **pays** [pei]   n. 국가, 지방.
- la **province** [prɔvɛ̃s]   n. 수도에 대한 지방, 시골.
- les **Pyrénées** *fpl* [pirene]   n. 피레네 산맥.
- la **région** [reʒjɔ̃]   n. 지역, 지방.
- le **sol** [sɔl]   n. 땅, 토지, 땅바닥.
- le **terrain** [tɛrɛ̃]   n. 토지, 대지, 부지.
- la **terre** [tɛr]   n. 땅.
- les **vosges** *fpl* [voʒ]   n. 보쥬산맥.

les **Ardennes** *fpl* [ardɛn]	n. 프랑스북부의 아르덴 지역.
le **continent** [kɔ̃tinɑ̃]	n. 대륙.
le **Jura** [ʒyra]	n. 쥐라 산맥.
le **Massif Central** [masifsɑ̃tral]	n. 중앙 산악지대.
méridional, e, -aux [meridjɔnal, o]	adj. 남쪽의.
le **pôle Nord** [polnɔr]	n. 북극.
le **pôle Sud** [polsyd]	n. 남극.
terrestre [tɛrɛstr]	adj. 지구의. La surface *terrestre*. 지구 표면.

지리

- **bas, se** [bɑ, s]   adj. 낮은.
- **le col** [kɔl]   n. 산간 협로, 고갯길.
  Le plus haut *col* des Alpes est le col de Stelvio à 2757 m.
  알프스에서 제일 높은 협로는 2757m에 있는 스텔비오 고개이다.
- **la colline** [kɔlin]   n. 언덕.
- **la côte** [kot]   n. 비탈 (pente), 언덕 (coteau), 해안 (bord).
- **le désert** [dezɛr]   n. 사막.
- **la gorge** [gɔrʒ]   n. 협곡, 협로.
- **haut, e** [ˈo, t]   adj. 높은.
  Le Mont Blanc est *haut* de 4807m.
  몽블랑은 높이가 4807m이다.
- **la hauteur** [ˈotœr]   n. 높이.
- **l'île** *f* [il]   n. 섬.
  L'*île* de Sein est au large de la Pointe du Raz.
  쌩 섬은 뽀앵뜨-뒤-라즈에서 벗어나 있다.
- **la montagne** [mɔ̃taɲ]   n. 산.
- **la pierre** [pjɛr]   n. 돌.
- **la plage** [plaʒ]   n. 해변, 해수욕장.
- **plat, e** [pla, t]   adj. 평평한, 납작한.
- **la poussière** [pusjɛr]   n. 먼지.
- **le rocher** [rɔʃe]   n. 바위, 암벽, 암초.
- **le sable** [sabl]   n. 모래.
- **le sommet** [sɔmɛ]   n. 꼭대기, 정상.
- **le vallée** [vale]   n. 골짜기, 계곡.

---

aigu, aiguë [egy]   adj. 날카로운, 뾰족한.
l'altitude *f* [altityd]   n. 해발, 표고.
Il fait froid en *altitude*.

	높은곳에서는 날씨가 춥다.
le **bassin** [basɛ̃]	n. 저수지, 분지.
la **chaîne de montagnes** [ʃɛndəmɔ̃taɲ]	n. 산맥.
la **dune** [dyn]	n. 사구, 모래 언덕.
l'**étendue** *f* [etɑ̃dy]	n. 넓이, 면적.
la **falaise** [falɛz]	n. 낭떠러지.
le **glacier** [glasje]	n. 빙하.
la **grotte** [grɔt]	n. 동굴 (caverne).
le **littoral, -aux** [litɔral, o]	n. 연안 지방.
	Le *littoral* breton est très propre.
	브리따뉴 연안지방은 매우 깨끗하다.
la **pente** [pɑ̃t]	n. 비탈, 언덕.
la **plaine** [plɛn]	n. 평원.
le **plateau, x** [plato]	n. 고원, 모래 언덕.
la **superficie** [sypɛrfisi]	n. 면적.
le **volcan** [vɔlkɑ̃]	n. 화산.

── 물 ──

- **couler** [kule] — v. 흐르다.
- le **Danube** [danyb] — n. 다뉴브 강.
- l'**eau, x** *f* [o] — n. 물.
- le **fleuve** [flœv] — n. 큰강, 대하.
- le **lac** [lak] — n. 호수.
- le **large** [larʒ] — n. 넓은 바다, 외양.
  Le requin bleu est un poisson du *large*.
  푸른 상어는 먼 바다에 사는 물고기이다.
- la **Loire** [lwar] — n. 르와르 강.
- la **mer** [mɛr] — n. 바다.

- **profond, e** [prɔfɔ̃, d]   adj. 깊은.
- **le Rhin** [rɛ̃]   n. 라인 강.
- **la Rhône** [ron]   n. 론 강.
- **la rivière** [rivjɛr]   n. 강.
  L'Odet est une *rivière* qui se jette dans la mer. 오뎃은 바다로 통하는 강이다.
- **le ruisseau, x** [rɥiso]   n. 시냇물, 개울.
- **la Seine** [sɛn]   n. 세느 강.
- **la source** [surs]   n. 샘, 근원.
- **la vague** [vag]   n. 파도.

l'**Atlantique** *m* [atlɑ̃tik]	n. 대서양.
la **baie** [bɛ]	n. 만.
le **canal, -aux** [kanal, o]	n. 운하.
la **chute d'eau** [ʃytdo]	n. 폭포.
le **courant** [kurɑ̃]	n. 물의 흐름.
la **Dordogne** [dɔrdɔɲ]	n. 도르도뉴 강.
l'**embouchure** *f* [ɑ̃buʃyr]	n. 하구(河口). Nantes se trouve à l'*embouchure* de la Loire. 낭뜨는 르와르 강의 하구에 있다.
en amont [ɑ̃namɔ̃]	~의 상류에. Paris est *en amont* de Rouen. 빠리는 루앙보다 상류 쪽에 있다.
en aval [ɑ̃naval]	하류에.
l'**Escaut** *m* [ɛsko]	n. 프랑스에서 벨기에로 흐르는 에스코 강.
l'**étang** *m* [etɑ̃]	n. 연못.
fondre [fɔ̃dr]	v. 녹이다.
la **Garonne** [garɔn]	n. 가론 강.
le **golfe** [gɔlf]	n. 만. Le *golfe* du Morbihan. 모르비앙 만.

maritime [maritim]	adj. 해안의, 바다의.
la Marne [marn]	n. 마르느 지역.
la Méditerranée [mediterane]	n. 지중해.
la mer Baltique [mɛrbaltik]	n. 발틱 해.
la mer du Nord [mɛrdynɔr]	n. 북해.
la Meuse [møz]	n. 뫼즈.
la Moselle [mɔzɛl]	n. 모젤.
l'océan *m* [ɔseã]	n. 대양.
la Saône [son]	n. 쏜 강.
le torrent [tɔrã]	n. 산의 급류.

하늘

- ❏ l'air *m* [ɛr]   n. 공기.
- ❏ le ciel [sjɛl]   n. 하늘.
- ❏ l'étoile *f* [etwal]   n. 별.
- ❏ la lune [lyn]   n. 달.
- ❏ le nuage [nɥaʒ]   n. 구름.
- ❏ le soleil [sɔlɛj]   n. 태양.

l'année-lumière *f* [anelymjɛr]	n. 광년(光年).
la comète [kɔmɛt]	n. 혜성.
l'étoile filante *f* [etwalfilãt]	n. 유성.
la nébuleuse [nebyløz]	n. 성운.
la planète [planɛt]	n. 행성, 유성.
l'univers *m* [ynivɛr]	n. 우주.
la voie lactée [vwalakte]	n. 은하수.

경치

- **beau, bel, belle** [bo, bɛl] adj. 아름다운, 멋진.
- le **bois** [bwa] n. 숲.
- le **bruit** [brɥi] n. 소음(tapage), 잡음.
- **calme** [kalm] adj. 평온한, 고요한.
- la **campagne** [kɑ̃paɲ] n. 시골, 전원.
- les **environs** *mpl* [ɑ̃virɔ̃] n. 주변 지역.
  Les *environs* de Fontainebleau sont très boisés. 퐁텐블로 주변지역은 숲이 울창하다.
- l'**équilibre** *m* [ekilibr] n. 균형.
  L'*équilibre* naturel est en danger.
  자연의 균형이 위기에 놓여있다.
- **étendre (s')** [setɑ̃dr] v. 펼쳐지다, 확장되다.
  La plaine *s'étend* sur une centaine de kilomètres.
  평원이 백여km에 걸쳐 펼쳐진다.
- la **forêt** [fɔrɛ] n. 숲, 삼림.
- la **nature** [natyr] n. 자연.
- l'**odeur** *f* [ɔdœr] n. 냄새, 향기.
- l'**ombre** *f* [ɔ̃br] n. 그늘, 응달.
- le **paysage** [peizaʒ] n. 경치.
- **pur, e** [pyr] adj. 순수한.
- le **silence** [silɑ̃s] n. 고요함.
- la **surface** [syrfas] n. 평면, 표면, 외면.
- **tranquille** [trɑ̃kil] adj. 고요한.
- **visible** [vizibl] adj. 눈에 보이는.

l'**arc-en-ciel** *m* [arkɑ̃sjɛl]	n. 무지개.
l'**aube** *f* [ob]	n. 새벽, 여명.
la **beauté** [bote]	n. 아름다움.

309

le **bocage** [bɔkaʒ]	n. 작은 숲, 특유의 경치.
brumeux, -euse [brymø, z]	adj. 짙은 안개가 낀.
la **clairière** [klɛrjɛr]	n. 숲 속의 빈터 (**éclaircie**).
le **coucher de soleil** [kuʃedsɔlɛj]	n. 해가 저물기.
le **crépuscule** [krepyskyl]	n. 황혼, 어스름.
désert, e [dezɛr, t]	adj. 황량한, 쓸쓸한.
étaler (s') [setale]	v. 펼쳐지다.
la **haie** [ˈɛ]	n. 울타리.
la **lande** [lɑ̃d]	n. 황무지, 황야.
le **maquis** [maki]	n. 코르시카의 밀림, 관목지대.
le **marais** [marɛ]	n. 늪, 습지.
pittoresque [pitɔrɛsk]	adj. 그림 같은.
la **rosée** [roze]	n. 이슬.
sauvage [sovaʒ]	adj. 야생의.
silencieux, -euse [silɑ̃sjø, z]	adj. 조용한.
le **site** [sit]	n. 경치, 풍경, 위치, 지역.
la **solitude** [sɔlityd]	n. 고독, 은둔.

프랑스어 정서법

프랑스어 각 시기의 시작은 상징적인 년도와 부합되고 있음을 알 수 있다. 첫 시기는 라틴속어로 쓰여진 가장 오래된 문헌인 스트라스부르 선언이 발표된 842년이다. 두번째 시기는 1540년으로 로베르 에티엔느가 처음으로 프랑스어 - 라틴어 사전을 간행한 해다. 그는 정서법의 원칙을 세우려고 노력했으며 그가 세운 원칙은 오늘날까지 남아있다. 세번째는 1789년 프랑스혁명으로 그동안 여러가지 방언을 사용하던 국민들이 언어통일의 필요성을 공감하게 되어 프랑스어를 국가의 공식언어로 채택하게 되었다. 그 결과 표기법에 새로운 기원을 열게 된 해로 기억되고 있다. 그리고 학술원이 정서법을 공표한 것은 1835년 7월, 군주시대가 된 후이다. 그러므로 정서법의 문제가 오늘날과 같은 규칙을 갖고 그것의 사용을 강제적으로 의무화하게 된 것은 19세기가 되어서였다.

프랑스어 정서법의 구조는 표음문자, 형태문자, 표어문자 등으로 구성되어 있으며, 그 중 표음문자가 80~85%를 차지하고 있어 지배적이라고 할 수 있다. 철자가 직접 모음 또는 자음에 부합되는 표음문자들 중에서 프랑스어의 기본이 되는 원문자소는 A, E, I, O, U, EU, OU, AN, IN, ON, UN, ILL, Y, OI, OIN, P, B, T, D, C, G, F, V, S, Z, CH, J, L, R, M, N, GN으로 33개이다. 이것은 프랑스 학자들이 글로써 자신을 이해시키는데 꼭 필요하고 충분한 문자들이다.

그 다음에는 형태문자로 어미, 접두사, 접미사, 파생된 문자 등이 해당된다. 이 형태문자는 발음될 수도 있고 발음되지 않을 수도 있지만, 철자 속에 의미나 연관성의 표지로 남아 있다. 표음문자는 위치에 따라 발음이 변하는 경우가 있지만, 형태문자는 불규칙적이고 지엽적으로 사용되므로 그만큼 기능적인 가치가 감소된다.

표의문자의 기능을 appas(매력)와 appat(미끼), fond(바닥)과 fonds(토지)에서처럼 오직 철자로서 본래의 의미를 파악할 수 있는 동음이의어를 구별해 주는 역할을 한다. 여기서는 의미의 형태를 알 수 없고, 단어가 전체를 나타낸다. 표의문자는 단음절이거나 아주 짧은 단어가 대부분이다. 표의문자는 앞의 두 문자들에 비해 주변적인 가치를 지니지만 단어를 더 잘 확인해 줄 수 있게하는 기능이 있다.

프랑스어 정서법의 중심이 되는 원칙은 음성철자원칙, 형태론적 원칙, 어원론적 원칙, 역사적 또는 전통적 원칙, 구별의 원칙으로 다섯가지가 된다. 이 원칙들은 모두 똑같이 중요하지는 않으며 단계적 서열이 있다. 적용되는 순서대로 분류하면 음성원칙, 음성적 철자원칙, 형태론적 원칙, 어원론적 원칙, 역사적 또는 전통적 원칙이 된다. 구별의 원칙은 원인을 설명하지 않고 선택된 철자의 목적만을 설명하므로 별도의 위치를 차지한다. 프랑스어 정서법이 까다로운 것은 대부분이 전통적인 원칙에 따른 철자들이기 때문이다.

29. 도시환경

—— 도시 ——

- la **banlieue** [bɑ̃ljø]
  n. 교외.
  J'habite en *banlieue*.
  나는 교외에 살고 있다.

- la **capitale** [kapital]
  n. 수도.

- **carré, e** [kare]
  adj. 정방형의, 정사각형인.
  J'ai 1000 mètres *carrés* de terrain.
  나는 1000평방미터의 땅을 갖고 있다.

- le **centre** [sɑ̃tr]
  n. 센터.

- les **environs** mpl [ɑ̃virɔ̃]
  n. 주변 지역.

- l'**espace** m [ɛspas]
  n. 공간.

- **étendre (s')** [setɑ̃dr]
  v. 펼쳐지다, 전개되다.

- l'**industrie** f [ɛ̃dystri]
  n. 산업.

- **industriel, le** [ɛ̃dystrijɛl]
  adj. 산업의.
  Lille est une ville *industrielle*.
  릴은 산업화된 도시다.

- le **quartier** [kartje]
  n. 동네, 구역, 블록.

- le **village** [vilaʒ]
  n. 마을.

- la **ville** [vil]
  n. 도시.

---

l'**agglomération** f [aglɔmerɑ̃sjɔ̃]
n. 인구 밀집지역.
L'*agglomération* parisienne comprend 10 millions d'habitants.
빠리권역은 1천만 주민을 갖고 있다.

le **centre-ville** [sɑ̃trəvil]
n. 도심.

la **cité-dortoir** [sitedɔrtwar]
n. 베드 타운.
Sarcelles est une affreuse *cité-dortoir*.

	싸르셀은 볼품없는 베드타운이다.
le **grand ensemble** [grɑ̃tɑ̃sɑ̃bl]	n. 현대식 주택단지.
le **pâté de maisons** [pɑtedmezɔ̃]	n. 주택 집단.
la **périphérie** [periferi]	n. 도시 순환도로.
le **quartier populaire** [kartjepɔpylɛr]	n. 근무 지역.
le **quartier résidentiel** [kartjerezidɑ̃sjɛl]	n. 주거 지역.
urbain, e [yrbɛ̃, ɛn]	adj. 도시의 (↔ **rural**).
villageois, e [vilaʒwa, z]	n. 마을 사람, 촌 사람.
la **ville nouvelle** [vilnuvɛl]	n. 신도시. Evry-*ville-nouvelle*, au sud de Paris. 빠리남쪽의 에브리-빌-누벨.

—— 빌딩 ——

- le **bâtiment** [bɑtimɑ̃]   n. 건물, 건축물.
- la **cathédrale** [katedral]   n. 대성당.
- le **château, x** [ʃato]   n. 성, 저택.
- la **clinique** [klinik]   n. 개인 병원.
- le **collège** [kɔlɛʒ]   n. 중학교.
- la **construction**
  [kɔ̃stryksjɔ̃]   n. 건설, 건축.
- l'**église** *f* [egliz]   n. 교회, 성당.
- le **garage** [garaʒ]   n. 차고, 자동차 정비소.
- la **gare** [gar]   n. 기차역.
- le **grand magasin**
  [grɑ̃magazɛ̃]   n. 백화점.
- le **H.L.M.** [aʃɛlɛm]   영세민 공영 주택 (Habitation à Loyer Modéré).
J'ai droit à un *H.L.M.*
나는 영세민 공영주택에 살 권리가 있다.

Il y a beaucoup de ***H.L.M.*** en banlieue.
교외에는 많은 H.L.M.이 있다.

- **l'hôpital, -aux** *m*
  [ɔpital, o]   n. 종합 병원.
- **l'hôtel de ville** *m*
  [ɔtɛldəvil]   n. 시청.
- **l'immeuble** *m* [imɛbl]   n. 건물, 가옥, 토지, 부동산.
- le **lycée** [lise]   n. 고등학교.
- le **magasin** [magazɛ̃]   n. 가게.
- la **mairie** [meri]   n. 시청, 구청, 동사무소.
- la **maison** [mɛzɔ̃]   n. 집, 단독 주택.
- le **monument**
  [mɔnymɑ̃]   n. 기념물, 기념 건조물.

  Notre Dame est un ***mounment*** historique.
  노트르담은 역사적인 건조물이다.
- le **mur** [myr]   n. 벽, 담.
- le **musée** [myze]   n. 박물관, 미술관.
- la **poste** [pɔst]   n. 우체국.
- la **prison** [prizɔ̃]   n. 감옥.
- le **restaurant** [rɛstɔrɑ̃]   n. 레스토랑.
- les **ruines** [rɥin]   n. 폐허.

  A Languidou il y a une chapelle en ***ruines***.
  랑기두에는 폐허가 된 예배당이 있다.
- le **stade** [stad]   n. 스타디움.
- le **supermarché**
  [sypɛrmarʃe]   n. 수퍼마켓.
- la **tour** [tur]   n. 타워, 고층 빌딩.
- l'**université** *f*
  [ynivɛrsite]   n. 대학.

---

l'**architecture** *f* [arʃitɛktyr]	n. 건축.
la **centrale nucléaire** [sɑ̃tralnykleɛr]	n. 원자력 발전소.

le **centre commercial** [sɑ̃trəkɔmɛrsial]	n. 상가.
le **centre culturel** [sɑ̃trəkyltyrɛl]	n. 문화원.
l'**édifice** *m* [edifis]	n. 건물, 공공 건물.
la **grande surface** [grɑ̃dsyrfas]	n. 쇼핑 센터.
le **pavillon** [pavijɔ̃]	n. 단독 주택.
la **résidence** [rezidɑ̃s]	n. 주거지.

───── 도로 ─────

- ❑ l'**aéroport** *m* [aerɔpɔr] n. 공항.
- ❑ l'**autoroute** *f* [ɔtɔrut] n. 고속도로.
- ❑ l'**avenue** *f* [avəny] n. 대로, 가로수 길.
- ❑ le **boulevard** [bulvar] n. 큰 길.
- ❑ le **carrefour** [karfur] n. 사거리, 교차로.
- ❑ la **chaussée** [ʃose] n. 차도.
- ❑ le **chemin** [ʃmɛ̃] n. 길.
- ❑ le **cimetière** [simtjɛr] n. 공동묘지.
- ❑ la **cour** [kur] n. 안마당, 뜰, 구내.
- ❑ le **marché** [marʃe] n. 시장, 장터.
- ❑ la **nationale** [nasjɔnal] n. 국도 (route nationale).
- ❑ le **parking** [parkiŋ] n. 주차장.
- ❑ la **piscine** [pisin] n. 수영장.
- ❑ la **place** [plas] n. 광장, 로터리.
- ❑ le **pont** [pɔ̃] n. 다리, 교량.
- ❑ le **port** [pɔr] n. 항구.
- ❑ le **quai** [ke] n. 부두, 둑.
- ❑ la **route** [rut] n. 도로.
- ❑ la **rue** [ry] n. 길, 가(街).
- ❑ le **terrain** [tɛrɛ̃] n. 대지(垈地).
- ❑ le **trottoir** [trɔtwar] n. 보도, 인도.
- ❑ la **voie** [vwa] n. 길, 차선, 철도.

l'**échangeur** m [eʃɑ̃ʒœr]	n. 인터체인지.
l'**égout** m [egu]	n. 하수도, 하수구. Le tout-à-l'*égout* parisien date de 1850. 빠리의 수세시설은 1850년까지 거슬러 올라간다.
le **périphérique** [periferik]	n. 도시 순환도로.
le **rail** [raj]	n. 레일.
le **tunnel** [tynɛl]	n. 터널.
la **voie piétonne** [vwapjetɔn]	n. 보행자 길.
la **zone piétonne** [zonpjɛtɔn]	n. 보행자 구역.

—— 도시문제 ——

❏ **abandonner** [abɑ̃dɔne]	v. 버리다, 폐기하다.
❏ **affreux, -euse** [afrø, z]	adj. 보기에 끔찍한(épouvantable), 흉한.
❏ **améliorer** [ameljɔre]	v.t. 개선하다, 좋게 만들다.
❏ **automatique** [ɔtɔmatik]	adj. 자동적인.
❏ le **béton** [betɔ̃]	n. 콘크리트.
❏ le **bruit** [brɥi]	n. 소음, 잡음.
❏ **bruyant, e** [brɥijɑ̃, t]	adj. 시끄러운, 소음이 있는.
❏ **carré, e** [kare]	adj. 정방형의, 네모난.
❏ **central, e, -aux** [sɑ̃tral, o]	adj. 중앙의.
❏ le **changement** [ʃɑ̃ʒmɑ̃]	n. 변화.
❏ le **charbon** [ʃarbɔ̃]	n. 석탄.
❏ **construire** [kɔ̃strɥir]	v. 건설하다, 집을 짓다.
❏ **démolir** [demɔlir]	v. 파괴하다(détruire), 허물다(abattre).
❏ **détruire** [detrɥir]	v. 파괴하다(↔ construire), 소멸시키다.
❏ l'**électricité** f [elɛktrisite]	n. 전기.
❏ **électrique** [elɛktrik]	adj. 전기의.
❏ l'**environnement** m [ɑ̃virɔnmɑ̃]	n. 환경, 주위.

- ❏ **fonctionner** [fɔ̃ksjɔne] — v.i. 움직이다, 작동하다.
- ❏ la **fumée** [fyme] — n. 연기.
- ❏ **gaspiller** [gaspije] — v. 낭비하다(↔ économiser).
- ❏ **haut, e** [ˈo, t] — adj. 높은.
- ❏ la **hauteur** *m* [ˈotœr] — n. 높이.
- ❏ l'**incendie** *m* [ɛ̃sɑ̃di] — n. 화재.
- ❏ **moderne** [mɔdɛrn] — adj. 근대적인, 현대적인.
- ❏ **neuf, neuve** [nœf, nœv] — adj. 새로운. J'habite un bâtiment tout *neuf*. 나는 새 건물에 살고 있다.
- ❏ **nouveau, -vel, -velle** [nuvo, nuvɛl] — adj. 새로운, 신규의. Mon *nouvel* appartement est plus grand. 내 새 아파트는 더 크다.
- ❏ **populaire** [pɔpylɛr] — adj. 인기있는.
- ❏ **profond, e** [prɔfɔ̃, d] — adj. 깊은.
- ❏ le **projet** [prɔʒɛ] — n. 계획.
- ❏ la **technique** [tɛknik] — n. 테크닉, 기술.
- ❏ **transformer** [trɑ̃sfɔrme] — v. 변형시키다.

l'**aménagement** *m* [amenaʒmɑ̃]	n. 정돈, 정비. L'*aménagement* du Rhin a provoqué des problèmes. 라인강 정비는 문제들을 야기했다.
aménager [amenaʒe]	v. 정리하다, 설비를 갖추다.
l'**assainissement** *m* [asenismɑ̃]	n. 정화, 위생적으로 만들기.
le **chantier** [ʃɑ̃tje]	n. 공사장, 작업장.
les **déchets** *mpl* [deʃɛ]	n. 쓰레기 (**débris**), 오물 (**résidu**).
la **dégradation** [degradasjɔ̃]	n. 황폐화, 풍화작용. La *dégradation* des vieux quartiers. 옛 시가지의 황폐화.
polluer [pɔlɥe]	v. 오염시키다 (**infecter**), 더럽히다.
le **taudis** [todi]	n. 빈민가, 누옥.

| l'urbanisation f [yrbanizɑsjɔ̃] | n. 도시계획 사업, 구획정리 사업. |
| l'urbanisme m [yrbanism] | n. 도시계획. |

── 유럽의 도시 ──────

Aix-la-Chapelle [ɛkslaʃapɛl]	아헨.
Anvers [ɑ̃vɛr]	앤트워프.
Athènes [atɛn]	아테네.
Bâle [bɑl]	바젤.
Berne [bɛrn]	베른.
Brême [brɛm]	브레멘.
Bruges [bryʒ]	브뤼쥬.
Brunswick [brɛ̃svik]	브륀스윅.
Bruxelles [brysɛl]	브뤼셀.
Coblence [kɔblɑ̃s]	코블렌츠.
Cologne [kɔlɔɲ]	쾰른.
Copenhague [kɔpɛnˈag]	코펜하겐.
Cordoue [kɔrdu]	코르도바.
Cracovie [krakɔvi]	크라코프.
Dresde [drɛsd]	드레스덴.
Francfort [frɑ̃kfɔr]	프랑크프루트.
Fribourg [fribur]	프라이부르그.
Gand [gɑ̃]	겐트.
Gênes [ʒɛn]	제노아.
Genève [ʒnɛv]	제네바.
Hambourg [ɑ̃bur]	함브르크.
Hanovre [anɔvr]	하노버.
La Haye [laˈɛ]	헤이그.

Liège [ljɛʒ]	리에쥬.
Lisbonne [lisbɔn]	리스본.
Londres [lɔ̃dr]	런던.
Mayence [majɑ̃s]	마인쯔.
Milan [milɑ̃]	밀라노.
Moscou [mɔsku]	모스크바.
Munich [mynik]	뮌헨.
Naples [napl]	나폴리.
Nuremberg [nyrɑ̃bɛr]	뉘렌베르그.
Prague [prag]	프라하.
Ratisbonne [ratisbɔn]	리겐스부르크.
Rome [rɔm]	로마.
Trèves [trɛv]	트리어.
Varsovie [varsɔvi]	바르샤바.
Venise [vəniz]	베니스.
Vienne [vjɛn]	비인.

―――― 독일, 영국의 지역 ――――――――

le **Bade-Wurtemberg** [badwyrtɑ̃bɛr]	Baden-Württenberg.
la **Basse-Saxe** [bassaks]	Lower Saxony.
la **Bavière** [bavjɛr]	Bavaria.
le **Brandebourg** [brɑndɛbur]	Brandenburg.
la **Cornouaille** [kɔrnuaj]	Cornwall.
l'**Ecosse** *f* [ekɔs]	Scotland.
la **Hesse** [ˈɛs]	Hesse.

le **Mecklembourg-Poméranie** [meklɛburpɔmerani]	Mecklenburg-WesternPomerania.
le **Pays de Galles** [peidgal]	Wales.
la **Rhénanie-Westphalie** [renanivɛstfali]	North Rhine-Westphalia.
la **Rhénanie-Palatinat** [renanipalatina]	Rhineland-Palatinate.
la **Sarre** [sar]	Saarland.
la **Saxe** [saks]	Saxony.
le **Saxe-Anhalt** [saks-ãnʒalt]	Saxony-Anhalt.
le **Schleswig-Holstein** [ʃlɛswigɔlsten]	Schleswig-Holstein.
la **Thuringe** [tyriŋ]	Thuringia.

빠리와 군사문화

루브르 박물관 앞마당에서 신도시 라데팡스에 이르는 일직선상의 도로는 군사문화의 상징물로 덮여있다.

루브르박물관은 디근자 모양으로 양팔을 앞으로 뻗치고 있는데 그 일직선의 출발점이며 전체를 안고있는 형국이다. 우선 박물관 앞뜰의 유리 피라미드를 보자. 설계야 중국계 미국인이 했고 용도는 현대적인 건축미를 살린 지하 광장 지붕이지만 나폴레옹의 이집트 원정을 상징해 주기도 한다. 인류문명의 발상지 이집트도 프랑스의 나폴레옹에 의해 한때 정복되기도 했으며 서양의 이집트학이 그때부터 싹트기 시작했음도 자랑스러운 일일 것이다.

박물관 안뜰이 끝나는 곳에는 1808년 나폴레옹에게 바쳐진 카루젤 개선문이 있다. 카루젤 광장과 이어지는 콩코드 광장에는 역시 이집트 신전에서 가져와 1836년에 세운 높이 23m의 오벨리스크가 우뚝 서있다. 이어서 드골 광장의 나폴레옹 개선문. 나폴레옹이 프랑스군에 바쳤다는 높이 50m의 그 개선문이다. 그리고 개선문과 방위라는 뜻을 가진 신도시 라 데팡스 사이 거리 이름은 나폴레옹 군대명칭이었던 라 그랑다르메(La Grande Armée)로 불린다. 그 길이 이어져 라 데팡스에서 끝나는 부분에는 제3의 개선문이 현대적인 위용을 자랑하며 서 있다. 이름하여 그랜드 개선문이다. 루브르 앞마당에서 보면 일직선상 길 끝부분인 셈인데 이 개선문의 높이는 1백5m로 노트르담 사원을 그 안에 싸안을 수 있는 규모다. 루브르 앞마당에서 시작된 군사적인 상징물들은 차츰 크기를 더해 그 끝에서 이처럼 거대한 모습을 드러낸다. 이쯤되면 루브르박물관을 빠리 군사문화의 출발점이자 정점이라 부른다해도 큰 잘못은 없을 듯싶다.

오랜 왕조시대를 거치면서 궁전으로 개,보수 증축되고 있던 루브르궁을 박물관으로 개관한 것은 1793년. 그 안의 전시물 상당수가 약탈문화재인것도 상징적이다. 모두가 프랑스 불세출의 영웅 나폴레옹 시대의 구도가 잡힌 것으로 보아야 한다. 그래서 그런지 프랑스인은 나폴레옹을 감히 땅속에 묻지 못하고 여섯겹의 관속에 넣어 빠리 한가운데의 웅장한 건물 앵발리드 안에 모셔두고 있다. 생각해 보면 최근 프랑스가 실행에 옮기고 있는 핵실험이 무엇을 의미하는가도 짐작이 간다. 프랑스가 추구하는 것, 강한 나라, 정복과 승전과 개선과 그런 상징들. 그런데 그것이 지금 프랑스를 먹여 살리는 문화로서의 역할을 단단히 하고 있다.

주제에 따른 분류

| 30. 색과 형태
| 31. 재료, 재질
| 32. 수
| 33. 공간
| 34. 시간

30. 색과 형태

―― 색 ――

- **blanc, blanche** [blɑ̃, blɑ̃ʃ]   adj. 흰색의.
- **bleu, e** [blø]   adj. 푸른, 청색의.
  J'ai acheté une robe *bleu* ciel.
  나는 하늘색 원피스를 샀다.

- **blond, e** [blɔ̃, d]   adj. 금발의, 황금빛의.
- **brillant, e** [brijɑ̃, t]   adj. 빛나는.
- **brun, e** [brɛ̃, bryn]   adj. 갈색의.
- **clair, e** [klɛr]   adj. 밝은, 맑은.
- la **couleur** [kulœr]   n. 색, 색깔.
  De quelle *couleur* sont ses yeux?
  그의 눈은 무슨 색이지?

- **foncé, e** [fɔ̃se]   adj. 짙은, 진한(↔ faible).
- **gris, e** [gri, z]   adj. 회색의.
- **jaune** [ʒon]   adj. 노란색의.
- **marron** [marɔ̃]   adj. (불변화어) 밤색의.
- **noir, e** [nwar]   adj. 검은 색의.
- **orange** [ɔrɑ̃ʒ]   adj. (불변화어) 오렌지 색의.
  Des chaussettes *orange*.
  오렌지색 양말.

- **pâle** [pɑl]   adj. 빛이 연한(↔ foncé).
- **rose** [roz]   adj. 핑크 색의.
- **rouge** [ruʒ]   adj. 붉은 색의.
- **roux, rousse** [ru, rus]   adj. 적갈색, 다갈색의.
- **sombre** [sɔ̃br]   adj. 어두운.
- le **ton** [tɔ̃]   n. 색조.
- **uni, e** [yni]   adj. 단일한, 무늬없는.
- **vif, vive** [vif, viv]   adj. 활기찬, 생생한.
- **violet, te** [vjɔlɛ, t]   adj. 보라색의.

blanc cassé [blɔ̃kase]	adj. (불변화어) 회색을 띤, 회색의.
châtain [ʃatɛ̃]	adj. 밤색의. Marie-Louise est *châtain*. 마리루이즈는 머리카락이 밤색이다. Claire a des cheveux *châtains*. 끌레르는 머리카락이 밤색이다.
d'argent [darʒɑ̃]	adj. 은빛의.
d'or [dɔr]	adj. 금빛의. Elle a les cheveux *d'or*. 그녀는 금빛 머리카락을 갖고 있다.
lilas [lila]	n. 라일락, adj. 연보라색의. (불변화어)
mauve [mov]	n.f. 접시꽃, adj. 연보라색의.
ocre [ɔkr]	n.f. 황토, adj. 황토색의.(불변화어)
paille [paj]	n.f. 짚, adj. 짚색깔의. (불변화어)

모양

- **aigu, aiguë** [egy] — adj. 뾰족한, 날카로운.
- le **carré** [kare] — n. 정사각형, 정방형.
- **carré, e** [kare] — adj. 네모난, 정4각형의.
- le **cercle** [sɛrkl] — n. 원, 동그라미.
- la **droite** [drwat] — n. 직선.
- **en forme de** [ɑ̃fɔrmdə] — ~의 형태를 하고 있는.
En forme de cœur. 하트 모양의.
- la **forme** [fɔrm] — n. 형태.
- **former** [fɔrme] — v. 형성하다, 구성하다.
- la **ligne** [liɲ] — n. 선.
- le **point** [pwɛ̃] — n. 점.
- **raide** [rɛd] — adj. 꼿꼿한, 직선적인.
- le **rectangle** [rɛktɑ̃gl] — n. 직사각형.
- **régulier, -ère** [regylje, ɛr] — adj. 규칙적인, 일정한.

- **rond, e** [rɔ̃, d]   adj. 둥근.
- **le trait** [trɛ]   n. 선, 줄.
- **le triangle** [trijɑ̃gl]   n. 삼각형.

la **courbe** [kurb]	n. 곡선.
le **cube** [kyb]	n. 입방체.
le **pyramide** [piramid]	n. 피라미드.
la **rangée** [rɑ̃ʒe]	n. 늘어선 줄, 열.
la **sphère** [sfɛr]	n. 구(球).

계속교육
Formation Continue

학문과 기술의 발전속도가 빨라짐에 따라 기업체의 사원들에 대한 계속교육의 필요성이 증대되는 현상은 프랑스도 예외가 아니어서 이분야에 관한 관심과 투자가 매년 증가하고 있다. 계속교육은 대학이나 그랑제꼴 및 직업교육 에꼴(Ecole promotionnelle) 등에서 담당하고 있는데 이들 기관에 수탁된 교육비용은 1987년도의 경우 7억8천7백만 프랑에 달했다. 계속교육 이수자에 대하여 대학에서는 대학일반교육수료증(DEUG) 또는 학사학위(licences)를 수여하며 엔지니어 자격을 취득코자 하는 사람은 그랑제꼴이나 직업에꼴의 과정을 이수해야 한다.

국가엔지니어(Ingénieur diplômé par l'Etat:약칭 Ingénieur DPE)는 1934년 7월 10일에 제정된 엔지니어 학위규정에 따라서 수여된다. 신청자는 등록일 기준으로 35세 이상인 자로서 이미 엔지니어로서 5년 이상 실무에 종사하고 있어야만 한다. 제반서류가 구비된 신청서는 10월 31일까지 교육성(Ministère de l'Education nationale)에 접수되어야 한다. 서류에는 심사위원회가 인정할 수 있는 과거 경력, 특히 엔지니어로서 5년간의 활동사항이 제출되어야 한다. 서류 심사 후에 교육성은 지원자가 시험을 치르게 될 에꼴을 배정한다. 해당 에꼴에서는 4~5인으로 이루어진 심사위원회를 구성하는데 이 위원회는 교수 2인과 엔지니어 2~3인으로 구성되며 엔지니어중의 한명은 국가 엔지니어이어야 한다. 지원자는 두 종류의 시험을 통과하여야 한다. 첫번째는 지원자의 과거 및 현재의 활동과 업적을 중심으로 한 면접이며 다른 하나는 리포트 심사이다. 리포트는 지원자가 활동하고 있는 분야의 엔지니어링 실무에 관한 것으로서 2개월 이내에 작성, 제출되어야 한다. 이러한 두 시험을 통과하면 지원자에게는 국가엔지니어자격이 부여되며 자격증에는 교육성 장관이 서명을 하고 전문분야를 명기하게 된다. 현재 38개의 에꼴에서 이러한 제도가 시행되고 있으며 다양한 전공을 갖추고 있다.

31. 재료, 재질

일반어휘

- l'**énergie** *f* [enɛrʒi]   n. 에너지.
- **fin, fine** [fɛ̃, fin]   adj. 가는, 미세한.
- **fragile** [fraʒil]   adj. 약한, 부서지기 쉬운.
- le **liquide** [likid]   n. 액체, 유동체.
- le **matériel** [materjɛl]   n. 설비, 자재.
- la **matière** [matjɛr]   n. 물질, 재료.
- **nucléaire** [nyklɛɛr]   adj. 핵의, 원자력의.
  Energie *nucléaire*. 핵에너지.
- **solide** [sɔlid]   adj. 견고한.
- la **sorte** [sɔrt]   n. 종류(espèce), 방법(façon).

consister en [kɔ̃siste ɑ̃]	~로 구성되다. Le diamant *consiste en* carbone. 다이아몬드는 탄소로 구성되어 있다.
inflammable [ɛ̃flamabl]	adj. 인화성의.
la **matière première** [matjɛrprəmjɛr]	n. 1차 재료.
opaque [ɔpak]	adj. 불투명한 (↔ **transparent**).
l'**oxygène** *m* [ɔksiʒɛn]	n. 산소.
soluble [sɔlybl]	adj. 용해될 수 있는.
transparent, e [trɑ̃sparɑ̃, t]	adj. 투명한.

원자재

- le **bois** [bwa]   n. 나무, 목재.
  Ce jouet est en *bois*.
  이 장난감은 나무로 되어 있다.
- le **caoutchouc** [kautʃu]   n. 고무.
- le **carton** [kartɔ̃]   n. 마분지, 판지.
- le **charbon** [ʃarbɔ̃]   n. 석탄.
- le **coton** [kɔtɔ̃]   n. 면.
- le **cuir** [kɥir]   n. 가죽.
- la **ficelle** [fisɛl]   n. 끈, 노끈.
- le **fil** [fil]   n. 실.
  Fil à coudre.   바느질용 실.
- la **fourrure** [furyr]   n. 모피.
- la **laine** [lɛn]   n. 모직물.
- le **papier** [papje]   n. 종이.
- le **tissu** [tisy]   n. 천, 옷감.
- la **toile** [twal]   n. 삼베, 무명.

la **corde** [kɔrd]	n. 로프, 밧줄.
le **duvet** [dyvɛ]	n. 솜털, 보풀.
en **osier** [ɑ̃nozje]	가는 가지로 엮어 만든, 고리버들 세공의.
la **fibre naturelle** [fibrənatyrɛl]	n. 천연 섬유.
le **lin** [lɛ̃]	n. 아마, 아마포.
le **parchemin** [parʃəmɛ̃]	n. 양피지.
la **soie** [swa]	n. 실크.
tissé, e [tise]	adj. 직물을 짠.
tisser [tise]	v. 직물을 짜다.

공물, 화학재료

- l'**argent** *m* [arʒɑ̃] n. 은.
- le **béton** [betɔ̃] n. 콘크리트.
- **chimique** [ʃimik] adj. 화학의.
- la **colle** [kɔl] n. 풀, 아교.
- l'**essence** [esɑ̃s] n. 가솔린, 휘발유.
- le **fer** [fɛr] n. 철.
  L'age du *fer*. 철의 시대.
  Le fil de *fer*. 철사.
  Le fil de *fer* barbelé. 가시 철사.
  Le *fer* blanc. 양철.
- le **gaz** [gaz] n. 가스.
- le **laiton** [lɛtɔ̃] n. 놋쇠.
- le **métal, -aux** [metal, o] n. 금속.
- le **nylon** [nilɔ̃] n. 나일론.
- l'**or** *m* [ɔr] n. 금.
  La médaille d'*or*. 금메달.
- le **pétrole** [petrɔl] n. 석유 pétrole brut 원유.
- la **pierre** [pjɛr] n. 돌.
- le **plastique** [plastik] n. 플라스틱.
- le **verre** [vɛr] n. 유리.

---

l'**acier** *m* [asje] n. 강철.
l'**ardoise** *f* [ardwaz] n. 석반석, 슬레이트.
  Un toit d'*ardoises*.
  슬레이트로 된 지붕.

l'**argile** *m* [arʒil] n. 점토, 찰흙.
l'**asphalte** *m* [asfalt] n. 아스팔트.
le **bronze** [brɔ̃z] n. 청동.
  L'âge du *bronze*. 청동시대.

le **carburant** [karbyrɑ̃] n. 모터 오일.

la **céramique** [seramik]	n. 도자기, 타일.
la **craie** [krɛ]	n. 백묵.
le **cristal, -aux** [kristal, o]	n. 크리스탈, 수정.
le **cuivre** [kɥivr]	n. 구리.
l'**étain** *m* [etɛ̃]	n. 주석.
la **fibre artificielle** [fibrartifisjɛl]	n. 인조 섬유.
la **fibre synthétique** [fibrsɛ̃tetik]	n. 합성 섬유.
fondre [fɔ̃dr]	v. 녹이다, 용해하다.
le **gas-oil**, le **gazole** [gazwal, gazɔl]	n. 디젤유, 가스유.
le **goudron** [gudrɔ̃]	n. 타르.
le **grès** [grɛ]	n. 사암, 사암의 분말. Le *grès* rouge des Vosges. 보쥬지역의 적색사암.
le **marbre** [marbr]	n. 대리석.
le **mazout** [mazut]	n. 연료유, 중유.
métallique [metalik]	adj. 금속의.
le **minéral** [mineral]	n. 광물.
la **mousse** [mus]	n. 고무 스폰지.
le **plâtre** [plɑtr]	n. 석고, 석회.
le **plomb** [plɔ̃]	n. 납.
le **polystirène** [polistirɛn]	n. 폴리스틸렌 플라스틱, 스틸로폼.
la **porcelaine** [pɔrsəlɛn]	n. 자기, 도자기.
le **produit pétrolier** [prodɥipetrɔlje]	n. 석유 가공 제품.
souder [sude]	v. 납땜하다, 용접하다.
la **tôle** [tol]	n. 금속판, 철판, 양철. La *tôle* ondulée. 골 함석.
Le **zinc** [zɛ̃g]	n. 아연.

그랑제꼴

우리는 고교 졸업 후 학생들이 고등교육을 희망할 경우에 전공에 관계없이 대학에 진학하게 되지만 프랑스에서는 대학의 기능을 대학(Universités) 에꼴(Ecoles) 및 그랑제꼴(Grandes écoles) 등에서 맡고 있다.

동일한 전공 분야가 위 3개 교육기관에 모두 또는 부분적으로 개설되어 있을 수 있으며 고등교육을 희망하는 학생들은 장래의 인생설계및 자신의 현재 상황에 따라 적당한 학교로 진학하게 된다.

대학과 그랑제꼴의 기본적인 차이는 지원자격, 선발방법, 재학년한, 교육방법 및 졸업 후의 역할 등 여러가지를 열거할 수 있다.

고등학교를 졸업한 후 고등교육을 희망하는 학생들은 대학입학자격증(Baccalauréat: 약칭 bac)을 취득하게 된다. 일반대학은 이 bac만으로 무시험 진학을 하는데 비해 그랑제꼴은 경쟁시험을 거쳐야만 입학이 허용된다. 또한 선발시험에 응시할수 있기 위하여는 bac 취득 후 1~2년간의 교육과정을 필히 이수하여야 한다. 무역, 경영계통의 그랑제꼴 중에는 bac만으로 지원 가능한 학교도 있다. 예비교육은 주로 고등학교에 설치된 그랑제꼴 준비반에서 이루어지며 이 준비반을 CPGE라 한다.

그랑제꼴은 3년제 또는 4년제로 운영되므로 졸업하려면 bac 이후 최소 3년, 보통은 5년~6년이 소요되므로 일반대학 졸업생보다 학업년한이 2~3년 길고 교육수준이 높을 뿐 아니라 실제적인 교육에 치중해, 졸업생들은 장차 관공서나 기업체의 고급 간부 및 엔지니어가 되게 된다. 따라서 우수한 학생들은 자연히 일반 대학보다 그랑제꼴을 선호하며 우수한 학생들을 대상으로 깊이있는 교육이 실시됨으로써 프랑스의 영재들은 그랑제꼴을 통하여 배출된다고 할 수 있다.

인문계, 자연계 구별없이 다양한 분야의 그랑제꼴이 존재하며 이들 중에는 일반대학과 연계가 되어 있어 학생교육을 대학의 교수가 담당하는 경우도 있으나 대부분의 경우는 대학과는 별도의 독자적인 교수진용 및 시설을 갖추고 있다.

전공을 정했어도 대학이 아닌 그랑제꼴을 지원하고자 하는 학생들은 고등학교에 설치된 그랑제꼴 준비반(Classes Préparatoires aux Grandes Ecoles)과정을 이수하여야 한다. 희망분야 및 지원할 그랑제꼴에 따라 공부하는 내용이 달라지게 된다.

32. 수

—— 기수(基數) ——

- **zéro** [zero] 0.
- **un** [œ̃] 1.
- **deux** [dø] 2.
- **trois** [trwa] 3.
- **quatre** [katr] 4.
- **cinq** [sɛ̃k] 5.
- **six** [sis] 6.
- **sept** [sɛt] 7.
- **huit** [ɥit] 8.
- **neuf** [nœf] 9.
- **dis** [dis] 10.
- **onze** [ɔ̃z] 11.
- **douze** [duz] 12.
- **treize** [trɛz] 13.
- **quatorze** [katɔrz] 14.
- **quinze** [kɛ̃z] 15.
- **seize** [sɛz] 16.
- **dix-sept** [disɛt] 17.
- **dix-huit** [dizɥit] 18.
- **dix-neuf** [diznœf] 19.
- **vingt** [vɛ̃] 20.
- **vingt et un** [vɛ̃teœ̃] 21.
- **vingt-deux** [vɛ̃tdø] 22.
- **trente** [trɑ̃t] 30.
- **quarante** [karɑ̃t] 40.
- **cinquante** [sɛ̃kɑ̃t] 50.
- **soixante** [swasɑ̃t] 60.
- **soixante-dix** [swasɑ̃tdis] 70.

- **soixante et onze** [swasɑ̃teɔ̃z]   71.
- **soixante-douze** [swasɑ̃tduz]   72.
- **quatre-vingts** [katrəvɛ̃]   80.
- **quatre-vingt-un** [katrəvɛ̃œ̃]   81.
- **quatre-vingt-dix** [katrəvɛ̃dis]   90.
- **quatre-vingt-onze** [katrəvɛ̃ɔ̃z]   91.
- **cent** [sɑ̃]   100.
- **mille** [mil]   1000.

Audierne a six *mille* habitants.
오디에른에는 6천명의 주민이 있다.

- **un million** [œ̃ miljɔ̃]   백만.

Paris a deux *millions* d'habitants.
빠리에는 2백만명의 주민이 있다.

- **un milliard** [œ̃ miljar]   10억.

수량의 표현

- **demi, e** [dəmi]   adj. 절반의.
- **tiers** [tjɛr]   adj. 3번째의, n. 1/3.
- **quart** [kar]   adj. 4번째의, n. 1/4.
- un **cinquième** [ɛ̃sɛkjɛm]   n. 1/5.
- **premier, -ère** [prəmje, ɛr]   adj. 첫 번째의.
- **second, e** [səgɔ̃, d]   adj. 두 번째의.
- **troisième** [trwazjɛm]   adj. 세 번째의.
- **dizaine** [dizɛn]   adj. 10개쯤의.
- **douzaine** [duzɛn]   adj. 12개쯤의, 한 다스 정도의.

J'ai acheté une *douzaine* d'œufs.
나는 12개쯤의 계란을 샀다.

- **quinzaine** [kɛ̃zɛn]   adj. 15개쯤의.

J'ai passé une *quinzaine* agréable à Paris. 나는 보름 정도를 유쾌하게 빠리에서 보냈다.

- **centaine** [sɑ̃tɛn]   adj. 100개 정도의.
- **millier** [milje]   adj. 천개쯤의.
- **milliers** *mpl* [milje]   n. 다수.
- **double** [dubl]   adj. 이중의, 두 배의.
  Çe fait le *double* de ce qu'on a prévu.
  우리가 예상한 것의 두배입니다.
- **triple** [tripl]   adj. 세 배의.
- **à peu près** [apøprɛ]   거의.
- **au total** [otɔtal]   전부.
  Ça fait combien *au total*?
  전부 얼마죠?
- **le chiffre** [ʃifr]   n. 숫자, 총액.
- **comparer** [kɔ̃pare]   v. 비교하다.
- **compter** [kɔ̃te]   v. 계산하다, 셈하다.
- **correspondre** [kɔrɛspɔ̃dr]   v. ~에 해당하다, 상응하다.
  Ça *correspond* à quoi?
  이것은 무엇에 해당되죠?
- **la différence** [diferɑ̃s]   n. 차이.
- **diminuer** [diminɥe]   v. 줄어들다, 감소하다.
- **la division** [divizjɔ̃]   n. 분할, 나누기.
- **égal, e, -aux** [egal, o]   adj. 같은, 대등한.
- **en moyenne** [ɑ̃mwajɛn]   평균적으로.
- **entier, -ère** [ɑ̃tje, ɛr]   adj. 전체의, 완전한.
  Les nombres *entiers*. 전체 수.
- **environ** [ɑ̃virɔ̃]   adv. 대략.
- **exact, e** [ɛgzakt]   adj. 옳은 (juste), 엄밀한 (rigoureux).
- **fois** [fwa]   n. 번, 회.
  Trois *fois* dix font trente.   3×10 = 30.
- **la majorité** [maʒɔrite]   n. 다수, 과반수.
- **le maximum** [maksimɔm]   n. 맥시멈, 최대.
- **le minimum** [minimɔm]   n. 미니멈, 최소.
- **moins** [mwɛ̃]   adv. 보다 적게, 덜.
  Huit *moins* trois font cinq.   8 - 3 = 5.
- **la moitié** [mwatje]   n. 절반.

	La *moitié* des gens. 절반의 사람들.
❑ le **nombre** [nɔ̃br]	n. 수, 수효.
❑ le **numéro** [nymero]	n. 번호.
❑ l'**ordre** *m* [ɔrdr]	n. 순서.
	Dans l'*ordre* alphabétique.
	알파벳 순에 따라.
❑ **pareil, le** [parɛj]	adj. 비슷한(semblable), 동일한(identique).
	C'est du *pareil* au même.
	그것은 같은 것이다.
❑ le **rang** [rɑ̃]	n. 랭킹, 순위.
❑ la **somme** [sɔm]	n. 총액.
❑ **supérieur, e** [syperjœr]	adj. ~보다 우월한.
❑ **total, e, -aux** [tɔtal, o]	adj. 전부의, 전체의(entiers).
❑ l'**unité** *f* [ynite]	n. 단위.

considérable [kɔ̃siderabl]	adj. 상당량의.
l'**égalité** *f* [egalite]	n. 대등함, 균등함.
faire ses comptes [fɛrsekɔ̃t]	~을 계산하다.
impair, e [ɛ̃pɛr]	adj. 홀수의.
	Nombre *impair*. 홀수.
inférieur, e [ɛ̃ferjœr]	adj. ~보다 열등한 (**-à**).
pair, e [pɛr]	adj. 짝수의.
	Nombre *pair*. 짝수.

───── 측정 ─────

❑ le **bout** [bu]	n. 끝 (extrémité).
❑ le **carré** [kare]	n. 정방형.
❑ **carré, e** [kare]	adj. 네모난, 정4각형의.
❑ le **centimètre** [sɑ̃timɛtr]	n. 센티미터.

- **court, e** [kur, t]   adj. 짧은.
- **le degré** [dəgre]   n. 단계, 도.
  Il fait combien de *degrés*?
  지금 날씨가 몇 도지?
- **énorme** [enɔrm]   adj. 거대한, 엄청난.
- **et demi** [edmi]   adj. 더하기 1/2.
  Un kilo et *demi*.   1.5kg.
- **le gramme** [gram]   n. 그램.
- **grand, e** [grã, d]   adj. 큰.
- **haut, e** [ʹo, t]   adj. 높은.
- **immense** [imãs]   adj. 무한한 (illimité).
- **le kilo** [kilo]   n. 킬로.
- **le kilogramme** [kilogram]   n. 킬로그램.
- **le kilomètre** [kilomɛtr]   n. 킬로미터.
- **km à l'heure** [kilomɛtralœr]   시속.
  Ma voiture roule à 160*km à l'heure*.
  내 차는 시속 160km로 달린다.
- **léger, -ère** [leʒe, ɛr]   adj. 가벼운 (↔ lourd).
- **le litre** [litr]   n. 리터.
  J'ai bu un *litre* de jus de pommes.
  나는 사과주스 1리터를 마셨다.
- **la livre** [livr]   n. 파운드, 500그램.
  J'ai pris une *livre* de tomates.
  나는 500그램의 토마토를 샀다.
- **long, longue** [lɔ̃, g]   adj. 긴(↔ court).
- **la longueur** [lɔ̃gœr]   n. 길이.
  La *longueur* d'ondes.   파장.
- **lourd, e** [lur, d]   adj. 무거운(↔ léger).
- **la mesure** [məzyr]   n. 측량, 측정.
- **le mètre** [mɛtr]   n. 미터.
- **la moyenne** [mwajɛn]   n. 평균, 평균치.
  Je roule à 110 en *moyenne*.
  나는 평균 시속 110km로 운전하다.
- **net, te** [nɛt]   adj. 순수한, 다른 것이 섞이지 않은.

- ❏ le **paquet** [pakɛ]
- ❏ **petit, e** [pti, t]
- ❏ le **poids** [pwa]
- ❏ la **taille** [tɑj]
- ❏ le **volume** [vɔlym]

Poids *net*. 실중량.
n. 꾸러미, 보따리, 소포.
adj. 작은.
n. 무게.
n. 사이즈, 크기.
n. 부피.

le **mètre carré** [mɛtrkare]	n. 평방 미터.
le **mètre cube** [mɛtrkyb]	n. 입방 미터.
le **quintal, -aux** [kɛ̃tal, o]	n. 무게의 단위, 100kg.
la **tonne** [tɔn]	n. 톤.

양의 개념

❏ **aucun de** [okœ̃də]

어느 것도, 아무도.
Aucun des deux m'a dit la vérité.
두 사람중 아무도 내게 진실을 말하지 않았다.

❏ **autant de** [otɑ̃də]
❏ **beaucoup** [boku]

그 만큼의.
adv. 많이.
J'ai *beaucoup* d'amis. 나는 친구가 많다.

❏ **bien des** [bjɛ̃de]
❏ **combien** [kɔ̃bjɛ̃]
❏ **doubler** [duble]

많은 양의.
adv. 얼마나.
v. 두 배로 하다.
J'ai *doublé* la mise.
나는 투자를 두 배로 했다.

❏ **en plus** [ɑ̃plys]
❏ **l'ensemble** [ɑ̃sɑ̃bl]
❏ la **foule** [ful]

게다가.
n. 총액, 전체.
n. 군중, 무리.
Tu as vu la *foule* devant le cinéma?
너는 극장앞에 모인 군중을 봤니?

- le **groupe** [grup]
- la **plupart** [plypar]

- **ne ... pas de**
  [nə ··· padə]

- **nombreux, -euse**
  [nɔ̃brø, z]
- **pas grand-chose**
  [pagrɑ̃ʃoz]

- **pas un, une**
  [pazœ̃, pazyn]

- **peu** [pø]

- **peu de** [pødə]
- **plein de** [plɛ̃də]
- **plus** [plys]

- **plus de** [plydə]

- **plus du tout** [plydytu]
- **plusieurs** [plyzjœr]
- la **quantité** [kɑ̃tite]
- **rien de** [rjɛ̃də]

- **rien du tout** [rjɛ̃dytu]
- **tant de** [tɑ̃də]

n. 그룹, 단체.
n. 대부분.
La *plupart* des gens vont tôt au lit.
대부분의 사람들은 일찍 잠자리에 든다.
La *plupart* du temps je suis occupé.
대부분의 시간, 나는 바쁘다.
~이 없는.
Je *n*'ai *pas d*'enfants.
나는 자식이 없다.
adj. 많은 수의.

별 것 아닌, 대단하지 않은.
Je n'ai *pas* fait *grand-chose*.
나는 특별한 일을 하지 않았다.
단 하나도.
Pas une minute de plus.
1분도 더는 안된다.
adv. 약간, 조금.
Je dors *peu*. 나는 아주 조금 잠을 잔다.
약간의.
~로 가득찬.
adv. 더 많이.
Encore *plus*. 더 많이.
더 이상의.
Je n'ai *plus d*'essence.
나는 더 이상 휘발유가 없다.
더 이상 전혀.
adj. (불변화어) 몇몇의, 약간의.
n. 수량, 양, 분량.
전혀, 아무 것도.
Rien de bien.
잘되는 일이 아무 것도 없다.
전혀.
그렇게 많은.

	Tant d'histoires pour rien du tout.
	아무 것도 아닌 일에 그렇게 야단법석이냐.
❏ **trop de** [trodə]	지나치게 많은.
❏ **un (tout petit) peu** [œ̃ tuptipø]	아주 조금.
❏ **un tas de** [œ̃tɑdə]	상당량의.

contenir [kɔ̃tnir]	v. 내포하다, 포함하다.
en masse [ɑ̃mas]	대량으로, 집단으로.
en trop [ɑ̃tro]	지나치게 많은.
	Il y a un couvert *en trop*.
	한 사람 식기가 더 놓였다.
la **masse** [mas]	n. 덩어리, 집단.
la **part** [par]	n. 부분, 몫, 할당분.

37%

37%의 프랑스인은 프랑스인과 이민온 사람과의 결혼을 반대한다.

37%의 프랑스인은 자신이 술의 원료를 식별할 수 있다고 믿고 있다.

37%의 프랑스인은 친지 중의 누군가가 오토바이를 탈 경우 사고를 염려한다.

37%의 프랑스인은 직장생활과 가정생활 사이에서 갈등을 겪고 있다.

37%의 프랑스인은 월요일을 1주일 중 가장 나쁜 날로 여기고 있다.

정원을 가꾸는 프랑스인의 37%는 야채를 기르고 있다.

70세 이상의 프랑스인 중 37%는 소매상과 전통적인 수공업이 사라지는 것을 염려한다.

37%의 프랑스인은 언제나 같은 채널의 방송을 시청한다.

37%의 프랑스인은 유럽의 대통령을 빨리 뽑아야 할 것이라고 생각한다.

37%의 프랑스인은 결코 캐시미어를 입지 않는다.

37%의 프랑스인은 원자력 발전소를 계속 건설해야 한다고 주장한다.

「100% 프랑스인」(제롬 뒤마엘 편저) 중에서

33. 공간

── 명사 ──

- l'**arrière** *m* [arjɛr]   n. 뒷쪽, 뒷 부분.
  Je vais en *arrière*. 나는 뒷쪽으로 간다.
- le **bas** [bɑ]   n. 밑, 밑부분.
  Au *bas* de la page. 페이지 하단에.
- le **bout** [bu]   n. 끝 (extrémité), 끝 부분.
- le **coin** [kwɛ̃]   n. 코너, 구석.
- le **côté** [kote]   n. 쪽, 측면.
- la **direction** [dirɛksjɔ̃]   n. 방향.
  Audierne, c'est quelle *direction*?
  오디에른은 어느 쪽에 있습니까?
- l'**endroit** *m* [ɑ̃drwa]   n. 장소, 곳.
  L'*endroit* me plaît.
  이 곳은 내 마음에 든다.
- les **environs** *mpl* [ɑ̃virɔ̃]   n. 주변 지역.
- l'**est** *m* [ɛst]   n. 동쪽.
  J'habite à l'*est* de Paris.
  나는 빠리의 동쪽에 살고 있다.
  J'habite dans l'*est* de Paris.
  나는 동부 빠리에 살고 있다.
- l'**étape** *f* [etap]   n. 단계, 과정.
- le **fond** [fɔ̃]   n. 바닥.
  Au *fond* d'une fontaine. 샘의 바닥에.
- le **lieu, x** [ljø]   n. 장소.
  Ce n'est ni le temps ni le *lieu* pour faire ça.
  그 일을 하기에 시간도 장소도 적합하지 않다.
- la **longueur** [lɔ̃gœr]   n. 길이.
  Cinq mètres de *longueur*. 길이 5m.

343

- ❑ le **mètre** [mɛtr] n. 미터.
- ❑ le **nord** [nɔr] n. 북쪽.
- ❑ l'**ouest** *m* [wɛst] n. 서쪽.
- ❑ la **place** [plas] n. 광장, 로터리.
- ❑ la **position** [pozisjɔ̃] n. 위치.
- ❑ le **sens** [sɑ̃s] n. 방향.
  Sens unique. 일방 통행
- ❑ le **sud** [syd] n. 남쪽.
- ❑ le **tour** [tur] n. 주위. 둘레.

la **distance** [distɑ̃s]	n. 거리, 간격.
l'**extérieur** *m* [ɛksterjœr]	n. 외부, 외모.
la **hauteur** [ˈotœr]	n. 높이.
l'**intérieur** *m* [ɛ̃terjœr]	n. 내부.
la **largeur** [larʒœr]	n. 넓이.
la **limite** [limit]	n. 경계, 한계.
le **milieu, x** [miljø]	n. 한 가운데, 중간.

—— 형용사 ——

- ❑ **court, e** [kur, t] adj. 짧은 (↔ long).
- ❑ **droit, e** [drwa, t] adj. 바른, 곧은 (↔ courbe), 오른쪽의.
- ❑ **étroit, e** [etrwa, t] adj. 좁은.
- ❑ **extérieur, e** [ɛksterjœr] adj. 외부의 (↔ intérieur).
- ❑ **gauche** [goʃ] adj. 왼쪽의 (↔ droit).
- ❑ **haut, e** [ˈo, t] adj. 높은 (↔ bas).
- ❑ **intérieur, e** [ɛ̃terjœr] adj. 안쪽의.
- ❑ **large** [larʒ] adj. 폭이 넓은.
- ❑ **long, longue** [lɔ̃, g] adj. 긴.

- **mondial, e, -aux** [mɔ̃djal, o] adj. 세계의, 세계적인.
- **proche** [prɔʃ] adj. 가까운.
- **supérieur, e** [syperjœr] adj. ~보다 우월한(-à).

inférieur, e [ɛ̃ferjœr] adj. ~보다 열등한.
méridional, e, -aux [meridjɔnal, o] adj. 남쪽의.
occidental, e, -aux [ɔksidɑ̃tal, o] adj. 서쪽의, 서구의.
opposé, e [ɔpoze] adj. 반대의, 상반된.
oriental, e, -aux [ɔrjɑ̃tal, o] adj. 동쪽의, 동양의.
septentrional, e, -aux [sɛptɑ̃trijɔnal, o] adj. 북쪽의.

전치사

- **à côté de** [akotedə] ~옆에.
- **à droite de** [adrwatdə] ~의 오른쪽에.
- **à gauche de** [agoʃdə] ~의 왼쪽에.
- **après** [aprɛ] ~다음에.
  Tournez à gauche *après* le pont.
  다리를 지나서 왼쪽으로 도시오.
- **au bout de** [obudə] ~의 끝에 (시간, 공간).
- **au-dessous (de)** [odsu də] ~밑에.
- **au-dessus (de)** [odsy də] ~위에.
- **autour de** [oturdə] ~주변에.
- **avant** [avɑ̃] ~이전에, ~보다 먼저.
  Dornière sortie *avant* la frontière.
  국경선 전 마지막 출구.

- **contre** [kɔ̃tr]　～반대로, ～안에.
Je vais dans la cuisine.
나는 부엌 안으로 간다.
Je suis dans la cuisine.
나는 부엌 안에 있다.
- **derrière** [dɛrjɛr]　～뒤에.
Le parking est *derrière* l'hôtel.
주차장은 호텔뒤에 있다.
- **devant** [dəvɑ̃]　～앞에.
Je me suis garé *devant* ton garage.
나는 너의 차고 앞에 주차했다.
- **en** [ɑ̃]　～안에, ～동안.
J'habite *en* France.
나는 프랑스에 살고 있다.
Je vais *en* Russie.
나는 러시아에 간다.
Pierre est *en* prison.
삐에르는 투옥되어 있다.
- **en face de** [ɑ̃fasdə]　～의 정면에.
- **entre** [ɑ̃tr]　～사이에.
- **jusqu'à** [ʒyska]　～까지.
- **loin de** [lwɛ̃də]　～에서 먼.
Loin des yeux, *loin du* coeur.
눈에서 멀어지면 마음에서 멀어진다.
- **près de** [prɛdə]　～가까이에.
- **sous** [su]　～밑에.
- **sur** [syr]　～위에, ～의 표면에.
- **vers** [vɛr]　～를 향하여.
La route *vers* Dijon.
디종을 향해가는 도로.

à la hauteur de [ala'otœrdə]		~의 높이에.
à travers [atravɛr]		~을 가로질러.
		Je marche *à travers* champs.
		나는 들판을 가로질러 걷는다.
d'ici à [disia]		여기부터 저기까지.
		Ça fait presque 600km *d'ici à* Paris.
		여기서 빠리까지 거의 600km 된다.
du côté de [dykotedə]		~쪽에.
		On fait du camping *du côté de* Quimper.
		우리는 깽뻬르 쪽에서 캠핑한다.
en dehors de [ɑ̃dəɔrdə]		~의 밖에.
		En dehors des agglomérations la vitesse est limitée à 90km/h.
		대도시권 밖에서는 시속 90km로 제한된다.
en travers de [ɑ̃travɛrdə]		~을 가로질러.
hors de ['ɔrdə]		~밖에.
le long de [ləlɔ̃də]		~를 길이로 따라.
		Je me suis promené le *long de* la Seine.
		나는 세느 강을 따라 산책했다.
vis-à-vis de [vizavidə]		~를 마주보고.

부사

- **ailleurs** [ajœr]   adv. 밖으로.
  Je vais *ailleurs*. 나는 밖으로 나간다.
- **au premier plan** [oprəmjeplɑ̃]   최전면에, 가장 잘 드러나는 곳에.
- **de côté** [dəkote]   옆에.

Ma mémé a mis 50000DM *de côté*.
할머니는 5만 마르크를 저축했다.

❏ **de droite** [dədrwat] 우측으로부터.
Qui est venu *de droite*? 누가 오른쪽에서 왔지?

❏ **de face** [dəfas] 정면에서.
J'ai pris Notre Dame *de face*.
나는 노트르담을 정면에서 사진 찍었다.

❏ **de long** [dəlɔ̃] 세로로, 길이로.
Les Champs Elysées font trois kilomètres *de long*.
샹제리제는 길이가 3km이다.

❏ **de près** [dəprɛ] 가까이.
❏ **dedans** [dədɑ̃] adv. 안 쪽에.
❏ **dehors** [dəɔr] adv. 바깥 쪽에.
❏ **dessous** [dsu] adv. 그 아래에.
❏ **dessus** [dsy] adv. 그 위에.
Sens dessus *dessous*. 위에서 아래로.
Bras dessus bras *dessous*. 팔짱을 끼고.

❏ **en avant** [ɑ̃navɑ̃] 앞쪽으로.
Le joueur a joué la balle *en avant*.
선수는 볼을 앞으로 보냈다.

❏ **en ville** [ɑ̃vil] 시내에서.
Tu viens avec nous *en ville*?
너 나하고 시내에 갈래?

❏ **ici** [isi] adv. 여기에.
❏ **là** [la] adv. 저기에.
❏ **là-bas** [laba] adv. 저기.
❏ **là-dedans** [laddɑ̃] adv. 저 안쪽에.
❏ **là-dessous** [ladsu] adv. 그 아래에.
❏ **là-dessus** [ladsy] adv. 그 밑에.
❏ **là-haut** [laʹo] adv. 저 위에.
❏ **nulle part** [nylpar] 아무데도.
Je ne vais *nulle part*.
나는 아무데도 가지 않는다.

- **où** [u]   adv. 어디에.
  Où tu habites? 너는 어디 사니?
  Où tu vas? 너는 어디로 가니?
- **par terre** [partɛr]   adv. 땅바닥에.
- **partout** [partu]   adv. 도처에, 여기저기에.
- **près** [prɛ]   adv. 가까이에.
  J'habite tout *près*.
  나는 아주 가까운 곳에 살고 있다.
- **quelque part** [kɛlkəpar]   adv. 어느 곳인가.
- **tout droit** [tudrwa]   adv. 똑바로, 직진하여.
  Allez *tout droit*. 똑바로 가시오.

côte à côte [kotakot]	바로 옆에.
de haut en bas [dəˈotɑ̃ba]	위에서 아래로.
de long en large [dəlɔ̃ɑ̃larʒ]	길고 넓게.
de travers [dətravɛr]	곁눈으로. Elle m'a regardé *de travers*. 그녀는 나를 곁눈으로 보았다.
en public [ɑ̃pyblik]	많은 사람들 앞에서.

프로방스 지방

알프스와 론강과 지중해로 둘러싸인 그림같은 곳이다. 프랑스이면서도 프랑스보다 그리스-로마-스페인 냄새가 더 짙은 별유천지. 세계적으로 잘 알려진 명승지나 유적은 별로 없지만 스쳐가며 만나는 자연과 사람 모두가 기이한 환상의 내음을 물씬 풍겨주는 곳이다.

마르세이유는 도시 자체가 진한 매력을 지닌 항구다. 그러나 시내관광은 별도로 하기로 하고, 마르세이유를 벗어나 파리 방향 고속도로를 30분쯤 달리다 아를르 방향으로 다시 진입한다.

비제의 「아를르의 여인」으로 우리에게 잘 알려진 론강변의 아담한 도시 아를르는 「작은 로마」라 불릴만큼 로마정복시절 유적이 도처에 널려있다. 로마 콜로세움보다 규모는 작지만 닮은 원형경기장이 도시 한복판에 서있고, 로마시대의 교회 극장 수도원들도 곳곳에 남아있다.

아를르를 벗어나 북쪽으로 100여분쯤 달리다보면 평원 한가운데에 기이한 암벽동산이 멀리서도 뚜렷하게 보인다. 레보 드 프로방스 요새. 천연 화강암벽이 병풍처럼 둘러친 가운데 분지에 자리잡은 마을이다. 산성촌 같은 곳이다. 성곽과 마을의 도로, 집, 교회들이 모두 화강암들로 만들어져 신비감마저 풍긴다.

요새를 벗어나면 알퐁스 도데의 유명한 「풍차로부터의 편지」의 무대가 됐던 낡은 풍차 한대가 언덕위에 외롭게 서있다.

다시 북쪽으로 20여분 달리면 아비뇽. 중세 로마교황의 「아비뇽 유폐」로 세계사에도 등장하는 도시다. 교황이 유폐당했던 교황 별궁이 도시 한가운데 우뚝 솟아있다.

아비뇽 서편 계곡에 놓여있는 르 퐁 뒤 가르는 무려 2천년전에 축조된 엄청난 규모의 관개수로다. 님에 깨끗한 물을 공급하기위해 로마정복군이 만든 이 관개수로는 길이 2백75m에 높이가 49m에 이른다. 근처에 있는 님에도 로마유적이 많다. 아를르보다 더 규모가 큰 원형경기장. 기원전 1세기에 만들어진 그리스풍 신전이 남아있다.

자동차를 동쪽으로 한시간이상 달려가면 액상 프로방스가 나온다. 시스테론 등에도 이국풍 유물과 자연이 도처에 널려있다. 여기서 다시 이탈리아 방향 고속도로로 한 시간쯤 달리면 지중해변 휴양도시 칸, 니스, 모나코, 산레모 등이 잇따라 펼쳐진다.

34. 시 간

─── 년 ───

- l'**an** *m* [ɑ̃]
  n. 년.
  En l'*an* deux mille. 2000년에.
- l'**année** *f* [ane]
  n. 년, 1년 내내.
  L'*année* dernière. 작년에.
  L'*année* prochaine. 내년에.
- l'**automne** *m* [ɔtɔn]
  n. 가을.
  En *automne*. 가을에.
- l'**été** *m* [ete]
  n. 여름.
  En *été*. 여름에.
- l'**hiver** *m* [ivɛr]
  n. 겨울.
  En *hiver*. 겨울에.
- le **printemps** [prɛ̃tɑ̃]
  n. 봄.
  Au *printemps*. 봄에.
- la **saison** [sɛzɔ̃]
  n. 계절, 시즌.

annuel, le [anɥɛl]	adj. 매년의, 연례의.
le **trimestre** [trimɛstr]	n. 4분기, 3개월.

─── 월 ───

- **janvier** [ʒɑ̃vje]
  월.
  Je suis né le 12 *janvier* 1946.
  나는 1946년 1월 12일에 태어났다.
- **février** [fevrije] 2월.
- **mars** [mars] 3월.

- ❏ **avril**   [avril]   4월.
- ❏ **mai**   [mɛ]   5월.
- ❏ **juin**   [ʒɥɛ̃]   6월.
- ❏ **juillet**   [ʒɥijɛ]   7월.
- ❏ **août**   [ut]   8월.
  Au mois d'*août*.   8월에.
  En août.   8월에.
- ❏ **septembre**   [sɛptɑ̃br]   9월.
- ❏ **octobre**   [ɔktɔbr]   10월.
- ❏ **novembre**   [nɔvɑ̃br]   11월.
- ❏ **décembre**   [desɑ̃br]   12월.
- ❏ **mois**   [mwa]   n. 달, 월.
  Le *mois* dernier.   지난 달에.
  Le *mois* prochain.   다음달에.

mensuel, le [mɑ̃sɥɛl]	adj. 매월의.

—— 주(週) ——

- ❏ **dimanche**   [dimɑ̃ʃ]   일요일.
  Dimanche dernier.   지난 일요일에.
  Jamais le *dimanche*.
  일요일엔 절대로 안된다.
  Dimanche prochain.   다음 일요일에.
- ❏ **lundi**   [lɛ̃di]   월요일.
- ❏ **mardi**   [mardi]   화요일.
- ❏ **mercredi**   [mɛrkrədi]   수요일.
- ❏ **jeudi**   [ʒødi]   목요일.
- ❏ **vendredi**   [vɑ̃drədi]   금요일.
- ❏ **samedi**   [samdi]   토요일.

- **hebdomadaire** [ɛbdɔmadɛr]   adj. 매주의, 주1회의, 주간의.
- la **semaine** [smɛn]   n. 주, 주일.
  La *semaine* dernière. 지난 주에.
  La *semaine* prochaine. 다음 주에.
- le **week-end** [wikɛnd]   n. 주말.

날짜

- **après-demain** [aprɛdmɛ̃]   n. 모레.
- l'**après-midi** *m, f*   n. 오후.
  [aprɛmidi]
  J'ai passé une *après-midi* agréable chez toi. 나는 네집에서 유쾌한 오후를 보냈다.
  L'*après-midi*, je ne travaille pas.
  오후에 나는 일하지 않는다.
  Cet *après-midi* je ne sors pas.
  오늘 오후에 나는 외출하지 않는다.
- **aujourd'hui** [oʒurdɥi]   n. 오늘.
- **avant-hier** [avɑ̃tjɛr]   n. 그저께.
- **demain** [dəmɛ̃]   n. 내일.
- **hier** [jɛr]   n. 어제.
- **Il fait jour.** [ilfɛʒur]   날이 밝다.
- **Il fait noir.** [ilfɛnwar]   날이 어두워지다.
- le **jour** [ʒur]   n. 날.
  Je fais mon footing tous les *jours*.
  나는 매일 조깅을 한다.
  Quel *jour* on est?
  오늘은 몇월 며칠이지?
- la **journée** [ʒurne]   n. 한 나절.
  J'ai passé toute la *journée* chez Martine.
  나는 마르띤네 집에서 온 종일을 보냈다.
- le **matin** [matɛ̃]   n. 아침.

❏ la **matinée** [matine]   Tous les *matins* j'ai du mal à me lever.
매일 아침 나는 일어나기 힘이 든다.
n. 오전 시간, 오전 내내.
Hier, j'ai fait la grasse *matinée*.
어제, 나는 늦잠 잤다.

❏ **midi** [midi]   n. 정오.
Il est *midi*. 지금은 정오다.
Je mange à *midi*.
나는 정오에 점심을 먹는다.

❏ **minuit** [minɥi]   n. 자정.
Il est *minuit*. 지금은 자정이다.
La messe commence à *minuit*.
미사는 자정에 시작된다.

❏ la **nuit** [nɥi]   n. 밤.
❏ le **soir** [swar]   n. 저녁.
Je regarde la télé tous les *soirs*.
나는 매일 저녁 TV를 본다.

❏ la **soirée** [sware]   n. 저녁 시간, 저녁 내내.
Je ne suis pas sorti de toute la *soirée*.
나는 저녁시간 내내 외출하지 않았다.

de jour [dəʒur]	낮 시간에.
de nuit [dənɥi]	밤에.
le lendemain [ləlɑ̃dəmɛ̃]	n. 그 다음날.
quotidien, ne [kɔtidjɛ̃, ɛn]	adj. 매일의.
la veille [lavɛj]	n. 그 전날. Il a dit qu'il était sorti la *veille* au soir. 그는 그 전날 저녁에 외출했었다고 말했다.

── 시간 ──

- **demi, e** [dəmi] adj. 절반의, 1/2인.
  Il est dix heures et *demie*.
  지금은 10시 30분이다.
  Il est midi et *demi*. 지금은 낮 12시 30분이다.
- **l'heure** f [œr] n. 시, 시간.
  C'est l'*heure*. 시간이 다 됐다.
  Il est quelle *heure*? 몇시지?
  Il est trois *heures*. 지금은 3시다.
  Ça fait une *heure* que je t'attends.
  내가 너를 기다린지 한 시간이 됐다.
  Ça dure des *heures* et des heures.
  오랜 시간 동안 지속된다.
- **la minute** [minyt] n. 분.
- **précis, e** [presi, z] adj. 정각의, 정확한.
  Rendez-vous à huit heures *précises*.
  약속은 8시 정각이다.
- **quart** [kar] n. 1/4, 15분.
  Il est neuf heures et *quart*.
  지금은 9시 15분이다.
  Il est neuf heures moins le *quart*.
  지금은 9시 15분전이다.
- **la sedonde** [səgɔ̃d] n. 초.

── 빈도 ──

- **à la fois** [alafwa] 동시에.
  Je ne peux pas tout faire *à la fois*.
  나는 모든 일을 동시에 하지 못한다.
- **de temps en temps** [dətɑ̃zɑ̃tɑ̃] 이따금.

- **fois** [fwa]
  n. 번, 회.
  J'ai essayé trois *fois* de te téléphoner.
  내가 너에게 3번 전화했었다.
  Je te l'ai dit 36 *fois*.
  내가 너에게 36번 말했다.

- **jamais** [ʒamɛ]
  adv. 단 한 번도, 결코 ~ 않다.
  Je ne bois *jamais*.
  나는 전혀 술을 마시지 않는다.

- la **plupart du temps** [laplypardytɑ̃]
  대부분의 시간에.

- **peu à peu** [pøapø]
  v. 조금씩 조금씩.

- **quelquefois** [kɛlkəfwa]
  adv. 때때로 (parfois).

- **recommencer** [rəkɔmɑ̃se]
  v. 다시 시작하다.

- **régulièrement** [regyljɛrmɑ̃]
  adv. 규칙적으로, 꾸준히.

- **souvent** [suvɑ̃]
  adv. 자주 (fréquemment), 종종.

- **toujours** [tuʒur]
  adv. 언제나, 항상.

- **tout le temps** [tultɑ̃]
  늘, 모든 시간 동안.

---

de suite [dəsɥit]
잇달아서, 연속으로.
J'ai appelé trois fois *de suite*.
나는 연속적으로 3번 전화했다.

de temps à autre [dətɑ̃zaotr]
이따금.

des fois [defwa]
가끔.

fréquemment [frekamɑ̃]
adv. 자주, 빈번하게.

fréquent, e [frekɑ̃, t]
adj. 잦은, 빈번한.

permanent, e [pɛrmanɑ̃, t]
adj. 영속적인, 항구적인 (↔ **éphémère**).

sans arrêt [sɑ̃zarɛ]
중단없이.

sans cesse [sɑ̃sɛs]
계속해서, 끊임없이.

시간대

- **actuellement** [aktyɛlmɑ̃]
  adv. 현재, 지금.
  Actuellement je suis stagiaire.
  지금 나는 수습사원이다.
- **ancien, ne** [ɑ̃sjɛ̃, ɛn] adj. 오래된(vieux), 옛날의(antique).
- **au cours de** [akurdə]
  ~하는 동안.
  Ce livre sortira *au cours de* l'année.
  이 책은 금년 중에 나올 것이다.
- **avant** [avɑ̃]
  prép. ~이전에 adv. 전에.
  Avant, j'allais au cinéma tous les soirs.
  전에 나는 매일 영화보러 갔었다.
  Qu'est-ce que tu as dit *avant*?
  전에 네가 뭐라고 했지?
- **l'avenir** *m* [avnir]
  n. 미래, 장래 (futur).
  Je me suis trompé, mais à l'*avenir* je saurai comment faire.
  나는 실수했지만 앞으로는 어떻게 할지 알 것이다.
- **court, e** [kur, t] adj. 짧은.
- **de mon temps** [dəmɔ̃tɑ̃]
  내가 젊었을 때는.
- **depuis** [dəpɥi] prép. ~로부터 adv. 그후.
- **la durée** [dyre] n. 지속시간.
- **durer** [dyre]
  v. 계속되다, 오래가다.
  Ça *dure*. 그일은 계속된다.
- **en** [ɑ̃]
  prép. ~에는.
  En 1987. 1987년에.
  Je lis ce bouquin *en* une heure.
  나는 한 시간 동안 이 책을 읽는다.
- **entre** [ɑ̃tr] prép. ~사이에.
- **être en train de faire** [ɛtrɑ̃tɛ̃dfɛr]
  ~하고 있는 중이다.
  Tu ne vois pas que je *suis en train de* manger?
  내가 식사하고 있는 것을 보지 못하니?

❏ **férié, e** [ferje]   adj. 공휴일인, 축제일인.
Fermé dimanche et jours *fériés*.
일요일과 공휴일 휴관.

❏ **jusqu'à** [ʒyska]   ~까지.
❏ **long, longue** [lɔ̃, g]   adj. 긴.
❏ **longtemps** [lɔ̃tɑ̃]   adv. 오랫동안.
❏ le **passé** [pɑse]   n. 과거.
❏ **pendant** [pɑ̃dɑ̃]   prép. ~동안,   adv. 그 동안에.
Tu ne fais rien pendant mon absence.
내가 없는 동안 너는 아무것도 안하는구나.

❏ **pendant que** [pɑ̃dɑ̃kə]   ~동안에.
Tu ne fais rien *pendant* que je suis parti.
내가 외출한 동안 너는 아무일도 안하는구나.

❏ **présent, e** [prezɑ̃, t]   adj. 있는.
A cause des circonstances *présentes*.
현 상황 때문에.

❏ **prochain, e** [prɔʃɛ̃, ɛn]   adj. 다음의, 오는.
A la *prochaine*.   다음 번에.

❏ **quand** [kɑ̃]   adv. 언제, 어느때에.
Quand tu voudras.   네가 원할 때에.
Tais-toi *quand* je parle.
내가 말할 때 가만히 있어라.
J'ai respiré *quand* il est parti.
그가 떠나자 나는 숨을 쉬었다.

❏ le **séjour** [seʒur]   n. 체류, 머무르기.
❏ le **siècle** [sjɛkl]   n. 세기.
Au dix-neuvième *siècle*.   19세기에.

❏ le **temps** [tɑ̃]   n. 시간.
Le *temps* passe vite.   시간은 빨리 흐른다.

❏ les **vacances** *fpl* [vakɑ̃s]   n. 바캉스, 휴가.
Pendant les *vacances*.   휴가 동안에.

autrefois [otrəfwa]	adv. 옛날에, 예전에.
contemporain, e [kɔ̃tɑ̃pɔrɛ̃, ɛn]	adv. 동시대의, 현대의.
dans le temps [dɑ̃ltɑ̃]	adv. 이전에는, 옛날에는.
le délai [delɛ]	n. 기간, 유예, 지연.
en l'espace de [ɑ̃lɛspasdə]	~안에, ~사이에.
l'époque f [epɔk]	n. 시기, 시대. A l'*époque*, je travaillais chez Félix Potin. 그때, 나는 펠릭스 뽀땡 상점에서 일하고 있었다. L'année dernière à la même *époque*. 작년 같은 시기에.
la période [perjɔd]	n. 기간(**durée**), 시기(**époque**).
pour le moment [purlmɔmɑ̃]	당분간은.
prolonger [prɔlɔ̃ʒe]	v. 연장하다, 연기하다.
tant que [tɑ̃kə]	~하는 동안.

—— 시점 ——

❏ **à partir de** [apartirdə]   ~부터. A partir de maintenat. 지금부터.
❏ **alors** [alɔr]   adv. 그렇다면, 그 당시에는. *Alors* j'ai compris. 그리고 나는 이해했다.
❏ **après** [aprɛ]   prép. ~다음에, adv. 나중에.
❏ **l'arrivée** f [arive]   n. 도착(↔ départ).
❏ **au bout de** [obudə]   ~가 지나고 나서. *Au bout de* trois heures. 3시간이 지난후에.
❏ **au milieu de** [omiljødə]   ~의 가운데에. *Au milieu de* la nuit. 한밤중에.
❏ **avant de** [avɑ̃də]   ~이전에(+동사원형).

❑ **bientôt** [bjɛ̃to] adv. 곧, 오래지 않아.
❑ **cesser** [sese] v.t. 중지시키다 v.i. 멈추다.
Il ne *cesse* de pleuvoir.
끊임없이 비가 온다.

❑ le **commencement** [kɔmɑ̃smɑ̃] n. 시작, 개시.

❑ **commencer** [kɔmɑ̃se] v. 시작하다.
Il *commence* à pleuvoir.
비가 오기 시작한다.
Je *commence* la journée par faire de la gymnastique.
나는 체조로 하루일과를 시작한다.

❑ **d'abord** [dabɔr] 우선.
❑ **dans** [dɑ̃] prép. ~있으면, 후에~동안.
Je reviens *dans* une heure.
나는 한 시간후에 돌아오겠다.

❑ la **date** [dat] n. 날짜.
❑ le **début** [deby] n. 시작, 개시.
❑ le **départ** [depar] n. 출발 (↔ arrivée).
❑ **en ce moment** [ɑ̃smɔmɑ̃] 지금은.
❑ **ensuite** [ɑ̃sɥit] adv. 그리고 나서, 그 다음에.
❑ la **fin** [fɛ̃] n. 끝, 종말.
❑ **il est temps de** [ilɛtɑ̃də] ~할 시간이다.

❑ **il y a** [ilja] ~전에.
Je t'ai connu *il y a* quatre ans.
4년전에 너를 알게 되었다.

❑ le **combien** [ləkɔ̃bjɛ̃] n. 며칠.
On est le *combien*? 오늘이 며칠이지?

❑ **maintenant** [mɛ̃tnɑ̃] adv. 지금, 이제는.
❑ le **moment** [mɔmɑ̃] n. 순간.
❑ **Noël** *m* [nɔɛl] n. 크리스마스.
A *Noël* je reste à la maison.

크리스마스때, 나는 집에 있을 것이다.
- l'**origine** *f* [ɔriʒin] n. 출신, 근원.
- **Pâques** *fpl* [pɑk] n. 부활절.

  Il y a bal de noces le lundi de *Pâques*.
  부활절 다음 월요일에 결혼축하 무도회가 있다.
- la **Pentecôte** [pɑ̃tkot] n. 오순절, 성신강림 축일.
- la **rentrée** [rɑ̃tre] n. 개학, 휴가가 끝나고 일터로 돌아오기.

  La *rentrée* sera chère cette année.
  금년에 개학하면 돈이 많이 들 것이다.
- **se mettre à** [səmɛtra] ~하기 시작하다.

  Ne *te mets* pas *à* pleurer.
  울기 시작하지 마라.
- **tout à coup** [tutaku] 갑자기.
- **tout à l'heure** [tutalœr] 곧, 잠시후에, 조금 전에.

  A *tout à l'heure*. 조금 있다 보자.
  Le facteur est passé *toute à l'heure*.
  우체부는 조금 전에 지나갔다.
- **tout de suite** [tutsɥit] 즉시, 즉각.
- **vers** [vɛr] prép. ~무렵, 쯤에.

à ... près [a ··· prɛ]	거의.
à ce moment-là [asmɔmɑ̃la]	그 때는.
à un moment donné [aœ̃mɔmɑ̃dɔne]	어느 때에는, 어떤 순간에.
après coup [aprɛku]	일이 지난후에, 때 늦게.
après que [aprɛkə]	~다음에.
avant que [avɑ̃kə]	~이전에 (+접속법).
	Pars *avant qu*'il soit trop tard.
	너무 늦기 전에 떠나라.
dès [dɛ]	prép. ~부터, ~하자마자.
	Je suis en forme *dès* le matin.
	나는 아침부터 컨디션이 좋다.
	Dès le dèbut. 처음부터.

dès que [dɛkə]	~하자마자. *Dès qu'*il fait froid, je me sens mal à l'aise. 추워지자마자 나는 몸이 불편해진다.
immédiatement [imedjatmã]	adv. 즉시, 즉각.
l'instant *m* [ɛ̃stã]	n. 순간 (**moment**).
sur le coup [syrlku]	즉석에서.
la Toussaint [tusɛ̃]	n. 만성절 (11월 1일).

── 완급의 표현 ──

- ❏ **à l'heure** [alœr]   정각에, 정시에.
- ❏ **à peine** [apɛn]   거의~이다.
- ❏ **à temps** [atã]   제 시간에.
- ❏ **au plus tard** [oplytar]   늦어도.
- ❏ **au plus tôt** [oplyto]   가장 빠르게는.
- ❏ **avoir le temps (de)** [avwarlətã də]   시간이 있다.
- ❏ **bref, brève** [brɛf, brɛv]   adj. 짧은, 간략한. Sois *bref*. 짧게 해라.
- ❏ **de bonne heure** [dəbɔnœr]   일찍. Je me lève *de bonne heure*. 나는 일찍 일어난다.
- ❏ **déjà** [deʒa]   adv. 벌써, 이미.
- ❏ **dernier, -ère** [dɛrnje, ɛr]   adj. 지난 번의, 마지막의.
- ❏ **finir** [finir]   v.t. 끝내다 v.i. 끝나다. J'ai *fini* de travailler. 나는 일을 끝냈다. J'ai *fini* par céder. 나는 끝내 양보했다.

❑ **Jamais de la vie.** [ʒamɛdlavi]
❑ **par la suite** [parlasɥit]
❑ **perdre son temps à**
  [pɛrdrəsɔ̃tɑ̃a]

사는 동안 절대로.
나중에는.
~하는데 시간을 허비하다.
J'ai *perdu mon temps* à faire la queue.
나는 줄서서 기다리는데 시간을 낭비했다.

❑ **prêt, e** [prɛ, t]
❑ **récent, e** [resɑ̃, t]
❑ **le retard** [rətar]

adj. 준비된.
adj. 최근의, 요즈음의.
n. 지각, 늦음.
Je suis en *retard*. 나는 늦었다.

❑ **retarder** [tətarde]
❑ **tard** [tar]
❑ **terminer** [tɛrmine]
❑ **tôt** [to]
❑ **vite** [vit]

v.t. 늦추다, v.i. 늦다.
adv. 늦게, 늦어서.
v.t. 끝마치다, 종료하다.
adv. 일찍이, 곧.
adv. 빨리.

à première vue [aprəmjɛrvy]	첫눈에.
d'avance [davɑ̃s]	미리.
la limite [limit]	n. 한계, 제한.

프랑스의 가족관

프랑스의 「마담 피가로」誌는 최근 빠리 변호사협회가 설문조사 전문기관 「소프르」사에 의뢰해 알아본 프랑스인들의 달라진 가족관을 소개하며 핏줄보다는 애정, 형식보다는 삶의 내용을 중시하는 점이 요즘 경향이라고 분석했다.

프랑스인들은 『중대한 문제가 생긴다면 가족에게 도움을 요청하겠다』(79%)고 답하는 등 가족을 중시하며 의지하고 있다. 그러나 가정을 이루기 위해 꼭 결혼해야 한다는 의견은 49.5%로 절반에도 못미친다. 대신 동거에 대한 인식이 모든 연령-사회계층에서 좋아지고 있어 66%의 응답자는 동거에도 법적 권리와 책임을 부여해야 한다고 믿고 있다. 「나이와 상관없이 결혼하지 않고 동거만 할 수 있다」는 사람도 73%나 된다.

전업주부가 지난 78년 30%에서 19%로 줄어들면서 이상적인 가정 이미지도 바뀌고 있다. 78년만해도 「부인이 부담없는 직업을 갖고 가사와 육아에 더 책임을 져야 한다」가 54%로 단연 압도적이었다. 이혼은 절대로 안된다는 사람은 6%로 극소수. 41%는 부부중 한사람만 이혼을 원해도 이혼해 주어야 하며, 자녀를 위해 이혼하지 않아야 한다는 의견은 21%에 그쳤다. 이혼시 아이의 양육권이 대부분 어머니에게 돌아가는 현행법에 대해서는 60%가 아버지에게도 양육권이 돌아가야 한다며 불만을 표현했다.

현대 프랑스가정에서는 여성 뿐 아니라 아이들이 존중되는 경향이 있다. 이혼시 아이의 거처는 「아이의 희망」에 따라야 한다는 응답이 80%나 되는 점, 입양이나 인공수정으로 낳은 아이에게 출생배경을 밝혀줘야 한다는 의견이 각각 85%, 64%나 되는 점도 이를 반영한다. 『누가 진짜 아버지인가』라는 질문에 대해서「생부이기는 하지만 아이를 입양시킨 사람」(4%)보다 「아이를 키운 사람」(92%)을 꼽고, 「아이의 어머니와 재혼해 아이를 키운 사람」(42%)을 「생부이지만 이혼후 아이를 키우지 않은 사람」(45%) 못지않게 인정한 것도 혈연보다는 애정을 중시하는 현대 프랑스인들의 변화된 의식을 보여준다. 이런 결과를 통해 전문가들은 전체적으로 프랑스가정이 좀더 성실하고 개방된 방향으로 나가고 있지만 안정성은 그만큼 잃어가고 있다는 평가를 내리고있다.

김 진 수(金 眞 秀)

Paris-Sorbonne대학 언어학 박사
교육방송 TV프랑스어 진행(91-94)
공보처 해외공보관 전문위원
(현) 서경대학교 교수

저서 프랑스어 문법   프랑스어 강의 1,2,3
　　　프랑스어 첫걸음   초급, 중급, 고급 프랑스어
　　　기초 프랑스어 회화 여행하며 즐기는 프랑스어 회화
　　　E-메일 프랑스어   프랑스어 문장연습
　　　프랑스어 어휘연구   프랑스어 작문연구
　　　프랑스어 숙어연구   프랑스어 필수어휘사전
　　　프랑스어 동사변화 & 문법 총정리(이상 삼지사)
　　　EBS 프랑스어(한국교육개발원)
　　　Le traitement des adjectifs qualificatifs dans
　　　les dictionnaires bilingues
　　　(presses de l' Univ. Pris-Sorbonne) 외 다수

프랑스어 어휘연구

발　행　2018년 12월 10일
저　자　김진수
발행인　이재명
발행처　삼지사

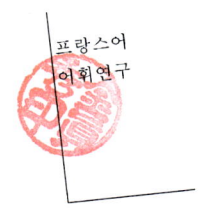

등록번호　제406-2011-000021호
주　소　경기도 파주시 산남로 47-10
Tel　　031)948-4502, 948-4564
Fax　　031)948-4508

책값은 뒤표지에 있습니다.

이 책의 내용을 전재 및 무단 복제할 경우 법적인 제재를 받게 됩니다.
잘못된 책은 구입하신 서점에서 교환해 드립니다.